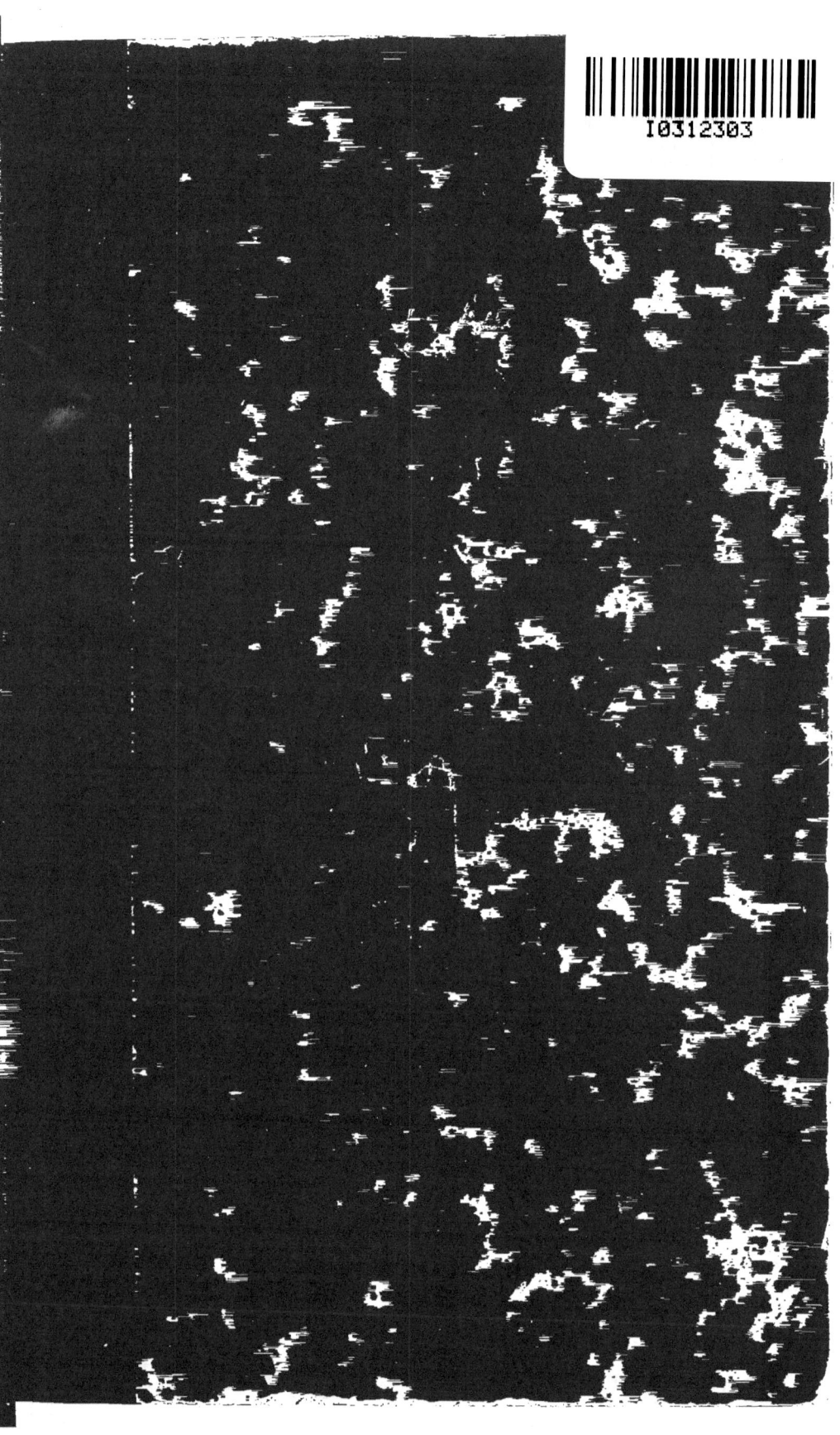

VIE

DE

MARCELLINE PAUPER

ÉCRITE PAR ELLE-MÊME.

VIE

DE

MARCELLINE PAUPER

DE LA CONGRÉGATION

DES SŒURS DE LA CHARITÉ DE NEVERS

ÉCRITE PAR ELLE-MÊME

PRÉCÉDÉE

D'UNE INTRODUCTION DU DOCTEUR DOMINIQUE BOUIX

ET PUBLIÉE

PAR SON FRÈRE LE P. MARCEL BOUIX

De la Compagnie de Jésus.

NEVERS

IMPRIMERIE ET LITHOGRAPHIE FAY

Place de la Halle et rue du Rempart, 1

1871

APPROBATION DE L'ORDINAIRE.

THÉODORE-AUGUSTIN FORCADE, *par la grâce de Dieu et du Saint-Siége apostolique, Évêque de Nevers, assistant au trône pontifical, etc.*,

A TOUS CEUX QUI LES PRÉSENTES VERRONT, SALUT ET BÉNÉDICTION EN NOTRE-SEIGNEUR JÉSUS-CHRIST.

Après avoir fait minutieusement examiner par le docteur Dominique Bouix, d'illustre et pieuse mémoire, et par d'autres théologiens distingués, un manuscrit gardé précieusement dans la maison-mère de Nos très-chères filles les Sœurs de la Charité et de l'Instruction chrétienne, et ayant pour titre : *La vie de Marcelline Pauper, écrite par elle-même ;* après en avoir Nous-même pris connaissance, Nous l'avons approuvé et approuvons par les présentes, non-seulement comme ne contenant rien qui soit répréhensible, rien qui s'écarte de la vraie et solide piété, mais comme exhalant le parfum d'une sainteté éminente, et révélant une âme enrichie dans un très-haut degré de tous les dons de la grâce.

Et non content d'approuver ledit manuscrit, Nous en avons ordonné et ordonnons l'impression, afin qu'il devienne possible et facile, soit à Nos chères filles de Charité, soit aux autres religieuses de Nos diverses communautés, soit même au clergé et aux fidèles de Notre diocèse et de l'Église entière, de puiser à discrétion dans un si précieux trésor.

Il n'est personne qui ne puisse tirer profit de la lecture d'un livre, qu'on peut d'abord considérer comme un chef-d'œuvre dans son genre, et qui manifeste de plus, parmi les labeurs et les distractions de la vie active, des opérations de la grâce si extraordinaires et si merveilleuses, qu'on en rencontre rarement de semblables dans la quiétude même de la vie contemplative.

On ne s'étonnera pas, après cette lecture, que l'humble vierge qui fut l'objet de tant de faveurs divines, ait passé pour une sainte aux yeux de ses contemporains, comme le témoignent assez les pieux hommages qui lui furent rendus de son vivant et après sa mort, par les juges les plus compétents et les plus éminents personnages. Mais on se demandera et l'on aura peine à comprendre comment une âme aussi privilégiée a pu, bientôt après, être aussi profondément oubliée, jusque dans notre Nivernais, dont elle est incontestablement la perle.

Puisse, du moins, un si pur et si vif éclat jaillir bientôt de cette perle retrouvée, que la Mère et Maîtresse de toutes les Églises, la sainte Église romaine, ne puisse hésiter à la porter jusque sur nos autels ! Tels sont Nos vœux ardents, telle est Notre ferme espérance.

Donné à Nevers, sous Notre seing, le sceau de Nos armes et le contre-seing du chancelier de Notre Évêché, le 15 décembre 1871, octave de l'Immaculée Conception de la très-sainte Vierge.

† AUGUSTIN, év. de Nevers.

Par Mandement :

L. ROLLAND,

Chan. hon., Chancelier.

INTRODUCTION.

L'an 1688, à Saint-Saulge, petite ville du Nivernais, une jeune vierge, prévenue dès l'enfance de grâces extraordinaires, s'enrôlait, malgré les larmes de son père, dans une congrégation naissante, vouée aux œuvres de charité. Là, sa vie, tout étincelante de merveilles divines, devait réaliser un des plus admirables types de l'action extérieure unie à la contemplation. Issue d'une famille honorable, quoique médiocre selon le monde, elle avait reçu au baptême le nom de Catherine. Elle prit en religion celui de Marcelline, que nous lui donnerons désormais.

Le nouvel institut où elle entrait, la *Congrégation des Sœurs de la charité et de l'instruction chrétienne de Nevers*, avait été inauguré huit ans auparavant, dans une pauvre habitation. Jamais début plus faible et plus obscur. Deux seulement, pour commencer l'édifice; et l'une, celle qui devait être plus tard la première supérieure générale, à peine âgée de dix-sept ans. Mais l'esprit de Dieu était sur cette œuvre : malgré les contradictions et les difficultés, plusieurs compagnes s'adjoignirent; et celle dont on va lire la vie, Marcelline Pauper, vint à son tour solliciter son admission.

Le fondateur fut un religieux bénédictin, de la congrégation de Saint-Maur, Jean-Baptiste de Laveyne, âgé de vingt-sept ans, homme d'oraison et d'austère pénitence, et alors attaché comme sous-prieur et sacriste à l'église paroissiale de Saint-Saulge, qui était un prieuré. Il s'était allumé dans son cœur un désir ardent d'assurer aux pauvres les secours spirituels et temporels, et à l'enfance le bienfait d'une instruction solidement chrétienne. Après bien des jeûnes et des prières pour connaître la volonté de Dieu, après des retraites et de pieux pélerinages, il résolut de former une nouvelle congrégation de vierges, vouées au but qu'il poursuivait. On le vénérait comme un saint, et ce qu'il y avait dans la contrée de plus avancé dans les voies de Dieu et la ferveur, s'adressait à lui pour la direction de la conscience. Il put ainsi discerner les âmes d'élite propres à son dessein. Il leur proposa l'entreprise : elle fut décidée. Vainement, pour la lui faire abandonner, son père, de concert avec ses autres parents et amis, lui objecta les critiques, les contradictions, les peines et les difficultés de tout genre qui l'y attendaient. Vainement on lui offrit plus tard, dans le même but, la charge de prieur avec la mission de réformer un monastère de son ordre. Il ne devait pas, lui disait-on, préférer à un prieuré l'humble bénéfice de sacriste qu'il possédait à Saint-Saulge, ni la direction de quelques filles, au bien si important de la réforme proposée. Le saint homme, ne doutant pas que sa vraie mission ne fût celle qui lui avait été inspirée la première, y resta ferme, et lui consacra ses soins et ses peines jusqu'à sa mort. Les croix et l'obscurité qu'on lui objectait, ne firent que la lui rendre plus chère.

Tandis que la nouvelle plantation croissait ainsi dans le champ de l'Église, Dieu, par des grâces exceptionnelles, lui préparait une fleur d'une éclatante beauté. Confident des secrets de cette âme privilégiée, et fidèle à seconder les hauts desseins providentiels qu'il entrevoyait, le Père de Laveyne approuva la courageuse détermination. Marcelline, âgée de vingt-deux ans, sortit

INTRODUCTION. V

de la maison de son père, pour se consacrer à Dieu dans le nouvel institut.

Le tableau de son admirable vie, tracé par elle-même, va se dérouler sous les yeux du lecteur. Son vénérable directeur, le Père de Laveyne, eut la pensée d'exiger d'elle, au nom de l'obéissance, un exposé des grâces comme des fautes, en un mot de tout l'ensemble de sa vie depuis l'âge de raison. Dans quel but? On l'ignore. Peut-être un rayon de lumière divine lui avait-il montré, dans le lointain, la publication qui s'en ferait un jour, et les fruits de bénédiction qu'il devait produire. Il se garda de le brûler, comme l'humble servante de Dieu le lui avait instamment recommandé. Ce précieux écrit de Marcelline, complété par un recueil de ses lettres, nous le publions textuellement. Tout y est remarquable, même le style. C'est partout une grande sobriété de paroles, une sévère concision. Le théologien profond, aussi bien que l'écrivain de génie, demeureront surpris, en particulier, des pages relatives au mystère de la Sainte-Trinité et aux attributs divins. A Dieu ne plaise que nous altérions ce monument, que nous en enlevions la moindre parcelle ! Dieu a d'ailleurs attaché aux écrits des saints, comme à leurs ossements, une vertu particulière. Plus d'une âme peut-être en fera l'expérience en lisant celui-ci. Nous ajouterons seulement des notes et quelques chapitres supplémentaires pour relater les faits omis, et appeler sur certaines circonstances l'attention du lecteur.

Après la mort de Marcelline, le manuscrit a dû être communiqué, puisqu'on en fit des copies. Il en existe plusieurs, déjà plus que séculaires, à la maison principale de la congrégation à Nevers.

Une pensée préoccupera ici le lecteur. Comment une vie si admirable est-elle restée inédite pendant près de deux siècles? Comment et les évêques de Nevers, et les supérieures générales de la congrégation, et les ecclésiastiques des divers temps, délégués auprès des sœurs pour la juridiction épiscopale, ont-ils laissé le précieux trésor constamment enfoui et presque inconnu, au risque même de le perdre (1)?

Un fait si étrange ne saurait être exclusivement attribué à la négligence. On doit plutôt, ce semble, en accuser comme principale et peut-être comme unique cause, certaines fausses doctrines qui se propagèrent malheureusement beaucoup en France, à partir du dix-huitième siècle.

---

(1) Il serait perdu sans retour sans les copies dues aux anciennes Sœurs, car l'autographe ne se trouve plus. La tourmente révolutionnaire de 1793, ayant interrompu les traditions, on ignore, du moins jusqu'à cette heure, quand et comment il a disparu.

D'après l'un de ces préjugés, on devait éliminer avec soin de la vie des saints et des autres livres de piété, les faits miraculeux trop saillants, le surnaturel trop accentué, de peur de donner occasion aux incrédules de l'époque de crier à la superstition, et à de prétendus érudits, délicats en critique, de désavouer ces publications comme imprudentes et plus nuisibles qu'utiles à la religion. On ne voulut plus de ces anciennes légendes que nos ancêtres lisaient en famille, toutes tissues de faits merveilleux, qui frappaient l'esprit, touchaient le cœur, ravivaient la foi dans les générations, et faisaient plus comprendre que toutes les froides instructions, l'intime de la vie chrétienne et le secret de la sainteté. On tenta d'y substituer de nouvelles agiographies, où l'on ne trouvait plus que le glacial exposé des faits humains et des vertus morales. La vie des saints, vie en un sens théandrique, ainsi défigurée, tronquée de la plus belle portion d'elle-même, de l'élément divin, n'eut plus d'attrait; on cessa de la connaître, et la piété des peuples, privée de ce flambeau, fit place à l'irréligion et à l'impiété.

Peut-être qu'en face de ces fausses idées de l'époque, les supérieurs ecclésiastiques, et les religieuses même les plus admiratrices de Marcelline, jugèrent inopportune la publication d'un écrit, où l'on rencontre à chaque feuillet la miraculeuse intervention de Dieu par des grâces extraordinaires, où chaque passage reflète le surhumain, le divin.

L'autre préjugé, passé malheureusement en maxime dans notre pays, même chez quelques congrégations religieuses, est celui qui traite de dangereux et nuisibles les livres où il est question d'extases, de visions, de révélations, de vie contemplative, et généralement de ce qu'on nomme les voies extraordinaires. Le prétexte est la possibilité de l'abus. Frappées de ces états sublimes dont Dieu a favorisé les saints, les personnes à imagination vive et à tête faible pourraient s'exalter jusqu'à se croire appelées aux mêmes faveurs, et devenir ainsi victimes de l'illusion et de l'orgueil. Pour compléter le sophisme on ajoute que ces choses peuvent être utiles dans les communautés cloîtrées et vouées à la vie contemplative; mais que dans les instituts à œuvres extérieures, la bonne religieuse est celle qui travaille et remplit bien son emploi, et non celle qui se préoccupe beaucoup de vie intérieure et d'oraison. Dans une communauté, une supérieure disait aux jeunes religieuses : Si quelqu'une s'avise d'avoir des visions, elle sera renvoyée; nous ne voulons pas d'extatique dans notre institut. Elle croyait faire de l'esprit, et ne se doutait pas qu'un tel langage, pris dans le sens rigoureux, est tout simplement impie et recèle des sentiments hérétiques. Il suppose que les révélations et les extases sont toujours des chimères, ou du moins que Dieu ne saurait en favoriser les personnes vouées aux œuvres de l'apostolat et de la charité. Dans les deux sens il y a erreur contre la foi. Il y a de plus une fausse notion de la perfection chrétienne, de la sainteté. Nulle âme ne devient sainte que par des grâces élevées, par une fidèle correspondance à ces grâces, par l'héroïsme pratique des vertus. L'âme est plus ou moins avancée en perfection, selon qu'elle participe plus ou moins à la vie de la grâce, à la vie de Dieu en elle. Or, c'est l'effet de cette vie divine, quand elle a été communiquée avec abondance, de se manifester par ces états et ces voies qu'on nomme extraordinaires. Alors le divin Maître veut que l'âme, objet de sa spéciale dilection, parce qu'elle est spécialement généreuse et fidèle, soit enrichie de connaissances que les maîtres de la terre ne transmettent pas; qu'elle voie, entende et sente, ce que l'œil de l'homme n'a point vu, ni son oreille entendu, ni son cœur ressenti. De là ces admirables effets, qu'on retrouve dans la vie de tous les saints : amour de Dieu enivrant l'âme et la mettant hors d'elle-même, lumières surnaturelles, efforts héroïques pour la gloire de son Bien-Aimé et pour le parfait accomplissement de sa sainte volonté. Souvent aussi le divin Sauveur ajoute le don des miracles. Toute âme qui est fidèle et arrive à la sainteté, arrive aussi à ces états. Ils se vérifient non-seulement dans la vocation à la vie du désert et du cloître, mais également dans les instituts voués à l'apostolat, aux œuvres de charité, et jusque dans l'état et les engagements du mariage. En un mot, ou la sainteté est ainsi, ou il n'y en a point. Dédaigner ces états, c'est donc mépriser la sainteté elle-même ; et vouloir les bannir d'une congrégation, c'est prétendre empêcher Dieu d'y répandre ses grâces privilégiées, et les âmes de s'y élever à la perfection. On ne ferait pas mieux, si l'on se proposait de concourir à l'œuvre du démon. Il s'efforce surtout d'empêcher qu'aucune religieuse ne dépasse la médiocrité de la vertu. Il sait qu'une seule, arrivée au degré que dénotent ces voies extraordinaires, contribue plus efficacement à la gloire de Dieu, au triomphe de l'Église, au salut des âmes, que des milliers d'autres, de vie édifiante et régulière, mais restées en deçà. Heureuse la congrégation qui a le bonheur de posséder une de ces âmes ! Par l'exemple de sa vie et son influence auprès de Dieu, elle est comme un canal permanent par où du cœur de Jésus découle sur tous les membres de l'institut l'eau qui jaillit à la vie éternelle.

On redoute beaucoup trop que ces sortes de lectures ne produisent l'illusion et l'orgueil : ordinairement, régulièrement, elles produiront au contraire l'humilité. En face d'un tableau auquel on est si loin de ressembler, d'une immolation corporelle dont le narré fait frissonner la nature, d'une pureté si angélique, d'une flamme d'amour divin où tout l'humain a été consumé, d'une attention à la présence de Dieu que les travaux extérieurs les plus tumultueux ne peuvent interrompre, de ces œuvres au-dessus des forces naturelles, entreprises dans une intention si pure et menées à terme malgré les contradictions et les difficultés, comment ne pas se confondre de sa sensualité, de sa tiédeur, de sa dissipation, de son inutilité, en un mot de la profonde misère dont on a la conscience? Le résultat ordinaire de ces lectures, le voici : se sentant un peu de volonté, une âme était contente d'elle-même.

Elle s'était comparée aux égarés du monde, à d'autres aussi peu avancés qu'elle, et la tentation d'amour-propre la poursuivait. Un jour, elle se met à lire ces merveilles, prétendues dangereuses, de la vie d'un saint, et voilà que, rougissant d'elle-même devant Dieu, elle comprend mieux la pauvreté de son état que par les exhortations les plus éloquentes et les instructions les plus multipliées.

De ce qu'un rare inconvénient est possible, de ce que ces lectures peuvent absolument devenir pour quelque tête malade l'occasion de ces sortes de rêveries, il suit qu'on doit charitablement combattre l'abus dans le sujet où il se manifeste; mais on ne doit nullement intercepter pour toute une congrégation religieuse, pour tous les fidèles, une des plus abondantes sources de la divine lumière, des célestes bénédictions. N'avons-nous pas ici la direction de l'Église elle-même, ou se prétendrait-on plus sage qu'elle ? Quoi de plus empreint des voies extraordinaires que la vie de sainte Térèse, racontée par elle-même, et ses autres écrits ? Et néanmoins le Saint-Siége en a jugé la lecture généralement utile et l'a recommandée. Quel recueil plus abondant de faits miraculeux, quel tableau plus riche et plus varié des états et des voies extraordinaires des saints, que les légendes de l'office divin ? Et néanmoins l'Église, loin de redouter les prétendus périls, en prescrit la lecture journalière, non-seulement aux moines et aux clercs, mais encore aux religieuses astreintes aux heures canoniales. Et comme l'office divin doit être célébré non à huis-clos, ni seulement en particulier, mais aussi en public, il est évident que l'Église invite généralement tous les fidèles à cet admirable panorama de faits merveilleux et de grâces extraordinaires, qui étincellent partout dans la vie des saints.

La maxime contraire est donc certainement une erreur. Mais elle avait prévalu, au dix-huitième siècle, dans l'esprit de bien des directeurs et de supérieurs ecclésiastiques.

On conçoit que depuis la mort de Marcelline en 1708, jusqu'à la perturbation de 1793, les sœurs de la charité de Nevers n'aient pas été autorisées à produire leur trésor ou même n'aient pas tenté de le faire. On conçoit aussi qu'après la tourmente révolutionnaire elles aient dû attendre des circonstances favorables.

Aujourd'hui, elles sont heureuses de pouvoir, avec l'approbation et les encouragements de Mgr l'Évêque de Nevers, révéler enfin au public la brillante et douce lumière, tenue jusqu'à présent sous le boisseau.

A la vue d'une si haute perfection, plus d'un

lecteur se demandera si elle n'est pas comparable à celle des Térèse, des Catherine de Sienne, des Rose de Lima. Et la trouvant réalisée dans une religieuse vouée par état aux œuvres extérieures, constamment occupée, jusqu'à l'accablement, d'affaires épineuses, de fondations de maisons, de relations avec le monde, de voyages à cheval longs et périlleux, il reconnaîtra peut-être, par-dessus les causes secondes, un dessein particulier de Dieu, qui aurait réservé à notre époque l'apparition de ce chef-d'œuvre de sa grâce.

En effet, la divine Bonté n'aurait-elle pas ainsi préparé de loin un phare saisissant, pour ce grand nombre de congrégations récentes, que le zèle trop exclusif des œuvres de la vie active menace d'emporter hors de la voie et de faire sombrer? Nul doute que l'esprit de Dieu ne les ait suscitées et qu'elles ne constituent aujourd'hui une des grandes forces de l'Église. Mais, il ne faut pas se le dissimuler, à leur plus belle mission correspond un danger spécial. Il est à craindre que l'activité se portant presque tout entière aux œuvres extérieures, la vie d'oraison, et sa condition inséparable, le permanent holocauste de la mortification, ne cessent d'être la préoccupation principale, ne descendent au rang d'accessoire facultatif, ou n'aillent même se heurter à la suspicion et aux entraves. Le préjugé n'est-il pas monté quelquefois jusqu'à cette étrange formule : Nous ne voulons pas de cette vie contemplative; nous la laissons aux cloîtres et aux déserts?

Hé bien! pendant que ces nombreux instituts, voués à l'apostolat et aux autres œuvres de charité, sont ou menacés ou même atteints de ce mal, la vie de Marcelline intervient comme un exemple aussi éclatant qu'inattendu. Elle a été appelée à un institut qui a pour objet les œuvres de charité. Et néanmoins elle y a uni la vie contemplative la plus sublime, les plus héroïques austérités de la pénitence. Ce fait dessillera les yeux. On reconnaîtra non-seulement que l'union des deux vies est possible, mais que la vie intérieure doit être la première, la grande affaire, même dans les instituts occupés d'œuvres extérieures. On remarquera aussi que la servante de Dieu, obligée par obéissance d'exposer par écrit l'ensemble de sa vie, n'a pas fait le récit de ses œuvres extérieures, quoique si importantes et si nombreuses. Si elle en rappelle quelqu'une en passant à son directeur, c'est dans l'unique but d'expliquer l'état intérieur de son âme. Après avoir lu ces admirables pages, on regrette de n'avoir ni l'historique des fondations qu'elle a faites, ni celui de ses voyages, ni l'ensemble des événements de sa vie et de ses admirables travaux. Ce qui s'est passé dans son âme, les événements de sa vie intérieure, voilà tout l'objet de son écrit. Les œuvres extérieures, auxquelles néanmoins elle s'est tant appliquée, dont elle s'est acquittée d'une manière si parfaite, elle les suppose secondaires et les passe sous silence. C'est là un enseignement d'une saisissante clarté. Les instituts à œuvres extérieures le comprendront. C'est le fruit principal que semble destinée à produire la lecture de ce livre.

L'intérêt qu'il excite le fera aussi pénétrer dans les familles, et il y sera peut-être d'une grande efficacité pour guérir le mal profond de notre époque. La vraie notion de la vie chrétienne ne se transmet presque plus au foyer domestique. Le grand enseignement de l'Évangile: Que, pour aller au ciel, il faut avoir crucifié sa chair avec ses concupiscences, la nécessité de la vie intérieure et de l'abnégation, ou n'y sont plus mentionnés, ou n'y font plus l'effet que de maximes du cloître et de réminiscences du moyen-âge. Luxe, confortable, jouissances des sens, et pas d'autre borne que celle de la fortune, voilà ce qui domine généralement, et vicie plus ou moins, même les familles catholiques. Bien des jeunes personnes, ayant en main la vie de Marcelline Pauper, se sentiront secouées de ce sommeil malsain; et, par leur influence, contribueront à ramener le vrai sens chrétien, qui doit vivifier de nouveau la société.

Cette introduction est le dernier travail de l'abbé Dominique Bouix, et comme ses adieux à l'Église militante. Ce fut après une étude approfondie des écrits de Marcelline Pauper, et après les avoir préparés pour l'impression, qu'il écrivit ces pages.

Mais comment ce travail si suave et si sanctifiant fut-il l'occupation des derniers jours de sa vie ? C'est ce que nous devons dire ici.

Sans doute, il lui eût suffi pour l'entreprendre de son grand attrait pour les ouvrages des saints et pour la vie intérieure. On sait que, pour céder à cette pente de son âme, il avait, à différentes reprises, suspendu ses travaux théologiques, et qu'il avait successivement publié les *Let-*

tres de la *Solitaire des rochers*, l'*Histoire des vingt-six martyrs du Japon*, et un *Cours de méditations pour tous les jours de l'année*. Mais indépendamment de cet attrait, un motif particulier l'avait déterminé.

Un lien sacré l'unissait à la Congrégation que Marcelline Pauper avait illustrée par la sainteté de sa vie. Trois de ses sœurs vivaient dans cette Congrégation.

Déjà, depuis plus de deux ans, il s'était fixé près de l'une d'elles, supérieure de l'hospice de Montech, petite ville peu distante de Montauban. C'est là que, dans une modeste demeure, qu'il appelait son ermitage de Saint-Joseph, il souhaitait terminer ses jours : grâce que Dieu devait lui accorder.

Il était depuis peu dans cette solitude, lorsqu'il y reçut la visite de la Supérieure générale des Sœurs de Nevers. Dans cette visite, la question des écrits de Marcelline Pauper fut traitée : il fut convenu que je les publierais, et qu'il me donnerait son concours.

Mais le Concile du Vatican allait s'ouvrir. L'abbé Bouix partit pour Rome en qualité de théologue de l'évêque de Montauban. Et le travail de Marcelline Pauper fut ajourné.

Durant son séjour à Rome, il lui fut donné de servir les intérêts de la Congrégation des Sœurs de Nevers, dans la circonstance la plus mémorable et la plus solennelle pour l'Institut depuis sa fondation. Monseigneur Forcade, évêque de Nevers, et la Supérieure générale de la Congrégation, la mère Joséphine Imbert, travaillaient à faire approuver par le Saint-Siége l'Institut des Sœurs de Nevers, qui jusque-là n'avait eu qu'une approbation épiscopale. L'abbé Bouix leur donna son concours avec bonheur. Le cachet du théologien et du canoniste mis par lui dans certains travaux qu'il fallait présenter, ne servit pas peu à simplifier et à accélérer la négociation, auprès des membres de la Sacré-Congrégation des Évêques et des Réguliers.

Enfin, l'Institut des Sœurs de la Charité et de l'Instruction chrétienne de Nevers, fondé par le Père de Laveyne en 1680, fut approuvé par le Saint-Siége; et Pie IX, dans son audience du 22 juillet 1870, daignait approuver, confirmer et bénir les Constitutions qui devaient désormais régir cette Congrégation.

Ce fut pour l'abbé Bouix une joie bien douce, et, on peut le dire, une joie de famille.

Dieu venait de lui en accorder une autre qui devait être pour lui la plus grande en ce monde. Le 18 juillet 1870, il assistait comme témoin à la proclamation du dogme de l'infaillibilité du Pape, doctrine qu'il avait défendue toute sa vie, et si savamment démontrée dans son *Traité*

De Papa. Ce triomphe de l'Église mettait le comble à tous ses vœux.

Pour que rien ne manquât à sa consolation, avant de quitter Rome, il vit une dernière fois Sa Sainteté Pie IX; il lui offrit son *Traité De Papa*, et il lui demanda sa bénédiction. Pie IX la lui donna, avec une effusion paternelle, comme à un fils bien-aimé et comme à un des plus illustres défenseurs de la doctrine de l'infaillibilité du successeur de saint Pierre.

Ainsi, au moment de s'éloigner de la ville éternelle, l'abbé Bouix, dans le transport d'une joie céleste, disait son *Nunc dimittis;* et il le disait avec un accent de foi d'autant plus profond, qu'au milieu de cette plénitude de bonheur, et de ces avant-goûts du ciel, il sentait ses forces physiques entièrement épuisées.

Dans cet état, il n'eût pu revenir seul en France. Mais Dieu veillait paternellement sur lui; il se plut à le lui montrer. Monseigneur l'Évêque de Nevers qui, dans ses rapports avec l'abbé Bouix, avait reconnu en lui l'homme de Dieu en même temps que le savant, lui avait accordé son estime et voué une cordiale amitié. Il lui en donna alors une touchante preuve. Il voulut lui-même le ramener à sa solitude de Montech, lui prodiguant durant la route les soins les plus attentifs. Trait de noble et délicate charité, dont les amis de l'abbé Bouix et les membres de sa famille garderont à Monseigneur Forcade une éternelle reconnaissance.

Le 28 juillet, je le revoyais à Montauban avec le digne prélat qui s'était fait son ange conducteur. Et, le soir de ce jour, nous étions ensemble dans son cher ermitage de Saint-Joseph. Dieu, dans son ineffable bonté, ne voulait pas que nous fussions séparés durant les cinq derniers mois qu'il lui réservait encore dans cet exil.

Par une douce disposition de sa Providence et par un secret de sa prédilection, Dieu, qui allait consommer en son serviteur l'œuvre de ses miséricordes éternelles, le prépara à la couronne des saints, par un saint travail, propre à ravir et à élever au ciel toutes les puissances de son âme : c'était le travail sur les écrits de Marcelline Pauper.

Il lui rendit, dans ce but, un peu de santé. Aussitôt le vaillant athlète, malgré la tristesse des événements, se mit à l'œuvre. « Tout en adorant les profonds desseins de Dieu, il fallait, disait-il, travailler avec courage pour sa cause. » Ainsi, nous commençâmes ensemble nos études sur Marcelline Pauper, habitant tour à tour l'ermitage de Saint-Joseph et le grand séminaire de Mautauban, dirigé par les Pères de la Compagnie de Jésus.

L'abbé Bouix lut avec toute l'attention du théologien les écrits de Marcelline. Il fut ravi de leur sublimité, de l'exactitude et de la précision de langage dans les sujets les plus élevés de la théologie mystique. Et, quant au saisissant tableau des faveurs de premier ordre accordées par le divin Maître à cette nouvelle Catherine de Sienne, il ne pouvait se lasser de le contempler et de l'admirer. Il était surtout frappé de voir cette humble servante de Jésus-Christ briller entre les vierges les plus illustres de l'Eglise dans ces derniers siècles, par ses états crucifiés, par l'héroïsme de sa pénitence, et cela, au milieu d'une vie remplie de courses apostoliques et vouée à tous les travaux de la charité envers les pauvres. La merveille de cette alliance lui semblait un des plus beaux chefs-d'œuvre de la grâce de Jésus-Christ en ce monde.

Portant ensuite son regard dans l'avenir, il découvrait l'apostolat fécond des écrits de Marcelline Pauper. Il voyait ces écrits, désormais vainqueurs du temps et propriété immortelle de l'Eglise, exercer, de siècle en siècle, une action céleste sur les âmes. Et, à cette perspective, il tressaillait de bonheur.

Mais par delà cette perspective, une espérance plus consolante encore se présentait à ses regards. Il entrevoyait pour Marcelline Pauper l'auréole des saints. De tout ce que Dieu avait fait de grand pour elle, il se croyait autorisé à conclure qu'il ne tarderait pas à la glorifier à la face du monde. Il pensait que, dès qu'elle serait connue par ses écrits, cette épouse crucifiée de Jésus-Christ crucifié exciterait la confiance des fidèles, que par des miracles elle ferait éclater sa sainteté et son crédit auprès de Dieu, et qu'enfin elle serait placée sur les autels. Il saluait, dans la joie de l'espérance, le jour où, à la suite de sainte Geneviève, de la bienheureuse Marguerite-Marie et de sainte Germaine, Marcelline serait donnée par l'Eglise pour médiatrice et pour avocate à la France.

De là, le respect profond avec lequel le docteur traita les écrits de Marcelline Pauper, et son zèle pour les mettre en lumière. Il les lut avec la plus religieuse attention. Il prépara lui-même et il ponctua avec un soin scrupuleux la copie destinée à l'impression; il rédigea les principales notes doctrinales qui devaient accompagner le texte; enfin, il écrivit l'introduction qui devait être mise en tête.

Il éprouvait, en s'occupant des écrits de cette humble et héroïque vierge, un charme secret, qui ne peut se décrire, mais qui est connu de ceux qui s'occupent des écrits des saints, et qui est un salaire de plus haut prix que toutes les approbations humaines.

Je n'oublierai jamais le jour où, après avoir

terminé son introduction, il vint me la lire. Quel accent pénétré et modeste! Et, quand la lecture fut finie, quel moment pour nos âmes! Chez lui, c'était une joie douce, sereine, intime; c'était la conscience d'un service rendu à Dieu. Chez moi, c'était un transport de joie intérieure, de voir que les écrits de Marcelline Pauper étaient appréciés, jugés, annoncés, d'une manière digne d'elle, et qu'ils allaient paraître, dans le public, avec le suffrage et la recommandation d'un si éminent théologien.

Ce n'est pas seulement dans son introduction, mais encore dans ses lettres, que se révélait la haute idée qu'il avait de la sainteté de Marcelline Pauper, de son crédit auprès de Dieu, et du bien que ses écrits étaient appelés à produire dans les âmes.

En apprenant que Rome avait envoyé à la Maison-Mère des Sœurs de la Charité et de l'Instruction chrétienne de Nevers, le manuscrit de leurs constitutions avec l'approbation du Saint-Siége, il écrivait, le 27 Août 1870, à la Supérieure générale :

« Cette nouvelle m'a comblé de joie. Pour votre Congrégation, c'est un des événements les plus heureux. Marcelline Pauper, avec ses compagnes du paradis et le pieux fondateur, le Père de Laveyne, vous aura obtenu ce grand bienfait. »

Mais sachant bien qu'après l'intervention de Marcelline, cette insigne faveur du Saint-Siége, approuvant l'Institut des Sœurs de Nevers et l'élevant au rang des Congrégations religieuses proprement dites, était principalement due à l'initiative, à la sagesse, au zèle si pur et si élevé de Mgr Forcade, il ajoutait ces paroles :

« Monseigneur de Nevers a conduit cette

affaire avec un zèle, une droiture et une sagesse admirables. »

Le 26 Novembre 1870, dans une autre lettre à la Supérieure générale, il s'exprimait ainsi sur les écrits de Marcelline Pauper :

« Notre travail sur Marcelline Pauper est déjà passablement avancé. C'est une vie admirable. Il résultera un grand bien spirituel pour les âmes, de la mise en lumière de ce beau diamant. » Et plus loin, il ajoutait : « Je suis en admiration en lisant cette vie de Marcelline Pauper. »

Nous devons faire observer ici que, bien que l'abbé Bouix ait admiré dans leur ensemble les écrits de Marcelline Pauper, et qu'il ait été frappé de l'exactitude de son langage dans les sujets les plus élevés, il n'a pas laissé néanmoins de constater qu'il est quelques expressions qu'on ne doit pas juger d'après la rigueur théologique, mais qu'il faut bénignement interpréter selon le sens qu'elle avait en vue.

Le plus grave des historiens de sainte Térèse, le docteur Ribera, écrivant la vie de cette vierge peu de temps après sa mort, et par conséquent avant même qu'elle fût déclarée Vénérable par l'Église, avertissait qu'il se rencontrait dans ses écrits certaines expressions dans lesquelles il ne fallait pas chercher toute la rigoureuse exactitude du langage de la théologie, mais qu'il fallait entendre, selon ce qu'elle avait eu intention de dire. Nous en disons autant des écrits de Marcelline Pauper. Du reste, le docteur Dominique Bouix, en les préparant pour l'impression, soumettait et ces écrits, et son jugement sur ces écrits, au jugement suprême du Saint-Siége. Et c'est ce que nous faisons encore aujourd'hui, en son nom et au nôtre.

Mais ce qui s'imposera au théologien le plus

profond en lisant ces écrits, c'est que la vérité des grâces racontées s'y trouve démontrée par le ton ou les caractères du récit : car ce n'est pas ainsi qu'on invente, ni qu'on peut inventer. Et, comme ces grâces sont du premier ordre, il se verra forcé de conclure que Marcelline Pauper a été une des âmes les plus élevées en sainteté dans ces derniers siècles.

Après l'éclatant hommage qu'il venait de rendre à Marcelline Pauper, dans les lettres citées plus haut, l'abbé Bouix me remit les écrits de cette vierge, me laissant le soin de les publier; et, l'âme encore tout embaumée de cette lecture, il s'occupa de son *Traité de l'Église*. Un des priviléges de cette intelligence si lucide, si pénétrante et si ferme, était de voir, comme d'intuition, le plan du plus vaste traité. Il en fut ainsi de celui de l'Église. Ce traité, si Dieu lui eût fait la grâce de l'écrire, aurait été un monument pareil à celui qu'il lègue à la postérité par son *Traité du Pape*. La lumière, sur un si haut sujet, avait achevé de se faire dans son esprit, à Rome, par les travaux et par les définitions du Concile œcuménique. De là, le plan grandiose et nouveau qu'il avait conçu, et qu'il croyait devoir être désormais la marche à suivre dans l'enseignement théologique. Cette marche, du reste, lui semblait tracée par le Fondateur lui-même de l'Église, dans ces paroles au Prince des Apôtres : *Tu es Petrus, et super hanc petram ædificabo Ecclesiam meam* : « Tu es Pierre, et sur cette pierre, je bâtirai mon Église. Pierre, l'éternel fondement posé par Jésus-Christ et portant toute l'Église, c'était la première partie de son traité. L'Eglise, édifice construit par Jésus-Christ sur cet immortel fondement, c'était la seconde partie de son travail. Déjà ce plan était arrêté, les *prænotanda* écrits, quelques thèses démontrées ; il allait avancer dans l'exposition de son sujet et dévoiler aux regards ce qu'est Pierre, fondement éternel et divin de l'Église, lorsqu'il plut à Dieu de lui donner la récompense de ses travaux passés et de celui qui absorbait toutes les facultés de son âme, en le transférant, les armes en quelque sorte à la main, de cet exil à la lumière incréée, et en lui montrant cette Église, infiniment plus belle et plus grande encore, qu'il ne venait de la concevoir.

Le jour que, de toute éternité, Dieu avait marqué pour l'appeler à lui, était le 26 Décembre 1870, glorieux anniversaire de la mort du premier martyr de Jésus-Christ. Mais il entrait dans ses adorables desseins, de le préparer à la palme par le martyre de la souffrance. Le jour de l'octave de l'Immaculée-Conception, il lui envoya le mal qui devait nous le ravir. Dès la première atteinte, l'abbé Bouix connut que c'était la visite suprême du Seigneur; il lui offrit le sacrifice de sa vie; et il déclara qu'il ne demanderait point sa guérison. Il bénit ensuite Dieu, avec effusion, de ce qu'il rendrait le dernier soupir entre les bras de son frère et de sa sœur. Du haut du ciel, Marcelline Pauper, reconnaissante de ce qu'il avait fait à Rome pour son Institut, et de ce qu'il venait de faire pour ses écrits, le soigna, on peut le dire, par les mains de ses sœurs en Religion, qui ne le quittèrent, en quelque sorte, ni jour ni nuit. Et j'étais auprès de lui, pour son âme.

Dieu qui l'avait conduit dès ses plus jeunes années par la voie des souffrances, voulant alors achever de le rendre conforme à son Fils crucifié, afin d'achever d'embellir sa couronne, le tint constamment sur la croix. C'était une mystérieuse complication de maux. A l'intérieur, il sentait comme un glaive qui le perçait à chaque respiration; à l'extérieur, son corps, tourmenté par les remèdes, n'était plus qu'une plaie. Mais Dieu, fidèle à son serviteur, inondait son âme de grâces. Jamais aucun nuage n'altéra sa paix ; pas une défaillance, au milieu de la douleur. Il endura ce long martyre avec une patience angélique ; il l'offrait à Dieu pour Pie IX prisonnier, et pour l'Eglise. Il se remettait entre les mains de Dieu avec un abandon filial et absolu. « Puisque vous allez offrir le saint sacrifice pour moi, me dit-il un jour, offrez-moi avec Jésus-Christ à Dieu pour son bon plaisir. » Il garda, jusqu'au dernier soupir, toute la lucidité de son esprit. Il fixa lui-même le jour où on devait lui porter le Saint-Viatique, mais sans plus d'appareil que pour un pauvre : volonté qu'il fallut respecter. Quand il vit entrer son Dieu, il se frappa la poitrine, avec une humilité qui attendrit tous les assistants ; et quand il l'eut reçu, il s'enferma dans son âme avec lui, absorbé en cette douce union, et le visage inondé de larmes. Au sortir de cet entretien, il nous dit que tous ses vœux étaient comblés; qu'ayant reçu son Dieu en viatique, il n'avait plus rien à souhaiter en ce monde; qu'il allait rejoindre au ciel les membres de sa famille, qui l'y avaient précédé; et il nous fit les plus tendres adieux.

Toutefois une nouvelle consolation lui était encore réservée avant son départ pour le ciel. Pie IX, qui l'avait tant de fois béni, s'empressa, en apprenant son état, de lui envoyer sa bénédiction; et, en la lui envoyant, il s'écria, ému jusqu'aux larmes : « Le bon abbé Bouix, le bon abbé Bouix! »

Ainsi fortifié par les sacrements de l'Église, et couvert de la bénédiction de saint Pierre, il soupirait après l'instant de sa délivrance. Il vit enfin se lever le jour de saint Étienne, premier martyr de Jésus-Christ, jour marqué d'en haut, comme nous l'avons dit, pour son dernier combat. Vers six heures du matin, il fut averti par une lumière intérieure que le moment du Seigneur était venu. Aussitôt, il se leva de son lit, et s'avança vers l'image de Jésus-Christ, son Sauveur, attaché à la croix, vers les statues de la très-sainte Vierge et de saint Joseph, et s'inclina avec amour; puis, s'asseyant en face de ces trois figures, et appuyant sa tête, il dit : « Je respire. » Ce fut sa dernière parole. Il fit signe de la main qu'on ne lui présentât plus rien, nous salua tendrement du regard, et fixant les yeux au ciel, il entra dans une profonde contemplation. Sa tête était majestueuse et immobile. Sa vue, surnaturellement animée, paraissait attachée à un objet divin. Il resta ainsi une demi-heure; et ce fut dans cette contemplation, dirai-je dans cette vision du ciel, qu'il s'envola dans les bras de son Dieu, sans qu'il fût possible de saisir l'instant où il prenait son essor.

Telle fut, après une vie sans tache, la mort précieuse devant Dieu, de celui qui présente aujourd'hui, par nous, les écrits de Marcelline Pauper à la piété catholique.

Dieu bénira, nous en avons la ferme confiance, cette publication, due à l'auteur du traité *De Papa*, contemporaine de la captivité de Pie IX, et offerte au public sous les auspices de la Vierge Immaculée, le 8 décembre 1871, second anniversaire de l'ouverture du Concile œcuménique du Vatican, à Rome.

MARCEL BOUIX,

de la Compagnie de Jésus.

Nevers, le 8 décembre 1871, en la fête de l'Immaculée Conception de la très-sainte Vierge, Mère de Dieu.

DÉCLARATION.

Nous déclarons nous soumettre d'esprit et de cœur à toutes les ordonnances de la sainte Église romaine, soit sur les titres de saint et de bienheureux, soit sur les récits des vertus et des œuvres miraculeuses qui n'ont point été sanctionnées par l'autorité souveraine du vicaire de Jésus-Christ.

CONFITEBOR TIBI, IN TOTO CORDE MEO.

Nihil in me relinquatur mihi; nec quo respiciam ad me ipsum : totus diligam te, tanquam inflammatus a te !

Mon Dieu, que la flamme de votre amour brûle tout mon cœur; qu'elle ne laisse rien en moi qui soit pour moi, rien qui me permette de me regarder moi-même : mais que je brûle, que je me consume tout entier pour vous ; que tout moi-même vous aime, et que je sois tout amour, comme étant enflammé par vous !

S. Augustin, *Exposition* du psaume CX.

VIE
DE
MARCELLINE PAUPER

ÉCRITE PAR ELLE-MÊME (1).

CHAPITRE PREMIER.

C'est pour obéir au Père de Laveyne, son guide spirituel, que Marcelline Pauper entreprend d'écrire sa propre vie. — Née en 1663, à Saint-Saulge, dans le Nivernais, elle reçoit, à l'âge de six ans, la première grâce surnaturelle. — En 1671, à huit ans, elle est placée au couvent des Ursulines de Moulins-en-Gilbert. — A neuf ans, elle se lie à Dieu par le vœu de chasteté perpétuelle.

VOTRE BÉNÉDICTION, S'IL VOUS PLAIT,
MON TRÈS-HONORÉ PÈRE EN JÉSUS-CHRIST.

C'est ici que j'ai besoin du secours de vos prières pour vous exposer un tissu de miséricordes et de misères, l'ouvrage de la grâce

---

(1) Voir, à la fin du volume, sur la famille de Marcelline Pauper, le Document n° Ier.

et celui de la corruption. Tous deux me doivent bien confondre; car j'ai manqué de fidélité à Dieu, ne donnant pas toute l'étendue à la grâce de Jésus-Christ, tenant son esprit à l'étroit et comme captif en moi-même, et suivant la dépravation de mon mauvais cœur. Trop heureuse si cette recherche produit en moi l'anéantissement et la reconnaissance. Au moins, je n'ai en vue que de vous obéir, mon très-honoré Père, et de soumettre à votre examen toutes les différentes situations de ma vie criminelle. Vous y trouverez des maux réels, et quelque apparence de bien. Jugez de tout. Je suis soumise, et prête à suivre tout ce qu'il vous plaira m'ordonner pour réparer les égarements de ma vie, et satisfaire à la sainteté et à la justice de mon Dieu, que j'adore et que j'aime, aussi bien que sa bonté!

Il faut donc commencer, et vous dire, mon très-honoré Père, que Dieu m'a prévenue de bonne heure, et que de bonne heure, je me suis rendue infidèle.

N'ayant encore que six ans, j'aimais à entendre la parole de Dieu, et j'avais la mémoire si heureuse, que je retenais très-aisément tout ce qu'on voulait m'apprendre.

Ce fut dans ce temps qu'un jour de Noël, pendant la nuit, la très-sainte Vierge m'apparut, tenant entre ses bras son divin Fils, auquel elle m'offrit; et Lui, me bénissant, me prit par la main. Cette première grâce ne me fut pas inutile; car il me restait un grand amour pour Jésus-Christ et sa très-sainte Mère. Mais, dans mes petites dévotions, il y avait bien de l'enfantillage. J'avais, cependant, une grande innocence; mais elle ne dura guère (1)... Je vous offensais, ô mon Dieu! et je me rendais indigne des miséricordes que vous vouliez me faire; mais vous eûtes pitié de moi, en me tirant de ces mauvaises compagnies.

Je fus menée, à l'âge de huit ans, aux Ursulines de Moulins-en-Gilbert, où je voyais de

---

(1) La servante de Dieu raconte ici comment, à l'âge de sept ans, des jeux peu modestes, que lui avaient appris des compagnes, furent pour elle l'occasion de certaines fautes qu'elle se reproche amèrement. Mais elle avoue, elle-même, qu'elle n'en connaissait pas la gravité. Nous supprimons ce passage, ainsi qu'un autre de même genre, qui se trouve quelques lignes plus loin, à l'endroit indiqué par des points. En pesant attentivement ce qu'elle dit de ses grandes fautes et de ses égarements, un théologien n'hésitera pas à conclure qu'elle ne commit jamais aucun péché mortel.

bons exemples et recevais de bonnes instructions. J'étais assez aimée de ces bonnes filles, car j'avais l'esprit doux. Je n'avais que neuf ans, lorsque je fis vœu de chasteté perpétuelle avec bien de la ferveur, sans prendre conseil de personne; on ne me l'aurait pas même conseillé; je ne savais guère à quoi je m'engageais; néanmoins, je ne m'en suis jamais repentie.

Je commençai à faire de petites pénitences, plus excitée par le bon exemple que je voyais, que par un vrai amour de Dieu.

Je fis ma première communion à onze ans; ces bonnes religieuses prirent grand soin de m'y préparer. Pendant tout ce temps-là, ma vie paraissait assez innocente à celles qui me gouvernaient (1)...

---

(1) Voir, à la fin du volume, sur le couvent des Ursulines de Moulins-en-Gilbert, le Document n° II.

CHAPITRE II.

En 1675, à douze ans, elle quitte le couvent des Ursulines, et revient à Saint-Saulge. — C'était cinq ans avant la fondation de l'Institut des sœurs de la charité de Nevers. Le Père de Laveyne, sous-prieur du prieuré de Saint-Saulge, était déjà en réputation de sainteté et dirigeait l'élite des âmes de la contrée. Il s'occupait du futur Institut; il étudiait les sujets qui en pourraient être les premières colonnes. — Catherine Pauper, qui devait s'élever à une si haute sainteté dans le nouvel Institut, se met sous la direction du Père de Laveyne. Vie qu'elle mène jusqu'à dix-sept ans. Elle s'applique à méditer la passion et la mort de Notre-Seigneur. Son guide spirituel lui permet de communier deux fois par semaine. — A dix-sept ans, elle penche un peu vers le monde; le divin Maître, pour la sauvegarder, lui envoie une maladie de deux ans. — A peine convalescente, elle a encore quelques rapports avec le monde. — Seconde grâce miraculeuse : En 1685, un dimanche au soir, dans l'octave des Rois, Jésus-Christ l'éclaire et opère un changement soudain dans son âme.

Mes parents me retirèrent à douze ans; je vécus, auprès d'eux, jusqu'à quinze d'une manière assez douce; j'avais en horreur les maximes du monde; de manière que, lorsqu'il se rencontrait des jeux ou des danses chez nous, ce qui arrivait quelquefois, ayant une sœur qui devait s'établir dans le monde, je me cachais, alors, pour faire de petites pénitences. Je m'adonnais à l'oraison, et la faisais sans le savoir.

J'aimais les pauvres; leur donnant tout ce que je pouvais, et plus que je ne pouvais; car je prenais bien des choses pour leur donner. Je continuai, comme cela, jusqu'à seize ans. Je communiais deux fois la semaine, et m'appliquais fort souvent à la mort et passion de Notre-Seigneur; m'entretenant de ses souffrances, même avec abondance de larmes. Notre-Seigneur me fit de grandes miséricordes. On m'avait conseillé de me lever pendant la nuit pour adorer le mystère de l'Incarnation. C'était, pour moi, une pratique bien pénible. Cependant, je voulais obéir au conseil qu'on m'en avait donné; et, afin de m'éveiller, je mettais des bâtons dans le lit et me tenais dessus. Cela me réussissait. Je me levais et demeurais en oraison assez long-temps sans comprendre que je faisais oraison.

A dix-sept ans, je me relâchai, commençant à voir le monde; je n'avais plus tant d'horreur de ses maximes; j'aimais à être propre. Affectant de renoncer aux vanités du monde, j'aimais à être vêtue et coiffée très-convenablement. Cela fut plus avant; je fus recherchée en mariage, et mon père le souhaitait. Pour moi, je n'en voulais pas entendre parler. Je me séduisais moi-même, me disant que je voulais être à Dieu, et que jamais homme ne me serait rien; mais que je pouvais demeurer dans le monde jusqu'à trente ans, voyant le monde et me divertissant honnêtement. En effet, je souffrais des jeunes gens qui me venaient voir en vue de mariage, et quoique je ne les voulusse pas, j'aimais à m'entretenir avec eux, leur voyant de belles qualités et de l'esprit.

Notre-Seigneur, qui me voulait à lui, m'en faisait de grands reproches, et il arrêta cela par une violente maladie qu'il m'envoya, et qui m'ouvrit les yeux de l'âme. Je commençai à aimer le remède et le médecin. Cette maladie me fut fort utile; mais, étant devenue convalescente, je me laissai aller à une vie molle et délicate. Il est vrai que j'étais très-infirme. Notre-Seigneur le permettant pour me retenir de la licence que je me donnais. Je vivais dans une grande lâcheté, et sans scrupule. Mon état d'infirmité me calmait. Ma délicatesse vint à un tel point, que je me levais très-tard, et n'entendais la sainte messe que fort rarement. Je passais les trois semaines, et quelquefois le mois, sans communier, me faisant, chaque jour, une loi de prendre un bouillon avant de me lever du lit. Près de deux ans se passèrent de même. Je me donnai encore la liberté de voir un jeune homme qui m'aimait, et je crains que ce ne fût avec passion. De mon côté, il n'y en avait point; mais j'étais la malheureuse cause de tout le mal qui s'y pouvait trouver. Un dimanche au soir, dans l'octave des Rois, tandis que cet homme me parlait et me témoignait ses empressements, je l'écoutais avec complaisance. Notre-Seigneur se fit sentir en moi, me faisant des reproches très-vifs, et la grâce me pressait. Mais, ô terrible infidélité! je voulais résister. Au moins, j'aurais voulu qu'il eût différé jusqu'à ce que cet homme se fût retiré. O mon Dieu, ma miséricorde! vous ne vous rebutâtes pas de ma résistance; vous me pressâtes encore plus vivement, et moi, opiniâtre, je combattais contre vous. J'eus la malice de chanter, afin d'étouffer l'importunité de vos reproches. Mais enfin, vous fûtes plus fort pour me sauver que je ne le fus pour me perdre. Mes yeux commencèrent à trahir mon cœur, et vous rompîtes mes liens dès ce moment. Soyez-en à jamais béni!

Je quittai tout, dès ce jour. Ce n'est pas que j'aimasse cet homme; car, il ne me souvient pas d'en avoir jamais aimé aucun. Cependant, je n'étais pas fâchée d'être aimée. Je me retirai à l'écart, dans un cabinet, où ayant donné un libre cours à mes larmes, je pleurai toute la nuit sur mes infidélités. Oubliant ma délicatesse et mes infirmités, je commençai à châtier mon corps sévèrement. Il se fit en moi un changement soudain. Je me condamnai aux jeûnes, aux veilles, à coucher sur des ais, où je pleurais amèrement.

Dès le lendemain, j'allai me confesser; et mon confesseur connut facilement qu'il y avait en moi quelque grâce particulière; il voulut s'en mieux assurer, en me renvoyant sans absolution, me disant de revenir le lendemain, ce que je fis.

CHAPITRE III.

Nouvelle vie à partir de sa dix-neuvième année : veilles, jeûnes, disciplines, vœu de chasteté perpétuelle renouvelé. — Attrait plus puissant pour la méditation des souffrances et de la mort de Notre-Seigneur. — Le divin Maître lui propose, si elle veut, en qualité d'épouse, être conforme à son Dieu crucifié : Catherine Pauper accepte avec un transport de bonheur. — Ses pénitences extraordinaires pour se rendre semblable à Jésus-Christ crucifié. — Le Père de Laveyne la seconde dans cette voie de mortification et de crucifiement. — Trois années s'écoulent de la sorte.

A partir de cette époque, j'eus une grande facilité à faire l'oraison, et de grands attraits pour la pénitence à laquelle je m'exerçais. Ne pouvant jeûner régulièrement, à cause de mes parents, qui criaient contre mon changement, je ne mangeais que deux fois le jour, et le moins que je pouvais. Mes veilles étaient grandes, ne restant pas trois heures au lit. Mon Seigneur me donna un puissant attrait pour l'oraison, surtout sur sa mort et passion. Il me faisait connaître toutes ses souffrances avec une miséricorde infinie. Il me donna également le don des larmes avec profusion.

Mon confesseur, qui voyait les grandes grâces que Dieu me faisait, me permettait de faire la sainte communion très-souvent, ce qui était pour moi la source de nouvelles faveurs. Car, par ce sacrement, j'étais instruite, fortifiée et éclairée. Je fus, pendant deux ans, dans ces dispositions, qui augmentaient chaque jour. Notre-Seigneur me faisait de grandes grâces dans l'oraison, m'y découvrant tous mes défauts, et m'en donnant une grande horreur, avec un grand courage pour les expier.

J'avais déjà renouvelé mon vœu de chasteté depuis plus de deux ans, le jour de Noël, lorsque, le vendredi saint, l'année suivante, après que Dieu eût rompu mes liens, et la dix-neuvième année de ma vie criminelle, ayant passé la nuit du jeudi au vendredi saint dans de grands sentiments de pénitence et de compassion sur les souffrances de Jésus-Christ, le matin, vers les trois heures, ce divin Sauveur se rendit maître de mon cœur. Après y avoir excité divers sentiments d'amour, de reconnaissance, de contrition et de conformité, il me fit entendre ces paroles, en se présentant à mon esprit dans toutes les souffrances et opprobres de sa Passion : *Ma fille, vois si tu me veux pour époux : je te donnerai pour dot ma croix, mes fouets, mes épines, mes clous, ma lance ; et, si tu es fidèle, je te ferai entrer en société de tous ces biens avec moi. Jusqu'ici, tu n'as regardé la qualité d'époux qu'avec complaisance ; je veux de la conformité.* Je ne balançai pas un moment ; j'acceptai avec bien de la reconnaissance toutes ces conditions, que j'estimais infiniment. Car, dans le moment, sa grâce me remplit de courage.

J'allai, le matin, trouver mon directeur, qui me vit fondre en larmes ; car je mourais de confusion d'avoir été si infidèle. Je lui dis que je le priais de m'entendre ; que j'avais mal connu mes devoirs, et les conditions de mon alliance ; que je revenais pour réparer mes torts et me consacrer pour jamais à Jésus-Christ crucifié, auquel je voulais désormais être conforme. Il vit bien, par l'abondance de mes larmes et la ferveur de mes paroles, qu'il y avait quelque chose d'extraordinaire. Il m'écouta et reçut mon vœu pour Jésus-Christ crucifié. Je promis aussi obéissance à l'esprit de Dieu en tout ce que je connaîtrais lui être agréable et venir de lui. Alors, mon amour pour Jésus-Christ se fortifia de plus en plus. Je m'occupais continuellement de ses souffrances. Il m'en instruisait, me faisant entrer en ses saintes dispositions intérieurement et extérieurement. Pour les pratiquer, je prenais régulièrement la discipline tous les jours, et je portais une ceinture de fer tous les jours, depuis quatre heures du matin jusqu'à onze. Je portais encore sur ma poitrine un instrument garni de pointes de fer, et j'inventais tous les moyens que je pouvais pour affliger mon corps.

Le jour de l'Invention de la Sainte-Croix, mon directeur me fit présent d'une couronne de pointes de fer, avec permission de m'en servir. Je la mis à la tête, et je la gardai plus de six mois de suite. J'en souffrais des douleurs très-vives. Il y avait de l'indiscrétion de ma part, car cette sorte de mortification est dangereuse. J'avais la tête fort occupée, et cela même nuisait à mon occupation intérieure. Je ne conseillerais jamais rien de semblable. Mais mon intention était bonne.

Le jour de sainte Madeleine de la même année, mon directeur, qui voyait mon amour pour Jésus-Christ crucifié et le désir que j'avais de lui être conforme, me donna un cilice des plus rudes; je le mis aussitôt et le gardai six semaines sans le quitter. Au bout de ce temps, je le quittai seulement pour un jour, et le remis pour autres six semaines. Comme je continuais mes autres pénitences avec celle-là, j'étais fort échauffée; car il m'avait mangé la chair sur les côtés, de manière que j'avais des plaies. Je quittai cet instrument, craignant que le chirurgien ne fût obligé de mettre la main sur moi.

CHAPITRE IV.

Attrait de Catherine Pauper pour la solitude et la vie cachée. — Le Père de Laveyne, son guide, qui entrevoit les desseins de Dieu sur elle, combat cet attrait, et l'éclaire sur sa vocation. — En 1685, Catherine, âgée de vingt-deux ans, embrasse l'institut des Sœurs de Nevers, fondé cinq ans auparavant par le Père de Laveyne, à Saint-Saulge. — Elle est envoyée à Nevers pour y faire son postulat. — Les trois mois de postulat écoulés, elle revient à Saint-Saulge pour y faire son noviciat. — Ses grandes épreuves et son héroïque fidélité. — A vingt-quatre ans, elle fait profession et change son nom de Catherine en celui de Marcelline, qu'elle portera désormais dans la vie religieuse.

Notre-Seigneur me continuant ses miséricordes, mon oraison devint plus continuelle et plus intérieure. J'y recevais de grandes grâces. Je conçus un désir très-grand pour la solitude et la vie cachée. Je pensais au moyen de me la procurer. Mais mon directeur me disait toujours que les œuvres de charité étaient préférables à la solitude; et que, Dieu m'ayant donné des talents pour le prochain, je ferais mal de les enfouir.

Je continuai, chaque jour, la même manière de vie, jusqu'à vingt-deux ans, que j'entrai chez nos sœurs (1). Il fallut me dérober de mon père; car il ne voulait pas que je le quittasse. Cette séparation me coûta bien cher. Je l'aimais tendrement, et j'en étais fort aimée; il me semblait qu'on m'arrachait la moelle des os; tout autre que Dieu n'aurait pu me séparer de mon père.

On m'éloigna d'abord de lui de quatorze lieues, afin de laisser passer sa douleur; car on ne m'avait nullement en vue. Je ne sais qui des deux souffrait le plus. Tout cela était conduit par la divine Providence, qui voulait épargner ma faiblesse; car je ne sais si j'aurais pu soutenir l'affliction de mon père.

Je passai là trois mois dans un état violent; car je n'y pouvais goûter la conduite du supérieur de cette maison. Pour mon intérieur, j'étais la même.

---

(1) Voir, à la fin du volume, sur la première maison des Sœurs de Nevers à Saint-Saulge, le Document n° III.

Étant revenue à notre communauté, j'y fis mon noviciat. Ma plus grande épreuve fut mon père, qui me faisait solliciter de retourner auprès de lui. Naturellement, j'y étais assez portée. Comme je l'ai dit, je l'aimais très-fort. Cependant, Dieu me fit la grâce d'être fidèle à ma vocation. A m'entendre répondre aux personnes qui voulaient me persuader de retourner avec lui, on aurait cru que tous les sentiments naturels étaient morts en moi, quoiqu'ils me livrassent de terribles combats; mais votre grâce, mon Dieu, me rendait victorieuse.

Pendant le temps de mon noviciat, le démon commença à m'attaquer à guerre ouverte. Comme je me cachais pour faire mes petites pénitences, je descendais la nuit dans une cave. Une nuit, y allant, je trouvai le démon sur l'escalier, en forme d'un gros cochon, qui grondait, la gueule ouverte. J'en eus grand'peur. Mais, voyant que c'était mon ennemi, qui s'opposait à ce que je voulais faire, et mettant ma confiance en Dieu, je le repoussai du pied. Et, comme il ne se retirait pas, je mis le pied dessus, et je passai outre.

Quelques jours après, il me repoussa rudement pour me faire tomber dans un fossé plein d'eau, près duquel je passais; mais je tins ferme; et, après cela, il me laissa en repos, pendant quelque temps. Un jour, il voulut me jeter d'un lieu fort élevé dans un grand fossé. Je tombai, en effet; mais, quelques bois m'arrêtant, je ne descendis pas jusqu'au fond. Je n'en eus d'autre mal, sinon qu'il m'entra dans le bras un morceau de bois, que je retirai sans m'émouvoir.

Cependant, je me fortifiais dans mon intérieur, et Dieu me préparait à une bonne épreuve. Mon supérieur y eut bonne part, ce qui me la rendait plus sensible. Je vis, en peu de temps, supérieur et supérieure et toute la congrégation soulevés contre moi (1). Ce dont on m'accu-

---

(1) Cette conduite n'a rien qui doive nous étonner. Notre-Seigneur, pour éprouver ses saints, permet que leurs supérieurs aient des inquiétudes et se trompent à leur égard. Saint Jean de la Croix, sainte Térèse, la bienheureuse Marguerite-Marie Alacoque, sont d'éclatants exemples de cette vérité. Ces faits ne prouvent pas que les communautés où ils se passent soient mauvaises. Les meilleurs couvents, les plus sages supérieurs peuvent craindre que les états extraordinaires d'un des membres ne soient des illusions.

Le Père de Laveyne montra une haute sagesse en traitant, comme il fit, Marcelline Pauper.

Ayant été son directeur, il savait que depuis son enfance elle marchait par des voies extraordinaires. En l'admettant au noviciat, il

sait n'était pas criminel, mais imprudent. Je n'avais, cependant, agi que par obéissance. On me priva de toutes les consolations que je pouvais avoir dans la lecture, me défendant d'en faire aucune en mon particulier. On m'ôta tous les livres, excepté le Nouveau-Testament, où je trouvais toute force. J'eus bien à souffrir de la part de la supérieure et de toute la communauté; car, aussitôt qu'on eut connu que notre supérieur avait changé pour moi, et qu'il n'avait que des duretés et des rebuts, ce qu'il faisait

---

jugea, et avec raison, que le moment était venu de faire, à loisir, une épreuve décisive de son esprit.

Le moyen auquel il eut recours, et toute la communauté avec lui, pour connaître l'esprit de Marcelline, fut une série d'humiliations et de durs traitements, pendant tout le cours de son noviciat.

Si les choses extraordinaires qui jusque-là s'étaient passées en elle, n'étaient qu'un jeu de son imagination, on ne tarderait pas à le reconnaître, parce qu'avec ses propres forces, il lui serait impossible de tenir long-temps à l'épreuve. Que si, au contraire, pendant près de deux ans, sa douceur, son humilité, sa patience, son courage, son obéissance ne se démentaient jamais au milieu des rebuts, des opprobres et des plus durs traitements, il deviendrait évident qu'elle était conduite par l'esprit de Dieu.

Or, loin de fléchir, Marcelline, pendant cette longue épreuve, se montra un ange de douceur, de patience, et pratiqua toutes les vertus dans un degré héroïque.

Le Père de Laveyne, ayant ainsi acquis la certitude que les choses extraordinaires qui se passaient en Marcelline, venaient vraiment de Dieu, ne songea plus qu'à seconder en elle les opérations de la grâce, et à la faire avancer dans les voies de la sainteté. Cette *Vie* nous montre à quelle hauteur elle s'est élevée.

paraître en toute occasion devant les sœurs, celles-ci en prenaient occasion pour faire de même.

On me chargea d'un travail très-grand, me donnant le soin de faire le pain, de chauffer le four, de traire des vaches que nous avions dans la cour, de nettoyer les étables et de porter le fumier. J'eus bien de la peine à faire tout cela, n'y ayant pas été élevée. Le bon Dieu m'aida de sa sainte grâce.

On m'éprouva de cette façon, pendant dix-huit mois. J'y fus d'abord fort sensible, et je pleurais en mon particulier. Ma plus grande peine était le changement de mon supérieur; car, auparavant, la bonté dont il usait à mon égard était si marquée, qu'elle avait excité parmi les sœurs de la jalousie contre moi. J'y fus sensible pendant trois semaines, durant lesquelles je fis bien des fautes, ne pouvant comprendre que je méritasse ce traitement. Vous eûtes pitié de moi, ô mon Dieu! en me soutenant dans cette rude épreuve, en changeant ma sensibilité en reconnaissance. Je ne pensai plus qu'à faire un saint usage de tous les mauvais traitements qu'on me faisait. Je me comportai avec tant de douceur, de soumission et d'égalité d'esprit, que toute la communauté en fut édifiée.

C'est l'ouvrage de votre grâce, ô mon Dieu! car, de moi-même, je n'étais capable que de commettre bien des fautes. Ceux et celles qui avaient été les plus irrités contre moi, furent les premiers à revenir. Quoique cela durât dix-huit mois, comme je l'ai déjà dit, Dieu me fit la grâce d'être aussi insensible à leur retour, que je l'avais été à leur indifférence. Comme, pendant tout ce temps, je n'avais pas la liberté de lire, je m'occupais davantage à l'oraison, et Dieu m'y faisait de grandes miséricordes.

CHAPITRE V.

En 1691, la troisième année de sa profession, elle va fonder une maison à Decize : c'est le premier établissement de la Congrégation des Sœurs de Nevers. — Sa joie au milieu d'une pauvreté extrême. — Séjour de trois ans à Decize; son oraison, ses veilles, ses pénitences. — Elle commence à souffrir d'un violent mal de tête, qui lui dure sept ans. — Tortures que les médecins lui font endurer. Ni son travail extérieur, ni son oraison n'en souffrent. — En 1694, elle est nommée supérieure de la maison de Nevers, qu'elle gouverne pendant deux ans. — Son directeur lui permet de communier presque tous les jours.

La troisième année de ma profession, on m'envoya à Decize. Ce fut notre premier établissement, et Dieu y donna de grandes bénédictions (1). Jamais établissement ne fut commencé si pauvrement, car nous manquions de tout. Je fus obligée, pendant six mois, de coucher sur des

---

(1) Voir, à la fin du volume, sur la fondation de Decize, le Document n° IV.

fagots de sarment. Nous n'avions qu'un bois de lit, où il n'y avait qu'une paillasse. Encore était-elle d'emprunt. Mais vous savez, ô mon Dieu! la joie que je sentais intérieurement de me voir dans cette pauvreté. Elle était telle, que nous nous trouvions souvent manquer de pain. Mais cela ne durait guère; car la bonté de Dieu venait bientôt à notre secours, et il y donna tant de bénédictions, qu'en moins d'un an, nous fûmes très-bien pourvues.

Je restai trois ans dans cet endroit, et ce fut là que Dieu commença à m'appliquer au mystère adorable de la très-sainte Trinité, remplissant mon esprit des illustrations divines. La présence de Dieu me devint si familière, qu'il m'était aussi facile de me souvenir de Dieu que de respirer. Je commençai à trouver Dieu en lui-même, ne me servant plus des créatures pour y aller. Mon oraison devint plus intellectuelle. Je continuai donc mes veilles et mes pénitences, et je suffisais à un très-grand travail. Je souffrais un mal de tête très-violent, et je le gardai sept ans. Tous les médecins croyaient que j'avais un abcès dans la tête; et il y avait quelque apparence, car, de temps en temps, je rendais du pus par le nez et quelquefois par les oreilles. Je fus sur le point d'être trépanée : on me fit de grandes incisions à la tête, jusqu'à me donner seize coups de rasoir. Dieu me faisait la grâce de porter ce mal avec bien de la patience et de la douceur, de manière que je n'étais pas incommode. Je ne laissais pas de me trouver à tous les exercices de la communauté, et à tout ce qui était de ma charge. Ce mal de tête était si grand, que je ne dormais presque jamais, ce qui me donnait la facilité de passer les nuits en oraison. Je ne quittais point, pour cela, mes pénitences, à moins que la fièvre ne s'y mêlât.

Je fus faite supérieure de la communauté de Nevers, en l'année 1694. Je fus deux ans dans cette communauté, et Dieu donna de grandes bénédictions à mon gouvernement. Ce fut pendant ce temps que nous eûmes le Père Galipaud pour directeur de la maison. Ce bon Père prenait un grand soin de toutes les sœurs; et, quoique je fusse la plus indigne, il s'attacha à me faire avancer dans les voies de Dieu.

CHAPITRE VI.

En 1696, elle va fonder une maison à Murat, en Auvergne. — Elle est miraculeusement guérie de son grand mal de tête. — Ses travaux et ses pénitences. — Ses ravissements. — Guerre du démon; protection du divin Maître. — En 1697, le 3 du mois d'août, Notre-Seigneur se montre à elle dans l'état où il était au sortir du Prétoire, et lui dit : Voici l'Homme. *— Effets de cette vision. — Son désir d'être conforme à Jésus-Christ crucifié. — Nouvelle faveur du divin Maître : il éclaire sa servante sur la grandeur de son amour et sur le mystère de sa croix. — Il l'élève à la contemplation.*

Je fus ensuite envoyée à Murat, en Auvergne, pour y faire un établissement (1). Nous partîmes le 6 août 1696, jour de la Transfiguration de Notre-Seigneur. J'avais le grand mal de tête dont j'ai parlé. Il y avait déjà plus d'un an que le Père Galipaud me faisait communier presque

---

(1) Voir, à la fin du volume, sur la fondation de Murat, le Document n° V.

tous les jours. Nous arrivâmes près de cette ville, où je devais commencer un établissement. Dès que je la vis, je mis pied à terre pour y entrer plus humblement. Nous trouvâmes une croix, assez près de la ville, où, mes sœurs et moi, nous nous mîmes à genoux; et là, je m'offris à Dieu comme une victime qui désirait d'être immolée à sa gloire. Pendant que je faisais ma prière, ce grand mal de tête me fut ôté. Je me trouvai déchargée, dans ce moment, d'un poids accablant. Mais, bien loin de m'en réjouir, je m'en affligeais, disant que Dieu ne me l'avait ôté que parce que je m'en étais rendue indigne. En cela, j'avais bien peu de conformité à la volonté de Dieu. Ma peine en fut si grande, que je ne pus m'empêcher de dire ce qui m'était arrivé à M. Bolacre, qui avait fait le voyage avec moi. Il me consola; et il en eut bien de la joie.

Il me laissa dans ce pays, avec bien du travail. J'avais aussi un grand courage pour tout entreprendre à la gloire de Dieu. Je travaillais donc sans relâche. Mes grandes occupations ne m'empêchaient pas d'être attentive à Dieu, de manière que j'étais dans un continuel recueillement. Comme je jouissais d'une meilleure santé, je ne m'épargnais pas dans la pénitence. Les ravissements me devinrent fréquents.

Le démon ne manqua pas, de son côté, de m'attaquer de différentes façons. Tantôt il m'effrayait par des spectres horribles; quelquefois il venait près de moi, chantant des airs lascifs avec des paroles obscènes. Alors, je m'appliquais à des œuvres de pénitence. Il s'interposait pour parer les coups de discipline que je me donnais, disant que c'était assez, que je devais me ménager pour l'œuvre de Dieu, qui avait besoin de moi. Alors, je m'anéantissais plus profondément. Lorsqu'il voyait que je ne l'écoutais pas, il changeait de batterie : m'arrachant la discipline des mains, il m'en frappait si long-temps et si rudement, que je demeurais sur la place presque morte. Notre-Seigneur ne différait pas long-temps à me consoler, et même à me guérir. Il m'est souvent arrivé d'être couverte de plaies et d'être guérie, en un même jour, deux fois.

En l'année 1697, le 3 du mois d'août, pendant mon oraison du soir, Notre-Seigneur se présenta à moi dans l'état où il était au sortir du Prétoire, couvert de plaies et de sang, sa couronne d'épines sur la tête, et il me dit d'une voix fort haute : *Voici l'Homme.*

A ces paroles, qui firent encore plus d'impression sur mon cœur qu'à mes oreilles, j'ouvris les yeux, et je vis mon divin Maître, qui me répéta encore, mais d'une voix plus basse : *Voici l'Homme.* Dans ce moment, je l'adorai; car je ne doutais nullement que ce ne fût lui-même. Sa présence donne tant de certitude, qu'on ne peut douter du fait. Je lui dis, dans une grande préparation de cœur : *Voici votre servante préparée à tout.* Je le considérai fort attentivement, et dans un profond respect. Il me dit : *Ce que tu vois est l'ouvrage de l'amour.* Il m'instruisait de ses sacrées dispositions, non avec des paroles articulées, mais en me donnant entrée dans son divin cœur. Il me découvrit, en très-peu de temps, l'économie du mystère de l'Incarnation, sa naissance, sa vie publique, ses souffrances, surtout la disposition de sa très-sainte âme, au moment que son juge le présenta au peuple, l'hommage qu'il rendit à son divin Père, ce qu'il exigeait des hommes, et de moi en particulier. Il me donna, dans ce moment, l'intelligence de ce que je devais faire. Il me dit, pour la troisième fois : *Voici l'Homme.* Je me prosternai de nouveau, et lui dis : *Voici votre servante ; je vous adore comme le vrai fils unique de Dieu, comme roi, comme chef des vrais pénitents ; je déteste le crime des Juifs, qui, en vous voyant, demandèrent que vous fussiez crucifié ; je vous conjure, par votre amour, de vivre en moi ; faites que je vous obéisse comme à mon roi ; que je dépende de vous comme de mon chef ; influez en moi vos sacrées dispositions.* Alors, cette vision disparut.

Je demeurai fort remplie des choses que je venais de voir et d'entendre. Mon âme était toute liquéfiée en amour et en reconnaissance, du désir de me conformer à ce divin Maître. Car, la plus forte impression qui demeure en l'âme, c'est la reconnaissance et l'imitation. J'avoue que la passion prédominante qui a régné en moi, depuis ce temps-là, c'est d'être conforme à Jésus crucifié. Les instructions que je reçus, n'ont pas été passagères. Quoique j'y aie mal répondu, cependant elles me sont encore aussi présentes que si je venais de les recevoir. En quoi je suis très-criminelle. Cette seule grâce aurait été capable de convertir le pécheur le plus opiniâtre, et elle n'a pas encore arrêté mes infidélités. J'avoue, ô mon Dieu, que je mérite vos plus sévères châtiments et une entière soustraction de vos grâces.

Vous me pardonnerez, s'il vous plaît, mon très-honoré Père, si je n'écris pas en détail toutes ces instructions; cela me conduirait trop loin. Voilà, déjà, de quoi exercer votre patience, et il me reste encore bien des choses à dire. Il faut continuer, et obéir.

Sur la fin du mois, il m'arriva, pendant la nuit, étant au lit, qu'une voix forte m'éveilla, me disant : *Lisez*. Je vis une grande lumière et une main qui me présenta ce mot écrit, en lettres d'or : AMOUR ! sans me dire autre chose. Je considérai fort attentivement l'O qui se trouve au milieu de ce mot, dont la figure était très-parfaite. Cette même voix me dit : *Considère tant que tu voudras, tu n'y connaîtras ni commencement ni fin, et la profondeur en est infinie : c'est ainsi que j'aime, et que je veux être aimé.* Cela disparut; mais, dans l'instant, la même voix, et, je crois, la même personne, me dit : *Considère;* et je vis, dans cette main, écrit de même, en caractères d'or, CROIX ! l'O, également, au milieu, d'une beauté infinie; et, il me fut dit: *L'un s'éprouve par l'autre.* Je ne vis et n'entendis plus rien; mais, il m'en resta de fortes impressions.

Mon âme fut, dans le moment, remplie d'un grand amour pour Dieu, et d'une soif très-grande pour les souffrances. J'augmentai mes pénitences, prenant deux fois la discipline par jour; portant une ceinture de fer, tous les jours sept heures. Je la reprenais la nuit et la gardais le temps que je restais au lit, qui n'était que de planches en croix. Mon oraison devint plus intellectuelle. Je ne pouvais plus agir, ni raisonner; la mémoire ne me servait plus de rien; l'esprit, qui voulait agir toujours, était simplifié; et il ne restait que la volonté, dont tout l'ouvrage était d'adhérer au bon plaisir de Dieu, et de consentir à ses opérations, qui étaient grandes.

Il me venait souvent des peines. J'étais tourmentée par la pensée que je perdais le temps, que c'était une paresse spirituelle de demeurer ainsi oisive dans l'oraison. C'était un petit martyre pour mon imagination d'être ainsi rejetée et anéantie. Comme je l'avais prompte, et qu'elle se croyait riche en bonnes pensées, ce ne fut pas un petit travail que de la réduire à l'inaction. Il me venait en pensée qu'au lieu d'avancer, je reculais; et j'aurais bien voulu revenir à faire rentrer mon entendement; mais il était repoussé avec tous ses raisonnements. Mes peines se diminuaient par les bons effets qui me restaient dans l'âme, de cette sorte d'oraison et de la facilité que j'avais pour la pratique de toutes les vertus.

Je comprends bien qu'un bon directeur m'eût été bien utile. Le bon Dieu suppléa à tous mes besoins. Je continuai donc avec assez de courage, non sans faire bien des fautes; car ma vie en est toute remplie. Mais Dieu magnifiait sa bonté en me faisant de grandes miséricordes : qu'il en soit à jamais béni!

Je passe sous silence quantité de grâces, soit par les impressions des souffrances que le divin Sauveur me faisait souvent endurer, ou par les familières communications que j'avais avec sa bonté, pour ne parler que de ce qui est de plus essentiel.

CHAPITRE VII.

Voyage à Vic en 1697. — Elle tombe dans une rivière et elle est miraculeusement sauvée. — Ses héroïques pénitences pour une âme qui lui était chère et dont le salut était en danger. — A Murat, la nuit de Noël, après avoir reçu la communion, elle demeure ravie pendant plus de trois heures. — Revenue à elle, elle se sent embrasée du désir de communier. — Manière extraordinaire dont Notre-Seigneur se donne à elle. — Tentations qui suivent cette faveur; comment elle en triomphe.

Dans le mois d'octobre de l'année 1697, je fus à Vic, pour y traiter d'un établissement qu'on voulait nous donner. J'étais avec un bon prêtre, qui s'intéressait à cette affaire. Nous étions fort silencieux l'un et l'autre, ce qui me donnait le moyen de faire oraison. Comme j'y étais fort absorbée, nous vînmes à passer une rivière, où il y avait beaucoup d'eau. Je ne sais comment je tombai dans cette rivière sans m'en apercevoir. Ce bon prêtre s'en aperçut, voyant mon cheval qui s'en allait seul. Il eut grand'-

peur, car j'étais étendue dans l'eau; et, comme il se mit à crier, je revins à moi, et je me relevai, l'assurant que je n'avais point de mal.

Je traversai cette rivière sans sortir de mon application, ni comprendre que j'étais dans l'eau. Ce bon prêtre me mena dans une maison qui était assez proche. Je le suivais, sans sortir de mon application. Il est vrai que cet homme parlait peu, et je crois qu'il était fort intérieur. Je ne le connaissais pas très-particulièrement. Quand nous fûmes arrivés à cette maison, je fus fort surprise que cet homme me proposât de me mettre au lit; car il me croyait toute trempée, et craignait même que je n'eusse bien bu. Son discours me fit faire attention sur moi-même. Je ne me trouvai rien de mouillé que mes gants. Alors cet homme, me considérant et touchant mes habits, vit que je n'étais pas du tout mouillée, ce qui le remplit d'étonnement.

Nous continuâmes notre voyage. Je fus assez insensible à cette protection de Dieu; et je ne sais s'il n'y a point d'ingratitude de mon côté. De mon choix, j'aurais mieux aimé être bien mouillée. Je ne sais pourquoi j'écris ceci.

Quelques jours après, je sus qu'une personne,

dont le salut m'était à cœur, se précipitait dans de grands péchés. Je m'appliquai à demander à Dieu le salut de cette âme avec bien de la ferveur. Je faisais, pour cela, des pénitences. Cela ne plaisait pas au démon. Il me brisait souvent la discipline, la mettant en petits morceaux. Une nuit que je m'appliquais à cet exercice, demandant le salut de cette âme, il vint, sifflant comme un serpent; et, me tirant la discipline de la main, il la jeta bien loin. Sans m'effrayer, j'allai en chercher une autre; ce qui lui causa tant de dépit, qu'il m'en servit bien mieux que je n'aurais pu faire. Je crois qu'il y fut contraint par l'ordre de Dieu. Quoi qu'il en soit, il s'en acquitta assez bien.

La nuit de Noël de la même année, Notre-Seigneur m'occupa du mystère de sa sainte naissance avec de grandes miséricordes. Je communiai à minuit. Après la sainte communion, je fus ravie pendant plus de trois heures, Notre-Seigneur me traitant avec des miséricordes infinies. Je me trouvais dans un désir inexprimable de communier. Notre-Seigneur me faisait de grands reproches de mes infidélités; car j'avais laissé la communion de moi-même, pour m'être entêtée de petits scrupules. Je comprenais le grand bien dont je m'étais privée. Je pleurais amèrement les infidélités et les reproches que son amour m'en faisait. Enflammée de nouveaux désirs, il me semblait que je mourais de langueur. Oh! combien de fois promis-je à Dieu de ne m'en jamais priver de moi-même, et d'éviter soigneusement tout ce qui pourrait m'en rendre indigne! mais tout cela rendait mon désir plus véhément. Cela continua jusqu'après onze heures. Je fus alors obligée d'entrer dans le sanctuaire pour en retirer des ornements qui étaient restés après la dernière messe. Mon désir étant encore plus ardent, et étant devant l'autel, je fus arrêtée, et Notre-Seigneur me dit, avec un amour inconcevable : *C'est maintenant que je veux contenter le désir que j'ai excité dans ton cœur.* Je fus, dans le moment, communiée sacramentellement. Cela fut si subit, que je n'eus pas le temps de me mettre à genoux. Je fus communiée toute droite, mais avec une sainteté digne de la libéralité de Dieu. Cette faveur me tint long-temps dans une espèce d'inquiétude, ne sachant pas comment la reconnaître. J'aurais voulu me fondre de reconnaissance et d'amour pour mon Libérateur. L'effet que produisit cette communion fut une attention continuelle vers Dieu, un nouveau désir d'être conforme à Jésus crucifié.

Environ quinze jours après cette faveur, Dieu permit que je fusse éprouvée par la tentation d'une telle manière, qu'il semblait que toutes mes passions s'étaient soulevées pour me perdre. Je fus tentée, tout à la fois, de doutes sur la foi, de blasphème, d'impureté et de gourmandise. Cela me dura plus d'un mois. Tout cet orage jetait la terreur dans mon esprit, et mon imagination était fort travaillée. Il y avait, néanmoins, un fond intérieur, bien enfoncé, où Dieu régnait, et la paix n'en pouvait être altérée. Cela était si caché, que toute la surface de l'âme n'en recevait ni consolation, ni assurance. Dieu me faisait de grandes grâces pour ne pas consentir à ces tentations. Toute la gloire lui en soit rendue! Je ne sache pas y avoir commis aucune faute.

Lorsque j'étais pressée de blasphème, je me prosternais, et j'adorais la sainteté de Dieu et tous ses divins attributs. Je prenais le même contrepied dans toutes les attaques qui me venaient sur la foi. Pour la gourmandise, c'était une envie de manger sans choix. J'allais souvent, dans le jour, chercher à manger; et, lorsque j'étais prête à y mettre la main, je la retirais aussi promptement que du feu. Pendant tout ce temps, je gardais même mon abstinence encore plus étroitement, passant souvent les jours entiers sans rien prendre. Pour l'impureté, elle m'affligeait davantage. Je n'avais pas l'imagination souillée, mais je sentais de la révolte dans les sens. J'affligeais mon corps par tous les moyens que la pénitence me suggérait. Tout mon recours était à la sainte Vierge, à saint Joseph et à sainte Catherine. Comme j'étais plus tentée lorsque je voulais prendre un peu de repos, je me munissais de mon crucifix à une main, et d'une discipline à l'autre. Une nuit que ce combat était plus violent, je m'en servis avec tant de force, que l'abondance du sang que j'avais répandu, m'avait gelée avec le plancher. Cette tentation finit dans cet exercice, et les autres cessèrent.

CHAPITRE VIII.

———

Faveur insigne qu'elle reçoit du divin Maître, en l'année 1699 : *les deux mots* croix *et* amour *sont gravés comme un cachet sur son cœur.* — *Effets de cette grâce.* — *Jeûne qu'elle garde pendant le Carême.* — *Grave maladie.*— *Dieu la comble de miséricordes durant toute cette année* 1699. — *Hiver de* 1700, *pénitences héroïques pour sauver une âme en danger de se perdre.* — *Faveur qu'elle reçoit en communiant.* — *Durant les mois d'août, septembre et octobre de cette même année* 1700 *elle est toujours en voyage pour les intérêts de la congrégation; elle fait plus de trois cents lieues à cheval, sans rien perdre de son recueillement, et sans rien diminuer de ses pénitences.*

Le 28 du mois de février de l'année 1699, Notre-Seigneur me prévint, dans mon oraison du matin, avec bien des miséricordes. Elles étaient si grandes, que j'avais peine à en soutenir le poids. Je fus communier, et les miséricordes dont Dieu m'avait déjà prévenue, augmentèrent beaucoup. Les deux mots de croix et d'amour me furent, non pas représentés, comme la première fois, mais appliqués sur le cœur, comme un cachet, de part et d'autre, qui répondait l'un à l'autre; et cela, avec des touches si secrètes du saint amour, que je ne comprends pas comment je pus y survivre. Mon amour devint plus pur, et mon désir pour les souffrances plus continuel.

Depuis ce temps-là, je n'ai pas de plus douce respiration que ces mots : CROIX et AMOUR; et il me semble que l'un ne peut être sans l'autre. Lorsque je souffre, cette respiration est plus libre. Mais lorsque Dieu, pour punir mes infidélités, me prive de la sainte souffrance, ou que je suis retenue par la sainte obéissance, alors, cette respiration est plus pressée; elle est plus continuelle, et cause une langueur qui dévore.

Je me trouve, actuellement, dans cette disposition, quoique je ne sois pas sans douleur, mais ce n'est pas avec satiété. Aussi, n'en suis-je pas digne. Il faut pourtant avouer, ici, que, depuis que Notre-Seigneur m'a fait la grâce de contracter alliance avec lui, au jour de sa mort, et que j'ai accepté les conditions de cette alliance, je ne me souviens pas d'avoir été sans quelque souffrance. Plaise à sa bonté de me faire mourir dans l'ivresse de son calice.

Quelques jours après, nous entrâmes dans le Carême. J'augmentai mes pénitences; et, pour mon jeûne, je ne l'interrompis que le dimanche, le mardi et le jeudi, passant les autres jours sans rien prendre. Les jours où je prenais de la nourriture, ce n'était que le soir, et je ne mangeais qu'une soupe où il n'y avait que du sel. Cette eau salée me donnait du dégoût pour la nourriture.

Mon Carême se passa ainsi, et fut récompensé d'une violente maladie, qui n'arriva qu'un mois après Pâques. Ainsi, je ne crois pas qu'il la faille attribuer au jeûne. Dieu me fit de grandes grâces dans cette maladie. Mes maux étaient aigus; car c'était une colique passion, qui se renouvelait de temps en temps, avec une rétention d'urine. Mais, quelque grandes que fussent ces douleurs, les miséricordes de Dieu l'étaient bien davantage. Dieu agissait sur mon âme par des touches si secrètes, que, de temps en temps, je m'écriais : *C'est trop, mon Dieu, c'est trop!*

Un bon prêtre, qui m'était venu voir, entendant ces paroles, en fut scandalisé, et crut que ces paroles étaient de murmure et de désespoir. Il me fit une vive réprimande. Voyant qu'il était scandalisé, je lui dis fort doucement : *Monsieur,*

Celui à qui je parle, m'entend; il voit la préparation de mon cœur, et qu'il n'y a ni murmure, ni impatience.

Cette maladie fut pour moi un temps de moisson. Dieu me fit de grandes miséricordes toute cette année-là (1699).

L'hiver suivant, j'eus quelque petit chagrin. Mais Dieu me fit la grâce de m'y comporter paisiblement.

Il me rendit fort sensible sur le salut d'une âme que je voyais en danger. J'offrais à Dieu tout ce que je faisais pour lui demander la conversion de cette personne. Me souvenant du fiel que Notre-Seigneur avait pris sur la croix, je m'avisai de faire infuser de la suie dans du vinaigre avec du sel. J'avais aussi mis du sel dans du vinaigre, dont je lavais mes plaies, après avoir pris la discipline. Ensuite, je buvais cette potion, ce qui me causait des douleurs inconcevables, avec une irritation très-violente dans les nerfs et dans les artères. Voyant de si terribles effets, je pris la résolution de ne jamais faire cette mortification. Ensuite, j'eus scrupule de cette résolution. Je fus me confesser, et je m'accusai que, par lâcheté, j'avais quitté une mortification, et fait résolution de ne la plus pratiquer. Cet homme, qui ne comprenait pas de quoi il s'agissait, m'ordonna, pour pénitence, de faire cette mortification trois jours de suite. Je la fis, mais je faillis en mourir. Je la faisais, cependant, de tout mon cœur. Rien n'est plus propre à gâter une poitrine. Je comprends, à présent, que tout ce qui détruit les parties nobles, ne doit pas être d'usage.

Il m'arriva ensuite, qu'un jour, en communiant, ma bouche se trouva remplie de sang; mais avec tant d'abondance, qu'à peine pouvais-je le consommer. Les paroles de l'Écriture me vinrent d'abord à la pensée : *Vous m'êtes un Époux de sang.* Dieu m'enivra ensuite de ses douceurs; c'était pour me préparer à de grandes souffrances dans le corps, et dans des délaissements intérieurs. Mais, en tout, il me soutenait avec bien de la miséricorde. La même chose m'est arrivée depuis, trois fois.

Le mois d'août suivant, septembre et novembre, je fus toujours en voyage. Pendant ce temps, je ne diminuai rien de la discipline et d'un peu de ceinture; et, je crois que c'en était assez, car je souffrais beaucoup par la grande chaleur, outre que je fis plus de trois cents lieues à cheval. La bonté de Dieu me délivra trois fois de grands dangers, où, manifestement, je devais périr. Toutes ces allées et venues n'altérèrent en rien mon recueillement.

CHAPITRE IX.

Retraite faite à Murat le 25 décembre 1699, avant son départ pour le Vivarais. — Sujet de sa retraite : les trois naissances de Jésus-Christ. — Dans sa première oraison, elle reçoit de vives lumières sur le mystère de la sainte Trinité. — Extase qui dure sept heures. — Seconde oraison : les instructions qui lui sont données sur le mystère de l'Incarnation. — Sa consolation de pouvoir glorifier Dieu par l'imitation de la vie et des souffrances de Jésus-Christ. — Elle est reprise de sa sensibilité d'esprit. — Elle voit, dans sa troisième oraison, la faveur accordée à saint Jean pendant la Cène. — Jésus-Christ l'invite à voir, dans son cœur, ses sentiments pour la souffrance. — Elle s'offre pour participer aux souffrances de son Sauveur. — Elle voit les complaisances que Dieu prend dans les satisfactions de Jésus-Christ, et comment les vrais pénitents satisfont à la divine justice par Jésus-Christ.

Le sujet de ma retraite a été les trois naissances de Jésus-Christ : sa naissance éternelle dans le sein de son Père, par sa divine génération ; sa naissance temporelle dans le sein de la sainte Vierge, par son incarnation ; sa naissance spirituelle dans les âmes, par la sainte communion.

Ma première oraison fut sur cette naissance éternelle du Verbe dans le sein du Père, où il l'engendre, de toute éternité, dans la contemplation de ses divines perfections. Je voyais fort clairement que cette naissance lui donnait une vie, et le rendait en tout égal à son Père, tout bon, tout sage, tout-puissant, souverainement heureux, et l'objet des complaisances du Père. Je voyais les perfections du Père, ses amabilités et attributs dans le Fils; le Fils, dans le Père; l'un et l'autre dans une souveraine félicité, laquelle félicité n'est attachée à aucun objet, mais à l'essence. Je voyais l'amour infini du Père pour le Verbe divin; celui du Verbe pour le Père, dont ces deux aspirations substantielles font la production du Saint-Esprit. Il me paraissait que cette troisième Personne divine était comme le lien sacré du Père et du Fils, et le terme de leur amour. Dans cette vue, mon âme était comme absorbée et immergée dans cet océan de lumière et d'amour, sans pouvoir faire autre chose qu'admirer et aimer.

Je fus communier dans cette disposition, et avec intention de me donner à Jésus-Christ, selon tout ce qu'il est par cette naissance éternelle. En le recevant, il me fit entendre cette parole : *Je viens vivre en toi, selon les naissances que tu adores en moi.* Et, dans ce moment, il me parut bien que Jésus-Christ était entré en moi pour me faire sortir de moi-même, et m'abîmer dans l'amour des trois adorables Personnes. C'est là qu'il me semble que l'âme adore, aime et veut bien purement tout ce que Dieu demande ; qu'un quart d'heure à cette école rend l'âme savante dans la vie intérieure, et la détache merveilleusement de tout ce qui n'est point Dieu. Cette disposition me dura sept heures. Faites-moi la grâce, ô mon Dieu, d'être fidèle à vos miséricordes ! Les puissances de mon âme, qui étaient sans action, et dans une entière satiété, reprirent une nouvelle vigueur, et j'expérimentai ce que dit la Sagesse : *Celui qui me mange, aura encore faim ; et celui qui me boit, aura encore soif.* Car je sentis une faim et un désir ardent de m'unir tout de nouveau à Jésus-Christ, mais avec une ardeur inconcevable qui consumait mon cœur par les flammes d'une sainte dilection, et qui noyait mon visage de larmes.

Ce fut pour lors que je compris le mal que l'on

fait en s'éloignant de la sainte communion. La vue de celles dont j'ai été privée par ma faute, me causa une vive douleur. Je pris, dans le moment, la résolution de faire tout ce qui dépendrait de moi pour en approcher chaque jour, et de ne la laisser jamais de moi-même. Mon désir et ma douleur allaient toujours en augmentant; mais ne pouvant communier chaque jour, il fallut souffrir cette ardeur jusqu'à ce que, ô mon Dieu! ouvrant votre main libérale, vous comblâtes mes désirs, vous qui *remplissez tout animal de bénédiction*. Je passai le reste du jour dans une grande union, reconnaissance et amour aux trois adorables Personnes.

Le second jour, mon oraison du matin fut encore sur l'éternité du Verbe divin. Je prenais une grande satisfaction à considérer qu'il était le terme des connaissances du Père, et que c'est pour cela que la sagesse lui est attribuée. Je reçus de grandes instructions sur le mystère de l'Incarnation. Je vis que la première cause de ce mystère est l'amour du Fils pour son Père. Ne pouvant lui rien donner, ni le glorifier par voie de grandeur et de puissance, lui étant égal en toutes choses, son amour et sa sagesse lui font prendre le parti de s'incarner. Ainsi uni à notre nature, il demeure égal à son Père, selon sa nature divine, et inférieur à son Père, selon sa nature humaine, et en état de rendre à son divin Père une gloire et des hommages infinis par voie d'anéantissement, de pauvreté, de souffrance et de mort. Mon âme était charmée de ce choix que fait la Sagesse éternelle, et pleine de consolation de pouvoir glorifier Dieu en imitant la vie et les souffrances de cet Homme-Dieu. Je finis cette oraison, l'âme remplie de joie de voir que je pouvais glorifier Dieu en Jésus-Christ, en passant par ses états.

Je fus communier en cette disposition, priant ce divin Sauveur de venir continuer en moi cette vie qu'il a prise par sa naissance temporelle. Dans cette communion, Jésus-Christ me fit de grandes miséricordes, et telles que je n'en pouvais soutenir le poids. Je compris l'obligation où est un chrétien de vivre de la vie de Jésus-Christ. Je voyais comment, par l'incarnation et la communion, qui en est une extension, Jésus-Christ doit vivre en nous, être la vie de notre vie, et que, pour reconnaître dignement ce bienfait de l'incarnation et de la communion, il faut passer tellement en Jésus-Christ, que nous puissions dire : *Ce n'est plus moi qui vis, c'est Jésus-Christ qui vit en moi.* Je ne manquai pas de lui offrir mon être et ma vie, le suppliant de me tirer de mon être naturel, afin que mon âme opère ce pourquoi elle est créée. Ces dispositions me durèrent tout le jour et furent le sujet de mon application. L'effet de ces dispositions est d'anéantir la nature avec ses inclinations, pour substituer en leur place celles de Jésus-Christ, dont mon âme est altérée plus que jamais. Ici, la prudence humaine est aveugle.

Le troisième jour, mon oraison du matin fut sur la grande faveur que Jésus-Christ fit à saint Jean, de lui permettre de reposer sur sa poitrine adorable. J'admirai cet excès de bonté en Jésus-Christ, de faire de telles caresses à sa créature. Je reconnus que de telles faveurs ne sont que pour les âmes extraordinairement épurées, et qu'elles obligent à une fidélité inviolable. Admirant cette faveur si singulière, je disais : Il n'est qu'un saint Jean. Et il me fut répondu dans le fond du cœur : *Viens, et je t'apprendrai la haute théologie de mon amour crucifié. Vois les sentiments de mon cœur pour la souffrance.*

Je t'en ai fait l'ouverture par la plaie de mon côté.

Je reçus, dans le moment, l'impression des dispositions de Jésus en croix. Je voyais fort clairement, dans sa sainte âme, une disposition à souffrir toujours ce qu'il endurait, si telle eût été la volonté de son divin Père, et qu'il eût été utile pour le salut des hommes. Je compris que cette disposition devait passer du chef dans les membres, et avoir son effet en nous, qui devons achever ce qui manque à sa Passion. Je ne manquai pas de m'offrir de participer aux souffrances de Jésus-Christ, conjurant, avec une grande ardeur, ce divin Sauveur de contenter la faim qu'il avait excitée en moi; car la vue de cette disposition n'est pas seulement pour être comprise par l'entendement, mais pour faire impression sur le cœur. Aussi la faim que je sentis pour la souffrance en était une véritable. Je voyais, dans cette belle âme, une disposition générale pour glorifier son Père par toutes sortes de souffrances. Je compris que, pour bien glorifier Dieu et faire hommage aux dispositions de Jésus-Christ, ce n'est pas assez d'aimer certaines souffrances, mais qu'il faut être préparé à tout souffrir. Je fus reprise de ma sensibilité dans les souffrances qui attaquent mon esprit. Mais ce qui me charmait, c'est que je voyais, tout à la fois, Jésus-Christ actuellement souffrant et essentiellement heureux. Je compris que lorsqu'il plaît à Dieu de nous faire souffrir et jouir tout ensemble, c'est une faveur de l'amour crucifié; mais que, quand il nous laisse dans la pure souffrance, sans consolation ni onction, cet état est très-propre pour faire hommage à Jésus-Christ actuellement souffrant et essentiellement heureux. Je voyais aussi les complaisances que le Père éternel prend dans l'hommage et les satisfactions de Jésus-Christ. Je voyais comment les vrais pénitents, s'unissant à Jésus-Christ, satisfont à la justice de Dieu et font hommage à sa sainteté.

CHAPITRE X.

En novembre de l'année 1700, elle arrive en Vivarais, et fonde une maison au Bourg-Saint-Andéol. — Travaux auxquels elle se livre. — Présence de Dieu qui la tient dans une adoration perpétuelle. — Ses ravissements. — Le 1ᵉʳ mai de l'an 1701, Notre-Seigneur lui apparaît avec sainte Catherine de Sienne, et lui dit : Je te la donne pour modèle. Paroles de la Sainte à Marcelline. — Effets de cette vision. — Marcelline entreprend d'imiter sa sainte patronne. — Ce qu'elle fait pour se crucifier avec Jésus-Christ. — Faveurs, et extases au milieu de cette vie de crucifiement.

Enfin, après bien des courses, comme je l'ai dit plus haut, j'arrivai au Bourg-Saint-Andéol, en Vivarais, pour y commencer un établissement, qui fut d'un grand travail (1). Ce fut en 1700. Le Seigneur donna de grandes bénédictions à cette bonne œuvre.

Mon oraison devint presque continuelle. Dieu

---

(1) Voir, à la fin du volume, sur la fondation du Bourg-Saint-Andéol, le Document n° VI.

me devint si présent, que j'étais toujours dans une continuelle adoration de ses divines perfections. Cependant, le tout se passait si intérieurement, que cela ne nuisait en rien à mes occupations extérieures.

Dieu me faisait de grandes miséricordes, dans les communications fréquentes que j'avais avec sa divine majesté. Les ravissements m'étaient fréquents. Il m'en arriva un le premier de mai de l'année 1701, dans lequel Jésus-Christ m'apparut accompagné de sainte Catherine de Sienne : *Vois, ma fille, combien je suis libéral à récompenser ceux qui m'aiment.* Il me fit faire attention à la Sainte, car toute mon attention et mon amour étaient fixés en lui. Je vis donc cette grande Sainte tout éclatante de gloire. Ce qui me charmait le plus, c'est que je voyais le grand amour que Jésus-Christ avait pour elle, et qu'elle aimait Dieu du même amour dont il s'aime lui-même. Je la voyais comme tout imbibée de la félicité. Je comprenais comment Dieu se découvrait à elle, et comme, par un reflux, Dieu se glorifiait dans les sacrées manifestations qu'il fait à ses saints. Mais, surtout, j'admirais le grand amour dont la Sainte était enivrée. Je lui portais envie de ne pouvoir pas aimer Dieu si parfaitement. Alors, Notre-Seigneur me présenta à la Sainte, et me dit ensuite : *Ma fille, je te la donne pour modèle.* Je ne vis plus que la Sainte, qui commença à me parler de la sorte : *Ma sœur Marcelline, il faut se munir d'un grand courage ; car, pour arriver au sein de la Divinité et à Jésus-Christ glorieux, il faut passer par Jésus-Christ crucifié ; retenez bien cette route ; il faut passer par Jésus-Christ souffrant. Vous écoutez encore trop la prudence humaine. Il faut s'abandonner à la force de la grâce ; autrement, c'est lui faire tort.* Je lui répondis que j'étais prête à faire tout ce qui dépendrait de moi pour plaire à ce divin Époux ; mais que j'étais la faiblesse même, et chargée d'emplois pour le prochain. Alors, elle me mit la main sur la tête, et me dit : *Il faut bien plus compter sur la force de la grâce que sur notre faiblesse. Ne craignez pas ; il vous restera assez de force pour servir le prochain. Notre Époux met sa gloire à vaincre nos faiblesses ; abandonnez-vous à lui, et soyez très-fidèle.* J'ouvrais la bouche pour la prier de m'obtenir ces grâces, et de me prendre sous sa protection ; mais elle disparut, me laissant toute remplie d'étonnement et d'amour pour ce céleste Époux, dont la vue et les paroles m'avaient comme liquéfiée en amour.

Je me trouvai, aussitôt, remplie de courage pour tout faire et tout entreprendre. Comme Notre-Seigneur m'avait dit qu'il me la donnait pour modèle, je m'appliquai à lire sa vie. J'y trouvai de grandes pénitences, et qu'elle prenait, trois fois par jour, la discipline; que ses veilles étaient presque continuelles; qu'elle s'était mis une couronne de pointes de fer sur la tête, et qu'elle s'appliquait sans relâche à la Passion de ce divin Sauveur.

Je me mis en devoir de l'imiter pour ses disciplines, la prenant trois fois par jour. O bonté de Dieu! je la pris toujours avec effusion de sang, et je me trouvais guérie d'une pratique à l'autre. Je fis faire une échelle de ma grandeur, sur laquelle je me couchais pour prendre un peu de repos, me tenant en posture de croix. Souvent Notre-Seigneur me faisait la grâce d'y ajouter des impressions douloureuses. Je ne sais pas nommer autrement ce que je sentais. C'étaient des douleurs que je ne saurais expliquer. Je portais aussi une croix garnie de pointes de fer. J'aurais bien voulu m'appliquer à la sainte Passion de Jésus-Christ; mais il ne m'était pas possible de faire choix d'aucun sujet. Notre-Seigneur m'appliquait lui-même à ses divines perfections, comme il lui plaisait. Il me faisait des grâces très-grandes. Mon oraison était presque continuelle. Ce qui me faisait de la peine, c'est qu'il en paraissait des effets au dehors. Souvent, mon âme était si absorbée en Dieu, qu'il semblait qu'elle eût quitté le corps, ne le soutenant plus; de manière que, quand le ravissement était fort, je tombais par terre, et restais là jusqu'à ce que je revinsse à moi. Lorsqu'on m'en parlait, je traitais cela de vapeurs de femme. Cela continua de la même façon toute cette année.

CHAPITRE XI.

Ravissement extraordinaire, la veille de saint André de l'an 1701. — Elle entre dans le sein de la Divinité. — Elle entend ces paroles : Maître, où demeurez-vous? *Et celles-ci :* Venez et voyez. — *Lumières que Notre-Seigneur lui donne. — Paroles qu'il lui adresse. — Fruit de ce ravissement.*

La veille de saint André de la même année 1701, entendant la sainte messe, à l'évangile, je compris ces paroles de saint André à Jésus-Christ : *Maître, où demeurez-vous?* Je fus, dans le moment, surprise d'un profond ravissement; et, voyant que j'étais si fort attirée, je dis les mêmes paroles du saint Apôtre : *Maître, où demeurez-vous? — Venez et voyez : Je suis Dieu, je me plais et habite en pureté.* Il me donna entrée au sein de la Divinité, me faisant voir cette pureté essentielle; et comme, de toute éternité, le Père l'engendre dans la contemplation de ses divines perfections, me donnant l'intelligence de ces paroles du Prophète : *Je vous ai engendré dans la splendeur des saints.* O mon cher Père, quelle demeure! je n'en peux rien dire; ce sont des choses ineffables! Je croyais être arrivée au terme. Quel tourment de retourner dans cette vallée de larmes! Je n'avais jamais demandé à rien voir ni avoir. Mais ce divin Sauveur me voulait instruire. Il me dit : *Venez et voyez : Je suis Dieu, qui me plais dans la pureté de vertu.* Il me fit voir la sainte Vierge ornée de toutes les vertus, mais d'une manière si pure! Je voyais et comprenais ce que veut dire pureté de vertu, car je les voyais toutes dans la sainte Vierge avec la même pureté qu'elles ont été influées par le Saint-Esprit. Je voyais la dissemblance qu'il y a entre nos vertus et celles de la sainte Vierge. Je comprenais et disais en pleurant : Toute ma vie n'est que corruption. Oh! que je suis éloignée de la pureté de vertu! Hélas! on croit, dans le monde, être bien riche en vertus lorsqu'on n'en possède que l'écorce et l'ombre. Cette vue me fut fort utile, car elle m'anéantissait puissamment. Je conçus une nouvelle dévotion pour la sainte Vierge. Il faut s'adresser à elle, pour lui demander cette pureté de vertu.

Ce divin Maître n'en demeura pas là. Il y avait encore une importante leçon à me donner. Il me dit donc, pour la troisième fois: *Venez, je me plais en la pureté*. Et, en me montrant sa croix, il me dit: *C'est ici que j'ai habité en la pureté des souffrances*. Je vis alors qu'il avait souffert, en sa sainte âme, un océan de tristesse; dans son esprit, des angoisses cuisantes par la vue de l'abus qu'une grande partie des hommes feraient de ces mêmes souffrances; le délaissement de la part de son divin Père; et, en son corps, des douleurs excessives. Je fus reprise de mes empressements à chercher des consolations dans mes peines, et je reçus de bonnes instructions pour la pure souffrance

Je revins à moi, confuse de me voir si éloignée de la pureté nécessaire pour arriver à l'union divine ou habitation de Dieu en l'âme, et de l'âme en Dieu. Néanmoins, mon anéantissement ne me laissait pas dans l'abattement. Au contraire, je me trouvais toute satisfaite et pleine de ferveur pour y travailler de toutes mes forces. Mais que cela a eu peu d'effet! et, n'est-ce pas ici, où il y a bien lieu de craindre que toute mon affaire ne soit qu'illusion, puisque je suis demeurée, et que je me trouve encore dans ce fond d'impureté qui fait entre Dieu et moi ce malheureux mur de séparation? Jugez-en, mon très-honoré Père, et ne m'épargnez en rien. Je suis préparée à tout; car c'est Dieu seul que je veux. C'est dans cette vue que je me suis soumise à cet ouvrage. Il le faut continuer, puisque l'obéissance le veut.

CHAPITRE XII.

―――

Le 26 avril de l'année 1702, Notre-Seigneur lui propose si elle veut expier un outrage sacrilége contre le sacrement de son amour : Marcelline accepte; et, pendant trois heures, elle est attachée à la croix et endure les douleurs du crucifiement. — Après ce martyre, Notre-Seigneur lui propose si elle veut rester encore autant de temps crucifiée pour les pécheurs, et la servante de Dieu accepte. — État de son corps et de son âme pendant ces six heures. — A l'exemple de sainte Catherine de Sienne, sa patronne, elle prie Notre-Seigneur d'effacer les blessures des mains et des pieds, et de lui en laisser la douleur; sa prière est exaucée; et, à partir de là, elle éprouve toujours une douleur au côté.

Le 26 avril de l'année 1702, il m'arriva qu'étant en oraison vers les cinq heures du soir, Notre-Seigneur me fit ressentir des impressions de ses souffrances, très-grandes. Comme je sentis que j'étais prise, craignant qu'il ne m'arrivât quelque chose, je me retirai. Car j'étais devant le Saint-Sacrement. Mes sœurs s'aperçurent bien que je souffrais. Je leur dis qu'il était vrai que j'étais incommodée, et que je m'allais mettre, pour une heure, sur mon lit. Étant là, je me livrai à tout ce qu'il plairait à Dieu d'ordonner de moi. On vint me voir, quelque temps après ; mais je n'étais pas libre pour parler. Une dame, qui me vit en cet état, crut que j'allais mourir. Elle envoya appeler les médecins ; et, bientôt, notre maison fut pleine de monde. Les médecins se mirent en devoir de me faire des remèdes. A force qu'ils me tourmentaient, je leur disais de me laisser, que cela passerait bientôt, que ce pouvait être des vapeurs. L'un d'eux, après m'avoir bien examinée, dit aux autres : *Retirons-nous ; il y a quelque chose ici de bien extraordinaire, et qui ne dépend pas de notre art.* Ils me laissèrent. Mes sœurs me déshabillèrent et me mirent au lit. Je leur disais, comme je pouvais : *Laissez-moi seule ; retirez-vous.* Malgré tout cela, elles demeurèrent avec deux dames de qualité. Mes sœurs les firent cacher, afin que je ne les visse pas. Il n'était pas nécessaire ; je n'étais capable d'aucune réflexion. Enfin, à neuf heures, Notre-Seigneur se saisit de toutes les puissances de mon âme, les enivrant du saint amour : *Il faut,* dit-il, *expier l'outrage qui m'a été fait dans le sacrement de mon amour.* Je ne répondis autre chose que ces paroles : *Me voici, mon divin Maître ; faites de moi selon votre bon plaisir ; recevez-moi comme une victime de votre justice et de votre amour.*

Il faut dire quel était cet outrage, avant de dire ce qui arriva : c'est que, trois semaines auparavant, on avait volé le saint-ciboire, et répandu sur l'autel les saintes hosties. Je fus fort sensible à cet outrage. Pendant tout ce temps, je m'offrais au saint amour pour expier ce crime. Je faisais toutes les mortifications que je pouvais pour cela ; et, quoi que je fisse, il me restait un grand désir de réparer cet outrage. Il me semblait que Dieu le demandait de moi. Mais je ne savais pas comment. Dans cette incertitude, je faisais tout ce que l'esprit de pénitence me suggérait. Enfin, l'amour en fut le juge et l'exécuteur. Je fus, dans le moment, étendue en croix, avec tant de force, qu'il me semblait qu'on m'arrachait les membres d'avec le corps. Je sentis, dans le moment, des douleurs très-grandes dans les mains, dans les pieds et au côté, non moins que si on m'eût enfoncé un fer à grande force. J'avais la tête prise et serrée comme dans un cercle de fer, qui me causait dans le crâne des douleurs inconcevables. Comme j'étais étendue avec force, il me semblait avoir la poitrine ouverte et les épaules séparées. Je sentais aussi, dans tout mon corps, de très-grandes douleurs; et, dans la bouche, une amertume que je ne peux exprimer. Comme cela arriva subitement, et que ces douleurs extrêmes me faisaient jeter quelques cris, mes sœurs et ces dames s'approchèrent de mon lit, et me virent en cet état. Car mes mains sortaient du lit. Elles voulaient me les remettre; mais les bras et les mains étaient si raides, qu'on me les aurait plutôt rompus que pliés. C'était la même chose pour les pieds et les jambes. J'avais perdu toute connaissance pour l'extérieur. Cependant la nature, qui souffrait de grands maux, s'en plaignait; car on dit que je me plaignais continuellement.

Pour ma disposition intérieure, elle était excellente. Notre-Seigneur m'avait accordé la grâce de m'unir à ses sacrées dispositions, et m'avait fait entrer bien avant dans son divin cœur. Je ne dis point, ici, en détail, quelles étaient ces dispositions, cela me conduirait trop loin.

Si vous le souhaitez, mon très-honoré Père, je ferai tout ce que vous m'ordonnerez. Cette opération dura trois heures. Après quoi, je me trouvai relâchée de cette posture si gênante, mais ce ne fut que pour un moment; car mon divin Époux me dit : *Ma fille, veux-tu en souffrir encore autant pour les pécheurs?* Je l'acceptai dans le moment, et même avec des paroles articulées, car je n'étais point libre, et je n'avais nulle connaissance pour l'extérieur. Ma solitude était telle, que j'étais seule avec Dieu. Je fus donc, dans le même moment, tirée avec grande force. Ceux qui étaient présents, entendaient comme un craquement dans mes os. Je souffris les mêmes douleurs que je viens de dire, et j'éprouvais, de temps en temps, de certains délaissements dans la nature qui m'auraient fait mourir, si cela avait duré un demi-quart d'heure. Je criais dans ce moment : *O mon Créateur, la nature succombe; si vous voulez que je souffre encore, soutenez-la ou me recevez.* Je me sentais comme renouvelée, et mes souffrances recevaient de nouvelles pointes.

Il ne m'est pas possible, mon Père, de m'expliquer clairement, et de dire ce qui se passait en moi ; ce sont des choses ineffables. Il est plus aisé de le ressentir que d'en parler ; et, si j'en avais le choix, j'aimerais mieux l'éprouver que d'en parler. Cette seconde opération dura trois heures ; et, lorsque je revins à moi, j'étais comme brisée, et si épuisée, que je n'en pouvais plus. Mes bras étaient encore si raides, que je ne pouvais les rappeler. Il fallut bien du temps pour y remettre la chaleur naturelle. Mes mains et mes pieds étaient marqués et fort enflés. J'y sentais de grandes douleurs. Le lendemain, voyant ces parties marquées, j'étais fort honteuse. Je priai Notre-Seigneur avec larmes de m'en laisser toute la douleur, mais de m'en ôter les marques. Il eut la bonté de le faire. C'est depuis ce temps-là que j'ai une douleur continuelle au côté. Je fus bien mortifiée, quand mes sœurs me firent connaître qu'elles avaient vu tout ce qui s'était passé ; et, encore davantage, que des personnes du dehors eussent été présentes. Je pleurai amèrement. Le lendemain, les médecins vinrent. Je leur dis que je me portais mieux ; qu'il ne fallait pas faire attention à cela ; que ce n'étaient que des vapeurs. J'avais un désir extrême de communier ; mais, pour sauver les apparences, je restai tout le jour au lit. Cette petite retraite m'était bien favorable pour m'entretenir, avec mon Libérateur, de sa miséricorde. Qu'il en soit à jamais béni !

CHAPITRE XIII.

Nouvel état où Notre-Seigneur la fait entrer vers la fin de l'année 1702. — Réduite à l'extrémité, par une complication de maux, elle demande le Saint-Viatique, suppliant le divin Maître de lui être un viatique de salut. — Il lui dit : Oui, ma fille, je serai ton viatique, non pour mourir, il n'est pas encore temps, mais pour la pure souffrance. — Vérification de ces paroles; terribles souffrances dans son corps. — Martyre de son âme : elle se croit réprouvée. — Souffrance pure, sans aucune consolation. — Elle est, en outre, noircie par la calomnie. — Ses pénitences pour fléchir Dieu; touchantes paroles qu'elle lui adresse. — Cette épreuve dure près de deux ans.

Sur la fin du mois de juin de la même année 1702, je fus voir une dame qui m'avait envoyé chercher pour traiter d'un établissement qu'elle voulait faire. Après avoir conclu, je m'en revins. C'était le 2 de juillet. Je tombai de cheval, et je croyais qu'il y avait eu de ma faute, n'étant pas attentive au chemin, tant j'étais occupée en Dieu. Je tombai sur des pierres; et, comme j'avais un instrument de pénitence qui me tenait tout le corps, je me fis beaucoup de mal. Je voulus, ensuite, marcher, ce qui me donna une forte pleurésie. Ce fut le commencement d'une grande maladie, dans laquelle Notre-Seigneur me fit de grandes grâces. Le cinquième jour de mon mal, les médecins désespérèrent de moi. Je souffrais beaucoup; car j'avais la fièvre continue, pleurésie et inflammation de poitrine, avec un crachement de sang. Voilà ce que les médecins savaient. Mais, outre cela, il s'était formé une grosse tumeur à une cuisse, dont je ne parlais pas, et qui me causait de grandes douleurs. J'étais, cependant, toujours dessus; ce qui m'avait irrité le mal à un tel excès, qu'il semblait que ce fût un charbon. Je n'en dis rien, et jamais personne ne le vit. On m'apporta le Saint-Viatique; et, comme j'offrais cette communion, priant Notre-Seigneur de m'être un viatique de salut, il me dit : *Oui, ma fille, je serai ton viatique, non pour mourir, il n'est pas encore temps, mais pour la pure souffrance.* Je communiai donc et me livrai de toute l'étendue de mon âme à Notre-Seigneur, pour l'exécution de tous ses desseins sur moi. Cette maladie continua trois semaines, où je goûtai une paix profonde, et mon oraison était presque continuelle. Comme je commençais à me relever, étant convalescente, il m'arriva que, trois nuits de suite, je fus frappée si rudement, que j'étais couverte de plaies et baignée dans mon sang. J'étais contente de tout ce qu'il plaisait à Dieu que j'endurasse. Mais je ne sentais rien de ces consolations intérieures que j'avais eues autrefois en pareille occasion. Mes souffrances étaient pures. J'ai dit trois nuits, mais il n'y en eut que deux où il y eut effusion de sang. La troisième, je fus battue de telle sorte que j'étais toute meurtrie et couverte de contusions. Le visage et les bras n'en étaient pas exempts.

Quand, autrefois, il m'était arrivé quelque chose de semblable, Notre-Seigneur me visitait bientôt par quelque grâce sensible, et me guérissait de toutes mes plaies. Il n'en fut pas de même. Il m'abandonna à la pure souffrance. Cet abandon n'était pas tel, qu'il ne me soutînt; mais c'était pour me faire souffrir davantage. Comme ces contusions étaient trop évidentes, mes sœurs me demandèrent ce que c'était. Je leur dis que j'étais tombée. Je ne mentais pas; car, j'étais si faible, que je tombais souvent. Pour mieux le faire croire, je me fis saigner, et j'en fus reprise sévèrement. Je sentis de grands reproches d'avoir eu recours à des remèdes humains. Je commençai à avoir de grandes craintes. Mon esprit était fort agité de pensées de réprobation et de désespoir. Je ne sentais aucune consolation intérieure, et je ne tirais aucune lumière de mes oraisons. Je n'osais plus communier. Ce n'était plus qu'orages et troubles dans mon intérieur. Je voyais bien que, dans cet état, j'étais capable de faire de grandes fautes, ce qui me donnait de grandes craintes; car je n'aurais pas voulu offenser Dieu. Je sentais bien que j'aurais préféré l'enfer au péché (1). O mon Dieu ! de quels troubles n'étais-je pas agitée ! Il y avait bien un fond caché, dans le plus intime de mon intérieur, où la paix régnait, et je crois que Dieu y régnait aussi. La paix n'en fut jamais altérée ; mais cela était si caché, que je n'en retirais

---

(1) Plusieurs autres saintes âmes ont pareillement affirmé cette disposition d'*accepter l'enfer* plutôt que de commettre un péché mortel. Ces locutions ne doivent pas s'entendre dans le sens rigoureux des termes. Accepter l'enfer, serait renoncer pour toujours à la possession de Dieu, fin dernière et souverain bien. C'est précisément le désordre qui constitue l'essence de tout péché mortel. Durant sa vie terrestre, le damné avait pu supposer et chercher son souverain bien, son bonheur, dans des biens finis, hors de Dieu. Maintenant, privé à tout jamais de ces parcelles de bien, il connaît clairement, et sans jamais pouvoir se distraire de cette parfaite connaissance, que Dieu seul était

aucune assurance; et ce mal allait toujours en augmentant.

Dieu permit, dans le même temps, qu'une personne, à qui j'avais fait le bien que j'avais pu, s'étant laissé préoccuper de la pensée que je connaissais ses petites attaches, que j'avais en effet travaillé à lui faire quitter, en conçut tant de dépit et de chagrin contre moi, qu'elle me noircit des plus horribles calomnies, n'épargnant ni le sacré ni le profane. Ce fut très-violent; et, quoi que je fisse, je sentais vivement cette épreuve. Je pardonnais bien de bon cœur à cette personne; je priais pour elle, et je faisais des pénitences pour demander à Dieu de lui pardonner. Mais quoi que je fisse, j'étais bien sensible à cela. Je n'oubliai rien pour me justifier, et je fus trop empressée à le faire. Cet

---

son bien suprême. De là, un élan éternel vers ce souverain bien. Et comme Dieu se refuse à lui, et qu'il n'a pas la moindre espérance de jamais le fléchir, il le hait, et sa haine égale sa passion de le posséder. L'amour souverain, frustré de son objet, produit nécessairement dans le damné le plus fort degré de la haine. Accepter l'enfer, serait donc consentir à haïr Dieu toute l'éternité. Telle assurément n'est pas la pensée des saints, lorsque, pour exprimer leur horreur du péché mortel, ils affirment qu'ils lui *préféreraient l'enfer*. Ils veulent seulement exprimer leur disposition à se vouer aux plus effroyables souffrances, plutôt que de consentir à offenser Dieu.

empressement et le souvenir cuisant où j'étais, me retardèrent bien dans les voies de Dieu. Je fis en cela de grandes fautes. Cela se calma; et la personne à qui on avait dit tant de mal de moi, fut détrompée par sa propre expérience, et connut clairement qu'il ne fallait rien croire de tout cela.

Mais ces pensées de réprobation et de désespoir allaient toujours en augmentant, et je souffrais de très-grandes peines. Cette pensée que je serais damnée, et privée éternellement de Dieu, et que j'en serais maudite, que jamais il ne me serait permis de l'aimer, que, quoique ses jugements soient justes, je ne les pourrais jamais adorer ni approuver, ces pensées, dis-je, ne me quittaient ni jour ni nuit. Elles me tyrannisaient si fort, que je crois que c'est la peine du dam. Je n'osais communier et je ne pouvais m'en priver. Un jour, après avoir communié, ces pensées me tourmentaient si fort, qu'il me semblait que j'avais une certitude de ma réprobation. J'étais tentée d'en faire des actes de foi. Je fondais en larmes. Enfin, n'en pouvant plus, je me prosternai sur le marchepied de l'autel, et là, j'adorai les jugements de Dieu sur moi;

je m'y soumettais et je demandais à Dieu que, si j'étais si malheureuse de ne le pouvoir aimer pendant l'éternité, du moins il me fît la grâce de l'aimer dans le temps et de travailler pour sa gloire. J'entrai dans des sentiments de regret et de douleur sur mes infidélités à la grâce, car c'était sur cela que j'appuyais le plus ma réprobation ; je me mettais du côté de la justice, et je m'abandonnais à toutes les rigueurs de la pénitence. Je m'étais fait un lit d'une porte toute garnie de grosses têtes de clous; je me lassais, à force de disciplines, et je mêlais mes larmes avec mon sang. Souvent, je m'appliquais du feu sur ma chair, et je me serais volontiers détruite pour satisfaire à la justice de Dieu.

J'avais une envie continuelle de m'unir à Dieu, et toutes ces pensées me tenaient sous les pieds du démon. Je n'étais plus sensible qu'à l'amour de Dieu, qui me tyrannisait d'une manière terrible. Notre-Seigneur se faisait sentir, de temps en temps, à mon pauvre cœur, avec des touches d'amour si fortes et si délicates, qu'il m'enlevait. Mais c'était pour me faire souffrir davantage; car la pensée que je ne pourrais plus aimer Dieu, ce Dieu d'amour, était pour moi un véritable enfer. Quelquefois, il me découvrait quelque chose de ses divines perfections et amabilités, qui me transportaient d'amour, et incontinent me martyrisaient. Je ne pouvais soutenir cette pensée d'en être séparée éternellement; et, cependant, elle ne me quittait pas. Il me venait aussi en pensée que les damnés blasphêmaient Dieu, et que je serais forcée à faire de même. Alors je me prosternais par terre, et je désavouais tout cela, lui disant: *O mon Seigneur, non il n'en sera pas ainsi; à la bonne heure que j'endure toutes les peines de l'enfer; je sais bien que je les mérite toutes; mais consentez que je vous aime.* Enfin, près de deux ans se passèrent dans cette dure épreuve. J'aimais véritablement Dieu, je le comprends bien à présent; et c'était ce même amour qui me faisait tant souffrir. Je me privais quelquefois de la sainte communion, mais je m'en trouvais mal; car, en tout cela, j'avais une faim inconcevable de Dieu; et j'avais une crainte continuelle de faire quelque chose qui pût lui déplaire.

CHAPITRE XIV.

Son désir du martyre, au milieu des hérétiques des Cévennes. — A Saint-Étienne, vœu du plus parfait. — Elle va fonder une maison à Tulle.

C'était dans le temps que les fanatiques faisaient le plus de ravages, et nous étions au milieu d'eux (1). J'avais un désir extrême d'endurer le martyre. Je le faisais bien paraître, car je m'exposais à aller partout pour voir des malades, jusqu'à une lieue autour de nous. Afin d'irriter ces malheureux, je tenais toujours un chapelet à la main et je faisais paraître ma croix. Mais je ne tirai point consolation de ces dispositions, quoique bonnes.

Enfin, il a fallu venir au total abandon, remettant à Dieu le temps et l'éternité. Ce fut sur la fin de cette épreuve, dont je viens de parler, que

---

(1) Elle fait allusion aux fureurs des camisards.

deux prêtres, grands serviteurs de Dieu, m'affligèrent, me disant, que j'étais dans l'illusion et la tromperie; que j'étais possédée. Cela produisait différents effets sur mon esprit; quelquefois, je pensais que celui de ces prêtres qui me parlait, avait l'esprit aliéné. Ensuite, je pensais, au contraire, que c'était Dieu, qui, par sa lumière, lui avait donné connaissance de mon état; et, comme ils me disaient qu'il faudrait peut-être m'exorciser, j'y étais résolue. Mais je connus, enfin, que ce n'était qu'une vue humaine qui les faisait parler; car, tout leur but était de me faire aller dans un établissement qui, je le voyais clairement, ne se ferait pas. Je n'eus plus que du mépris pour tout cela. En quoi je fis de grandes fautes; car c'était la Providence de Dieu qui conduisait tout cela. Il ne fallait rien mépriser, mais me laisser mépriser moi-même. Quelque temps après, tous ces orages se passèrent, et la paix de mon âme fut grande. Une personne me fit aussi bien de la peine; mais Dieu me fit la grâce d'en faire un bon usage. Qu'il en soit à jamais glorifié! Il conduisit tellement les choses, qu'enfin je fus en cet endroit (Saint-Étienne) pour lequel j'avais naturellement tant de répugnance.

Je fis ce sacrifice avec générosité. C'était en l'année 1702. Dieu me fit de grandes grâces en cette ville. Il se servit de moi pour faire faire la retraite à quarante-huit filles, avec bien du succès. Je faisais tous les exercices avec une facilité dont j'étais moi-même surprise. Quoique depuis bien des années je ne susse plus m'appliquer à la méditation, je la faisais tout haut et avec tant d'onction, que toutes ces filles fondaient en larmes. Ce fut depuis la veille de Noël jusqu'au second jour de janvier. Tout le temps qui me restait après les méditations et considérations, je le donnais à ces bonnes filles, qui me parlaient en particulier avec une confiance qui me donnait de la confusion. Dieu me mettait à la bouche ce qu'il fallait dire à chacune, de manière qu'elles étaient toutes consolées.

Ce fut au commencement de l'année 1703, que Dieu m'inspira fortement de faire vœu de tendre toujours à ce qui serait plus parfait, et rendrait le plus de gloire à Dieu. Voici la forme de mon vœu : *En toutes choses, faire ce qui me paraîtrait le mieux, le plus parfait et le plus propre à la plus grande gloire de Dieu. Ce vœu s'étend aux pensées, paroles, actions, affections, souffrances, peines intérieures et extérieures. C'est ainsi que je l'ai conçu, le soumettant à l'obéissance que je dois à mon directeur.* Je n'avais en vue que le Père Galipaud. Je ne sais si cela peut s'étendre plus loin. Voici comment je me comportai touchant ce vœu : Notre-Seigneur me pressait fort de le faire ; mais cet acte paraissait trop grand à ma fragilité. Je n'osais. Enfin, après bien des remises, je m'y engageai pour trois jours, seulement ; ensuite, pour huit. Je continuai pendant un mois, au bout duquel je fis une faute contre le vœu. J'en eus tant de confusion, que j'abandonnai cette pratique et discontinuai pendant huit jours. En ce peu de temps, je fis tant de fautes, que je vis bien que mon vœu était un vrai moyen pour me retenir ; que mon inconstance dans le bien avait besoin de cette barrière. Je le renouvelai pour autres huit jours, et je continuai de même jusqu'au Carême. Je me trouvai pressée de m'engager jusqu'à Pâques ; ce que je fis, et je m'en trouvai bien.

Enfin la nuit du jeudi saint au vendredi, que je passai au mystère solennisé par l'Église, à trois heures du matin, je me mis en devoir de prendre la discipline. Je commençai, mais un autre finit; car je fus repassée de main de maître. Cela fut jusqu'à l'épuisement. Enfin, il fallait assister à l'office. Il se faisait dans notre chapelle. Lorsqu'on fut à l'adoration de la croix, après que les prêtres eurent passé, j'y fus avec de grands sentiments de piété. Tandis que j'étais prosternée sur cette croix, Notre-Seigneur m'arrêta, me disant : *Ma fille, c'est l'amour que je t'ai porté qui m'a attaché sur cette croix : il faut, si tu m'aimes, t'y attacher pour jamais par le vœu de la plus grande perfection.*

Je voulus différer pour demander conseil, mais il n'y eut pas moyen de me relever. J'étais retenue par une force invisible. Je promis jusqu'à la Pentecôte; mais je ne pus me relever. J'étais, cependant, pressée par ceux qui me suivaient dans cette adoration. Je lui disais : *Laissez-moi aller, mon Seigneur; ne suis-je pas toute à vous ?* Mais non, il en fallut venir à l'engagement entier. Je le fis, et avec une simplicité très-grande. Après l'avoir prononcé, j'ajoutai : pourvu, cependant, que le Père Galipaud l'approuve; autrement, il n'y aura rien de fait. Ensuite je me relevai facilement. J'en donnai bientôt avis à ce bon Père, qui me gronda bien, me traitant de présomptueuse et de téméraire. Cependant, il se calma sur ce que je l'avais soumis à l'obéissance, et m'exhorta à y être fidèle. Que si cela me mettait dans quelque embarras, comme cela pouvait résulter facilement d'un pareil vœu, de l'en avertir, et qu'il m'en relèverait. Je ne sais comment je fais; car j'y commets des fautes sans nombre, et cependant je ne me repens pas. Cette sécurité n'est-elle pas bien à craindre? Jugez-en, mon très-honoré Père.

Depuis cette époque, Notre-Seigneur m'a fait de grandes miséricordes. J'ai eu à essuyer, de temps en temps, de petites épreuves, dans les débuts de cet établissement, de la part de monsieur mon supérieur et de ma sœur supérieure (1).

Enfin, je fus envoyée ici, à Tulle; j'ai eu aussi de petites épreuves au commencement de cet établissement (2). Mais, plus je voyais de

---

(1) Elle désigne ici M. Bolacre et la supérieure de la Maison de Nevers.
(2) Voir, à la fin du volume, sur la fondation de Tulle, le Document n° VII.

dégoût et de repentir de la part de celui qui devait le soutenir, plus je me fortifiais pour en soutenir les orages. Notre-Seigneur m'a fait de grandes grâces pour ma conduite particulière. J'y continuai mes veilles, oraisons et pénitences, jusqu'à la maladie où vous m'avez vue, mon très-honoré Père. Dieu m'y a fait de grandes grâces. La plus grande, je crois, c'est la charité qu'il vous a donnée pour moi, et la confiance que je sens pour vous. Qu'à jamais il en soit glorifié! Depuis ce temps-là, je vous ai fidèlement dit tout ce qui m'est arrivé. Ce ne serait que vous fatiguer d'en rien toucher. Ma disposition vous est mieux connue qu'à moi-même. Ainsi, mon très-honoré Père, il ne me reste qu'à supplier votre charité d'examiner toutes ces choses. Tout cela a été rempli de ma part d'un mombre infini de défauts. Jugez de tout, ne m'épargnez en rien, et parlez-moi franchement. Je ne veux que Dieu. Je le supplie de tout mon cœur de ne permettre pas que je me trompe, au point de prendre un fantôme pour lui. Je le prie, aussi, de vous donner des lumières pour bien discerner le vrai du faux. Qu'il vous fasse connaître ce qu'il demande de moi. Me voilà préparée à tout. Ma confiance est entière, et j'espère que ma soumission le sera aussi. Je ne peux vous dire, mon très-honoré Père, combien je suis reconnaissante de toutes vos charitables bontés, et de ce que vous voulez bien vous donner la peine de faire cet examen. Je ne suis fâchée que de ne savoir mieux m'expliquer. Mais j'espère que la bonté de Dieu y suppléera, et qu'il vous fera connaître mon état, ce qu'il demande de moi, ce qu'il y a en moi qui lui déplaît, et ce que je dois faire pour réparer tous les désordres de ma vie. Assurez-vous, mon très-honoré Père, que vous trouverez une fille docile à tout ce qu'il vous plaira de m'ordonner. Encore une fois, au nom de Jésus-Christ, ne m'épargnez pas. Je le conjure d'être lui-même votre récompense.

CHAPITRE XV.

Sentiments éprouvés par la servante de Dieu, pendant la retraite qu'elle fit à Tulle, en 1705. — Sujet de ses méditations, la sainte Eucharistie. — Premier jour. — Exemples donnés par Jésus-Christ dans la sainte Eucharistie. — Marcelline prend la résolution de s'y conformer. — Ravissement. — Jésus-Christ lui montre son cœur; paroles du divin Maître. — Elle médite sur les souffrances de Notre-Seigneur pendant la nuit qu'il passa chez Caïphe; lumières qu'elle reçoit.

GLOIRE VOUS SOIT RENDUE, O MON DIEU!

SENTIMENTS QUE DIEU M'A DONNÉS, DANS MA RETRAITE DE L'ANNÉE 1705, LE 1er OCTOBRE. LE SUJET EN FUT LE MYSTÈRE ADORABLE DE L'EUCHARISTIE.

Mon occupation du matin fut une vue générale de Jésus-Christ dans ce mystère tout d'amour, pour lequel je me sentis tout embrasée. Je me donnai à Jésus-Christ, le suppliant d'être mon guide en cette retraite; d'être pour moi un pain d'intelligence. J'allai communier en ces dispositions; et, quand j'approchai de la sainte table, Notre-Seigneur me dit ces paroles, ou me les fit entendre : *Faites, selon le modèle qui vous est montré sur la montagne.* Je compris, par l'intelligence qui m'en fut donnée, que l'autel était cette montagne mystique, et Jésus-Christ, le beau modèle d'une âme vraiment intérieure et solitaire. Je me trouvai pressée d'un grand désir de me conformer à ce divin modèle, qui, pour y porter plus puissamment mon cœur, lui faisait entendre amoureusement ces paroles : *Voyez quel exemple je vous ai donné, et faites de même.* Je pris aussitôt la résolution d'étudier ses divins exemples et de m'y conformer, quoi qu'il pût m'en coûter.

L'après-dînée, m'occupant dans la lecture des psaumes, je lus le cent treizième, où le Prophète, après avoir fait la description de la vanité des idoles, dit : *Que ceux qui les font leur deviennent semblables, ainsi que ceux qui mettent en eux leur confiance.* Mon âme, en récitant ce verset, fut transportée d'un mouvement extraordinaire vers Jésus-Christ crucifié. Après de profondes et ardentes adorations, tandis qu'elle se sentait comme liquéfiée en l'amour de ce divin Jésus, et lui adressait cette prière dans une grande ferveur : *Que ceux qui vous adorent, qui vous aiment, et qui mettent toute leur confiance en vous, deviennent semblables à vous*, je fus soudain ravie ; et, dans un désir ardent d'être conforme à Jésus-Christ, je lui disais : *O mon Jésus, ô mon amour, je vous aime ; et c'est le propre de l'amour de rendre les amants égaux. Comment se peut-il donc faire que je ne vous sois pas conforme dans vos souffrances et opprobres ? Ah ! je vous supplie, donnez-moi ce signe, ce gage précieux et assuré de votre amour.* Alors Jésus-Christ m'apparut, me fit voir son divin cœur par la plaie qu'il reçut au côté, et me dit : *Il est vrai, ma fille, que l'amour rend les amants semblables. L'amour que j'ai pour les hommes m'a rendu homme, me faisant unir à la nature de l'homme ; et, parce que le péché l'avait couvert de plaies et condamné à la mort éternelle, pour l'en délivrer, j'ai été couvert de plaies, et j'ai souffert la mort. L'amour rend les amants égaux ; je cherche de tels amants ; considère mon cœur ; aime et imite.*

Ce divin cœur me parut comme dans un globe de feu dont toutes les flammes étaient en forme de croix, pour les imprimer dans les cœurs des amants de Jésus-Christ. Cette vue disparut, et me laissa comme dans une langueur d'amour, et pressée d'un ardent désir d'être conforme à Jésus-Christ souffrant. Rien ne me paraissait désirable que de souffrir pour son amour, ce qui me faisait souvent répéter ces paroles : *Je lève les yeux vers la montagne pour voir d'où me viendra du secours. Dans la langueur où je suis, épuisez-moi de croix, pénétrez-moi de souffrances, couvrez-moi de plaies, car je languis d'amour pour Jésus-Christ crucifié.*

Après avoir passé quelques heures en ces dispositions, m'étant prosternée devant Jésus pour lui demander sa bénédiction, je pris la discipline avec ferveur jusqu'à effusion de sang. Après quoi, je fis mon oraison sur la solitude de Jésus dans le Sacrement, ne quittant jamais les espèces, à moins qu'elles ne soient corrompues; y demeurant, toujours, dans un état d'hommage, d'adoration et de sacrifice envers son divin Père.

Il me fit connaître qu'une âme qui veut lui être unie ne doit jamais sortir de son intérieur, mais lui être unie, lui demeurer fidèle, et s'y fortifier de plus en plus ; puisque c'est là que s'entretient le sacré commerce de l'âme avec son Dieu ; qu'elle *adore en esprit et en vérité,* et qu'elle lui offre le sacrifice de son cœur contrit et humilié. Je connus le grand besoin que j'ai d'être fidèle à demeurer constante dans mon intérieur. Je connus que toutes les fautes que je fais viennent du peu de fidélité à cette pratique. Après en avoir demandé pardon à Notre-Seigneur, je lui promis d'être plus fidèle à demeurer dans mon intérieur, et d'éviter tout ce qui m'en retire.

A mon oraison de la nuit, sur les souffrances que Jésus-Christ essuya, pendant toute la nuit qu'il passa chez Caïphe, abandonné à la fureur des soldats et à l'insolence des valets, Notre-Seigneur me donna de grandes instructions des souffrances et ignominies qu'il endura alors. Il m'instruisit aussi des dispositions de sa très-sainte âme, pendant cette nuit, qui doit être fort célèbre pour tous les chrétiens. Mon âme fut très-sensiblement touchée à cette considération, ne pouvant comprendre l'excès de la charité de Jésus-Christ, ni l'excès de l'ingratitude des hommes, qui ne s'occupent presque jamais des souffrances de cet Homme-Dieu, qui ne pensent pas plus à l'en remercier qu'à s'en faire une sainte application.

Notre-Seigneur me fit connaître que ce qu'il endura cette nuit n'était connu et révéré que de très-peu d'âmes. Il m'inspira le désir de m'y appliquer, me donnant de grands sentiments de componction de mes ingratitudes passées, dont je sens et conserve une grande horreur. M'étant prosternée devant Jésus-Christ, je lui en demandai pardon avec beaucoup de larmes, et je pris la résolution de me lever toutes les nuits pour faire hommage aux souffrances que Notre-Seigneur endura pendant cette nuit, de prier pour la conversion des pécheurs, et de faire quelque pénitence. Ayant fini mon oraison, je pris la discipline en satisfaction de mes ingratitudes passées, et de celles des pécheurs, qui ne pensent pas à la charité de Jésus, non plus qu'à leurs ingratitudes.

CHAPITRE XVI.

Second jour de sa retraite à Tulle, en 1705. — Solitude de Jésus-Christ dans le Très-Saint-Sacrement. — Le divin Maître invite Marcelline à l'imiter dans cette solitude, et l'instruit sur la manière de le faire. — Elle médite de nouveau sur la nuit passée par le divin Sauveur dans la maison de Caïphe, et elle s'unit à ses souffrances par une sanglante discipline.

Ma première oraison fut sur la solitude de Jésus-Christ dans le Saint-Sacrement. Je considérai comment il est seul avec son divin Père, sans qu'il soit permis à aucune créature d'y être admise, non pas même aux hautes intelligences; et c'est cette entière solitude qu'il me répétait souvent au cœur : *Fais conformément à l'exemple que je te donne. Vivant de ma substance, entre dans mes dispositions, et sois solitaire dans ton intérieur.* A quoi mon âme sentait de fortes inclinations, avec une joie secrète de trouver cet exemple dans son Souverain, qui a la bonté de joindre la grâce à l'exemple, donnant ce qu'il inspire.

Je le priai de m'instruire comment je pourrais me conformer aux divins exemples qu'il me donne, et voici comment j'en fus instruite : *Demeure seule dans ton intérieur. Vide-toi continuellement des créatures. Renonce à ton souvenir, tenant ta mémoire quitte de toute opération, et ton entendement de toute recherche et raisonnement inutile. Abandonne-moi ta volonté pour ne dépendre que de la mienne; et, dans cette retraite inaccessible aux créatures, écoute, en respect et en silence, ce que je te dirai au cœur. Réponds à la parole par une prompte obéissance à ce que je te ferai connaître. Ne te multiplie pas, et demeure en simplicité; et, en tout, sois fidèle.*

Je n'avais pour ces divins avis que des adorations très-profondes, un acquiescement respectueux, sentant une sainte avidité d'entrer promptement dans la pratique. Mais de quelle grâce n'ai-je pas besoin pour y être fidèle et n'en déchoir jamais! C'est en votre seule grâce que j'espère, et c'est d'elle que je veux dépendre pour toutes choses. Achevez donc, ô mon Dieu, ce que votre miséricorde a commencé en moi pour la gloire de votre saint nom!

J'allai communier dans ces sentiments et recevoir Jésus-Christ en esprit de viatique, le suppliant d'imprimer en mon âme ces saintes dispositions, et de me faire passer en lui.

Il me traita avec de grandes miséricordes, remplissant mon âme du parfum de sa sainte présence, et la fortifiant dans les avis qu'elle en avait reçus. Je fus reprise de mes infidélités, et de mon inconstance à tendre de toutes mes forces à la sainte perfection. Il me blâma encore de trop raisonner avec la nature, d'en trop écouter la fausse prudence, me disant : *Pour qui gardes-tu tes complaisances? Remplis les vœux que tu m'as faits; répare le passé, et sois fidèle.*

Ces répréhensions, quoique faites avec une bonté et une charité infinies, ne laissèrent pas de pénétrer mon âme d'une profonde douleur. Dans un grand anéantissement, je ne répondais que par des larmes et des soupirs, sans cependant rien perdre de ma paix et de ma confiance. Il me restait seulement un grand désir d'expier mes infidélités par une sincère pénitence, et une forte résolution de veiller soigneusement ment sur moi-même pour ne plus tomber en de pareilles fautes.

Mon oraison du soir fut une continuation de celle du matin, sur les outrages que Jésus-Christ reçut en la maison de Caïphe, étant abandonné, pendant la nuit, à la fureur de ses ennemis. Après très-peu de considération, mon âme se trouva pénétrée de douleur et d'amour, adorant ces profonds abaissements du Fils de Dieu, et lui faisant hommage et réparation d'honneur pour tant d'indignités. J'y joignis pour pénitence une sanglante discipline.

CHAPITRE XVII.

Troisième jour de sa retraite à Tulle, en 1705. — Elle considère Jésus-Christ dans la sainte Eucharistie, comme dans un état de mort. — Paroles que le divin Maître lui adresse; lumières qu'il lui donne. — Sa résolution d'imiter Jésus-Christ dans cet état de mort, autant que ses forces pourront le lui permettre. — Grâces dont elle se sent comblée. — Étroite union de Jésus-Christ avec les saintes espèces dans l'Eucharistie. — Il dit à sa servante comment elle doit imiter cette union.

Mon oraison du matin fut une continuation de la solitude de Jésus-Christ dans le Saint-Sacrement, où je le considérai comme dans un état de mort, quant à la vie naturelle, n'y faisant aucun usage de ses sens; mais, en même temps, comme un principe de vie, de grâce et de sainteté, qui influe dans les âmes qui s'en approchent avec de saintes dispositions. C'est de cet état de mort qu'il me dit : *Fais sur le modèle que tu vois sur la montagne. Tu ne vivras de la vie intérieure, qu'autant que tu mourras au monde et à toi-même.*

Je compris donc que la vie intérieure ne s'entretient, ne se conserve et ne s'augmente que par un continuel sacrifice de tous les êtres créés, la mort de soi-même, le renoncement aux plus petites inclinations naturelles, et une mortification générale de tous les sens. Mon cœur demeura ferme à cette vue, et même content de ces dispositions et propositions, les embrassant avec joie, quoique la nature en frémît. Mais la crainte ne fut que comme une nouvelle victime que je sacrifiai d'abord à la sainteté de Dieu. Je formai la résolution de vivre dans une mort continuelle au monde et à moi-même, de ne m'accorder jamais aucune satisfaction intérieure et naturelle, de porter la mortification intérieure aussi loin que je le pourrai, et que l'esprit de Dieu m'en donnera la vue, et celle du corps autant que mes forces me le pourront permettre, sans me flatter. Lorsque je me mettrai au lit pour prendre quelque repos, de m'y tenir les bras étendus en forme de croix, de ne changer cette posture que dans une vraie nécessité. C'est l'état qui convient le mieux à une âme consacrée à Jésus-Christ crucifié. J'allai communier en cette disposition, me donnant à Jésus-Christ, le suppliant d'être le sceau de cette résolution, et de me donner grâce pour y être fidèle. Il combla mon âme d'une consolation ineffable et si grande, que j'avais peine à en soutenir le poids. Il me fortifia dans ma résolution, et me promit son saint secours, ce dont je demeurai très-consolée. L'onction de sa divine présence m'est demeurée tout le jour. Que toutes les créatures le remercient de tant de miséricordes qu'il fait à une créature aussi infidèle que je le suis !

Mon oraison du soir fut une attention sur Jésus-Christ dans le Saint-Sacrement, où l'amour le tient étroitement uni aux espèces, sans que tous les mauvais traitements qu'il y reçoit, les impiétés, les irrévérences, les profanations et les sacriléges qu'il y souffre, l'en séparent un seul instant. Toutes les eaux du fleuve n'ont pu éteindre sa flamme de charité. Son amour est toujours au-dessus de toutes les ingratitudes des hommes; et, en cette persévérance de charité, il me dit : *Fais conformément au modèle que tu vois sur la montagne. Que rien ne te fasse sortir de ton intérieur, ni te sépare de mon amour*. M'ayant dit : *Te connais-tu ici ?* il me fit voir, tout d'un coup, mes infidélités, mes ingratitudes, mes oppositions à son divin esprit, mes résistances à la grâce, mon incroyable facilité au mal, mon inconstance dans le bien.

Cette vue me pénétra de confusion et de regret. Mon cœur se trouva si pressé par la douleur, que j'éclatais en soupirs et fondais en larmes. J'aurais voulu mourir dans l'amertume de ma douleur. Il n'est point de peines auxquelles mon cœur ne se soumît, et qu'il n'eût voulu endurer pour réparer tant de péchés. Je me prosternai devant mon Souverain, le suppliant de me pardonner tant d'infidélités, mais de ne pas séparer sa justice de sa miséricorde ; de m'imposer lui-même la peine due à mes péchés. Je demeurai dans ces sentiments de pénitence et dans la vue de ma misère, le soir et pendant la nuit.

Mon oraison de la nuit a été une continuation des mêmes sentiments. Elle s'est passée dans les larmes et les gémissements. Portant bien avant les sentiments de mon indignité, et prosternée devant Dieu, dans un grand désir de satisfaire à sa justice et de faire hommage à sa sainteté, je lui disais, dans une grande préparation de cœur : *Seigneur, que vous plaît-il que je fasse?* Après bien des gémissements, sans qu'il parût touché de ma douleur, mais l'excitant toujours par de nouveaux reproches, il me donna la vue de joindre la peine du corps avec la contrition du cœur; ce que je fis, me servant avec une telle ferveur d'une discipline, que j'aurais volontiers recommencé un moment après, si je n'avais appréhendé que ma volonté propre ne s'y fût mêlée. Rien n'est capable de consoler une âme en cet état, que la pénitence. Elle l'embrasse avec plus d'ardeur encore, qu'un homme empoisonné ne prendrait un antidote. C'est l'effet de votre grâce, ô mon Dieu!

CHAPITRE XVIII.

Quatrième jour de sa retraite à Tulle, en 1705. — Union de l'âme avec Jésus-Christ dans l'Eucharistie. — Pureté que cette union demande. — C'est cette union de la foi que Jésus-Christ s'est proposée, en instituant ce divin mystère. — A la vue de tant d'amour, Marcelline voudrait s'élancer vers son Dieu, mais la vue de ses infidélités la retient. — Le combat cesse, et elle communie; ses sentiments après la communion. — Dans son oraison du soir, elle considère Dieu comme souverain Bien. — Elle entre dans un profond ravissement. — Elevée jusqu'au sein de la Divinité, elle voit comment Dieu est le seul Être, infini, éternel, et comment tous les êtres ne sont qu'un écoulement de lui. — Effets de ce ravissement.

Mon oraison du matin fut sur l'union de l'âme avec Dieu, par l'usage qu'elle fait de la divine Eucharistie, union dont Jésus nous donne encore le modèle dans ce Sacrement. Il demeure uni aux espèces, et ne s'en sépare jamais, à moins qu'elles ne viennent à être altérées ou corrompues. Ce divin Jésus me fit connaître que c'était l'image de l'union qu'il veut bien avoir avec les enfants des hommes; et qu'il ne demeurait ainsi, sous les espèces du Sacrement, que pour s'unir les cœurs.

Il me fit voir encore que sa présence réelle supposait nécessairement la destruction de la substance du pain et du vin, qui est changée au corps et au sang de Jésus-Christ, et que l'union qu'il veut avoir avec nos âmes demande quelque chose de semblable. Pour que l'âme soit unie à son Dieu, qui est la pureté et la sainteté même, il faut qu'elle soit dépouillée de toute la corruption des inclinations du vieil homme, qu'elle vive dans une grande pureté; car si rien d'impur n'entre dans le Ciel, comment la corruption pourrait-elle être unie au Dieu du Ciel? Et, s'il faut avoir le cœur pur pour voir Dieu, combien plus pour le recevoir, pour lui être uni, en jouir, s'y reposer comme dans son centre, pour s'y laver comme dans sa source, et pour y être transformé, en sorte qu'on ne soit plus avec lui qu'un même esprit, vivant de sa vie. C'est la fin qu'il a eue en instituant ce divin mystère; et il nous le fait bien comprendre lorsqu'il nous dit : *Celui qui mange ma chair et boit mon sang, demeure en moi, et moi en lui. De même que mon Père est vivant, et que je vis en mon Père, de même celui qui me mange vivra pour moi. Nous viendrons, mon Père et moi, et nous ferons en lui notre demeure.*

Ces vues firent sur mon âme de grandes impressions de respect, d'adoration, d'amour, de désir, de crainte, de confiance, de frayeur. Tous ces divers mouvements faisaient dans mon âme un combat très-grand. L'amour me pressait de m'aller unir à mon Dieu, me disant que la vie est en lui. Mes péchés, mes infidélités, mes imperfections, me faisaient sentir mon indignité pour approcher de ce Dieu de toute sainteté. Je concevais une grande horreur pour les moindres fautes, comprenant que les plus petites imperfections ternissent la pureté du cœur, le souillent, et empêchent son union; ce qui me mettait et me fortifiait merveilleusement dans la résolution de travailler de toutes mes forces à la sainte perfection, à veiller soigneusement sur moi-même pour éviter tout ce qui pourrait, tant soit peu, souiller la pureté de mon cœur. Car, elle doit être grande, pour recevoir si souvent le Dieu de pureté.

Le calme s'étant fait dans mon âme, il n'y restait qu'un désir brûlant de m'aller unir à mon divin Sauveur, dont l'amour me prévenait de ses divins embrasements, et allumait dans mon cœur un grand feu, dont je me sentais doucement consumée. J'allai communier dans ces dispositions, suppliant de tout mon cœur mon souverain Maître de prendre une entière possession de moi, en sorte que je me donnasse à lui sans jamais plus me retrouver. Dans cette communion, Notre-Seigneur, me fit de très-grandes miséricordes. Remplissant toutes les puissances de mon âme de sa divine présence, d'une manière très-intime, il lui découvrit son amour éternel, ses divines perfections; et la poussant à la sainteté, il lui fit entendre ces paroles d'une manière très-efficace : *Soyez saints, parce que je suis saint.* Mon âme n'était que respect, amour et adoration en la présence de cette haute majesté, se tenant passive aux inspirations qu'elle en recevait. Je suis demeurée très-reconnaissante pour tant de bonté, et bien résolue de lui être toujours fidèle. Mais ce ne peut être que par la force de votre grâce, ô mon Dieu ! Sans elle, je ne suis, ni ne puis rien. Avec elle, tout m'est facile. Mon salut est votre ouvrage. Que toute gloire, louange et actions de grâces vous en soient rendues dans les siècles éternels !

Dans mon oraison du soir, m'étant mise en la sainte présence de Dieu, je fus occupée de Dieu, comme souverain Bien. Et, comme c'est le propre du bien d'aimer à se communiquer et à se répandre, toutes les créatures me paraissaient autant de sujets propres à recevoir les écoulements de ce souverain Bien : ce qui me fit entrer dans un profond ravissement. Mon âme étant élevée jusqu'au sein de la Divinité, voyait cette divine essence, comme étant le seul Être, indépendant, éternel, la source de tous les êtres, dont la plénitude est infinie, et comme la première de ses perfections, qui veut être adorée très-distinctement. C'est pour cela qu'il dit à Moïse : *Je suis Celui qui est*. Je voyais donc que toutes les créatures qui ont été, qui sont, et qui peuvent être, sont comme autant d'écoulements de ce seul Être éternel ; qu'elles ne sont, ne subsistent que par lui et pour lui, attendu qu'il a tout fait pour sa gloire. Je connus encore que c'est pour cela que nos âmes sont immortelles ; que ce qui imprime l'image de Dieu en elles, c'est qu'elles sont aimantes et intelligentes, étant un écoulement de l'Être divin qui s'aime, se connaît, et dont l'occupation éternelle est de se connaître et de s'aimer. Ce doit être aussi l'occupation de l'âme de connaître et d'aimer Dieu, de s'élever sans cesse vers lui, comme l'eau d'une fontaine bouillonnante qui s'élève aussi haut que sa source.

Je voyais, avec un extrême contentement, que l'amour de tous les hommes était un hommage continuel rendu à ce souverain et unique Être, éternel, immuable, indépendant et inaltérable. Je me réjouissais de pouvoir faire hommage, par ma mort, à ce souverain Être. Et, comme j'étais toute transportée de joie et d'admiration de la bonté de Dieu, il me fit connaître que, si les âmes étaient fidèles, il remplirait leur capacité de ses grâces, et les enrichirait des dons du Saint-Esprit. Il me dit : *Je ne cherche qu'à me répandre ; mais je demande des âmes pures.*

Je connus, alors, que mes péchés et mes infidélités ont fait opposition à la bonté de Dieu. Je me voyais coupable des grâces que je n'ai pas reçues, et que Dieu m'aurait faites, si, par mes péchés, je ne m'en étais pas rendue indigne. Cette connaissance, qui me fut donnée, d'avoir eu, et de pouvoir encore avoir de l'opposition aux bontés de Dieu, me confondait puissamment. Elle me pénétrait de regret pour mes péchés passés, et me faisait craindre de manquer de fidélité à l'avenir. Ce qui me faisait dire, avec grande ferveur : *Ne le souffrez pas, ô mon Dieu; mais plutôt accordez-moi la grâce que la mort prévienne en moi le péché.* Je sortis de cette oraison pleine de reconnaissance et de désir de ne plus vivre que pour Dieu, et de chercher, en tout, sa plus grande gloire.

Mon oraison de la nuit a été sur la tristesse de la très-sainte âme de Jésus-Christ dans le jardin des Oliviers. Je lui ai demandé qu'il me favorisât d'un écoulement de cette amertume, dont sa très-sainte âme a été remplie, répandant en moi l'esprit de pénitence et de componction. J'ai passé le reste de la nuit en des œuvres de pénitence.

CHAPITRE XIX.

Cinquième et sixième jour de sa retraite à Tulle, en 1705. — Elle considère l'obligation où elle est de ne plus vivre que pour Dieu, à cause de ses fréquentes communions. — Elle voit le droit que chaque communion donne à Dieu sur son âme, et comment, par la donation de Jésus-Christ à l'âme et de l'âme à Jésus-Christ, le divin Maître peut continuer les divers états de sa vie, dans les âmes, jusqu'à la fin du monde. — Transport de reconnaissance et d'amour à la vue de ce droit de Jésus-Christ sur son âme. — Oraison du soir, sur la présence de Dieu. — Admirables lumières communiquées à son âme. — Sixième jour. — Elle médite sur ces paroles: L'amour est fort comme la mort.

Mon oraison du matin fut sur l'obligation que j'ai de ne plus vivre que pour Dieu, à raison de mes fréquentes communions, qui me doivent faire passer en Jésus-Christ pour ne plus vivre que de sa vie, et n'agir que par son esprit. Car la fin qu'il a eue en instituant ce divin mystère, a été de nous transformer en lui, de nous communiquer son esprit, ses dispositions, ses vues et inclinations, et, par elles, de glorifier son divin Père. Ce divin Jésus me fit connaître que chaque communion lui donnait un nouveau droit sur moi. Non que je ne lui appartienne tout entière par le seul titre de création; mais il me fit comprendre que la communion ne nous donne pas moins à Jésus-Christ qu'elle ne nous donne Jésus-Christ; que, par cette mutuelle donation, il peut continuer les différents états de sa vie voyagère dans l'âme, y continuer ses mystères, j'entends sa vie cachée, sa pauvreté, le zèle de la gloire de son divin Père, ses travaux, sa vie pénitente, ses opprobres, ses confusions, ses souffrances et sa mort.

Je prenais grand plaisir à ce droit de Jésus-Christ sur moi. Je le priai d'en user en Souverain, consentant amoureusement à le suivre depuis la crèche jusque sur la croix. J'en sentais même une violente soif, et lui disais, dans un doux transport : *Attirez-moi, ô Amour, et me faites courir à l'odeur de vos parfums. Que je monte à la montagne de la myrrhe, et que je me consomme sur l'autel de votre croix. Que je devienne la victime de votre gloire en reconnaissance de ce que vous vous êtes fait victime pour mon salut.* Il me fit entendre ces paroles : *Ne manque pas de confiance ni de fidélité ; aime comme tu es aimée ; l'amour se paie par l'amour ; tout consiste à être fidèle.*

Ces paroles me laissèrent dans un grand amour envers Jésus-Christ crucifié. Pleine de confiance en la force de sa grâce, et comprenant bien que ma fidélité serait bien plus son ouvrage que le fruit de mes efforts, je lui demandai cette grâce, en toute humilité. J'allai communier en cette disposition, me donnant à Jésus-Christ pour l'accomplissement de tous ses desseins sur moi, et m'abandonnant au divin pouvoir de sa grâce. Mon occupation, après la sainte communion, fut en des sentiments assez conformes à ceux que j'avais eus dans l'oraison. J'en demeurai pénétrée toute la journée.

Dans mon oraison du soir, m'étant mise en la présence de Dieu, j'en fus doucement occupée, me trouvant toute pénétrée de Dieu présent. Je voyais fort distinctement comment cette divine essence remplit tout. Je le peux voir partout, comme partout j'en suis vue. Partout je puis lui rendre les hommages que la créature doit à son Dieu : l'adoration, l'amour, l'obéissance; et entretenir avec lui un commerce secret, que toutes les créatures ensemble ne sauraient interrompre. Comment ai-je vécu si long-temps dans l'oubli de Dieu? C'est cette perte de la présence de Dieu qui me précipita dans tous les péchés que j'ai commis en toute ma vie. Car, qui pourrait pécher, ayant Dieu présent? Votre sainte présence, ô mon Dieu, donne à l'âme une espèce d'impeccabilité. Vous nous l'avez fait comprendre, lorsque, donnant vos conseils à votre saint patriarche Abraham, vous ne le chargeâtes pas d'un grand nombre de préceptes, mais vous lui dîtes seulement : *Marchez devant moi, et vous serez parfait.*

O mon Dieu, qui n'embrasserait un moyen si facile? Que je ne vous quitte donc jamais! que je vous aie toujours bien présent, par une foi vive, animée d'une ardente charité! Que votre sainte présence me tienne toujours dans le respect, l'adoration et l'amour, dus à votre divine majesté!

Mon oraison de la nuit a été la flagellation de

Jésus-Christ; et, après quelques réflexions, je me suis trouvée pleine d'affection et de reconnaissance envers Jésus-Christ flagellé, qui, en cet état, glorifie puissamment son Père. J'ai tâché de faire hommage à ce mystère, par une petite immolation.

SIXIÈME JOUR.

Mon oraison du matin fut sur ces paroles : *L'amour est fort comme la mort*; et il me semblait les voir très-bien exprimées dans le Saint Sacrement de l'autel, où l'amour de Jésus-Christ le met dans un état de mort et de victime immolée, tant pour glorifier son Père, que pour nous nourrir de ce divin aliment. Mais il veut être reçu comme il se donne; demandant des âmes en qui son amour soit fort comme la mort, et que cet amour ait fait mourir au monde, à elles-mêmes et à toutes les satisfactions naturelles, à tout ce qui est, mais qui n'est pas Dieu.

O force admirable de l'amour divin, que vos effets sont doux! et que les impressions de mort que vous opérez sont désirables! Heureuse mort que celle qui est causée par la force du divin amour! C'est vous, qui êtes véritablement précieuse aux yeux de Dieu.

CHAPITRE XX.

Maladie de Marcelline, en 1707. — Le 8 mai, fête de l'apparition de l'archange saint Michel, elle est comme hors d'elle-même, en méditant ces paroles : Qui est semblable à Dieu? *— Elle communie, et entre dans un profond ravissement. — Dans cet état, ne tirant aucun secours de son âme pour soutenir le corps, elle tombe, et se blesse la tête contre le pavé. — Malgré la chute et la blessure, elle reste encore ravie. — Revenue à elle-même, son premier soin est d'aller servir les pauvres. — Sa soif ardente de souffrir. — Le divin Maître lui montrant tout ce qu'il avait souffert pour elle, lui dit :* L'amour rend les amants égaux. *— Effet de cette parole. — Son bonheur de pouvoir suivre Jésus-Christ crucifié.*

ÉTAT DES DISPOSITIONS OU JE ME SUIS TROUVÉE DANS LA MALADIE QUE J'AI EUE, ET QUI A COMMENCÉ LE 8 DU MOIS DE MAI 1707.

PAR OBÉISSANCE.

Il est bien juste, mon très-honoré Père, de vous obéir, puisque vous vous entendez si bien avec l'esprit de Dieu, qui ne m'a pas plus tôt inspiré une chose, que vous me l'ordonnez presque dans le même temps. C'est ce qui me rassure contre le doute où je suis si cet ordre est dans l'esprit de Dieu. Dès-lors que la sainte obéissance s'en mêle, me voilà calme. Quoique vous sachiez déjà toutes choses, il faut, ici, vous rendre un nouveau compte, s'il plaît à Dieu de me faire souvenir de toutes ses miséricordes. Qu'à jamais il soit loué de toutes ses créatures !

Il faut donc commencer, après avoir reçu votre sainte bénédiction.

Mon mal commença le 8 du mois de mai, jour de l'apparition de saint Michel. Je fus fort occupée, dans mon oraison du matin, de la belle devise de cet Archange : *Qui est semblable à Dieu ?* Je prenais de grandes complaisances à savoir que Dieu est le seul Être, le seul se suffisant à lui-même, le seul indépendant, dont la souveraine félicité est attachée à sa divine essence. Toutes ces vues enflammaient mon cœur d'un ardent amour, et d'une profonde adoration de cette auguste majesté. Je fus entendre la sainte messe et communier dans ces dispositions.

Incontinent après la sainte communion, j'entrai dans un profond ravissement à la vue de cette haute Majesté, dont la grandeur infinie ne dédaigne pas de se communiquer à ses petites créatures. Dieu éleva mon âme et la remplit de si hautes connaissances de ses divines perfections, de ses attributs, de ses amabilités, de ce qu'il est de toute éternité en lui-même, de ses divines productions, que mon âme, tout abîmée dans cet océan de lumières, ne pouvait contenir l'excès de tant de miséricorde.

Il me fit comprendre, dans un instant, comment les esprits célestes, ces pures intelligences, la sainte Vierge, les saints, tous les bienheureux sont et seront éternellement occupés à adorer et à révérer sa sainteté. Cette sainteté de Dieu s'étant appliquée à mon âme, la consumait comme un feu dévorant, ou, pour mieux dire, n'en consumait que les impuretés, et la remplissait d'un zèle infini de sa gloire, et d'un si violent amour, que, ne pouvant se contenir, elle faisait effort pour s'aller unir au souverain bien. Mon abstraction fut si grande que, le corps ne recevant point de secours de l'âme, et se trouvant d'ailleurs faible et épuisé, je tombai à la renverse. Ma tête ayant porté fortement sur le pavé, le cerveau s'en trouva offensé, comme je le dirai dans la suite. Quelque forte que fût ma chute, elle ne fut pas capable de me faire revenir. Quelques personnes charitables s'empressèrent de me faire reprendre mes sens ; et, à force qu'elles me tourmentèrent, je revins à moi avec bien de la peine et de la confusion.

Mon premier soin fut de prier qu'on ne parlât de cela à personne. Je n'étais pas assez à moi-même pour sentir le mal que je m'étais fait. Je voulus m'appliquer à servir mes pauvres. Mais j'étais si abîmée en Dieu, que je ne pouvais faire mes œuvres. Voyant cela, je m'adressai à Dieu, et je lui dis, avec une grande simplicité : *O mon Souverain, je ne refuse pas d'être toute à vous; possédez tout mon cœur, et recevez-en toutes les affections; mais laissez-moi la liberté de mes sens, pour travailler à votre gloire.*

En effet, je me trouvai d'abord libre, pour satisfaire à mon devoir. Je commençai ensuite à sentir mon mal; mais mon application intérieure était plus forte que tout le sentiment. Toute la journée se passa dans une union et ferveur très-grande. Je voyais bien les symptômes du mal que je m'étais fait, mais je n'étais pas capable d'y donner mon attention. Par votre ordre, mon très-honoré Père, je fus saignée le soir même. Ma ferveur, qui avait été comme captive, pendant le jour, augmenta le soir; et, pendant la nuit, mon oraison et union à Dieu fut continuelle. Je sentais cependant mon mal. Le lundi et le mardi, il s'augmenta très-fort. Mais la bonté de Dieu m'avait déjà prévenue d'un ardent amour pour les souffrances, dont je sentais une soif très-ardente. Le mardi au soir, on me fit une incision qui fut très-douloureuse, et on me donna moyen de satisfaire un peu mon ardeur. Ces divines perfections de Dieu me tenaient dans une adoration et un recueillement continuels. Cet état dura jusqu'au vendredi, en de très-grandes douleurs. Les symptômes étaient encore plus fâcheux.

J'eus une envie très-forte, dans la sainte communion, de m'abandonner entièrement à Dieu, ne pouvant vouloir que son bon plaisir. Ces paroles de Jésus-Christ me venaient continuellement en pensée : *Ma nourriture est de faire la volonté de Celui qui m'a envoyé et d'accomplir son dessein.* Enfin, après la sainte messe, mon mal se déclara par des faiblesses fréquentes. Le médecin, étant venu, me dit que mon mal était sans remède, à moins que d'en venir promptement à l'opération du trépan; mais qu'il y avait tout à craindre du côté de ma faiblesse; que, sur cela, je pensasse à moi.

Ma première pensée fut de me remettre à la sainte obéissance; et, prévoyant bien que les convulsions qui avaient déjà commencé, augmenteraient et me jetteraient dans quelque transport, qui ne me laisserait pas la liberté de faire usage de mes souffrances, je me prosternai devant Dieu pour adorer ses desseins sur moi, acceptant, de tout mon cœur et même avec joie, la souffrance et la mort, si c'était son bon plaisir. En effet, le soir, je perdis presque toute connaissance; mais non pas le sentiment de mon mal, et encore moins, ô mon Dieu, votre sainte présence, qui ne me rendait pas moins abstraite que mon mal. Car j'étais occupée intérieurement dans des actes d'amour très-pur. Ce divin Jésus se présentait à mon âme avec tout ce qu'il avait souffert pour mon amour, et me disait, d'un ton capable de faire fendre le cœur : *Ma fille, l'amour rend les amants égaux.*

Je répondis à ces paroles du divin Maître par un acquiescement complet et un désir très-grand d'en voir l'entier accomplissement. Tout cela se passa intérieurement sans que j'en disse rien. Car, mon cerveau étant affecté, je perdis connaissance; et, dans les petits intervalles que j'avais, j'aurais bien voulu parler, mais je n'étais pas assez libre, et je craignais d'être trompée. Enfin, avant minuit, je revins en une parfaite connaissance, et Notre-Seigneur me dit encore: *Ma fille, l'amour rend les amants égaux; veux-tu me ressembler dans mes souffrances?* Je répondis, avec un transport d'amour très-fort: *Oui, mon Sauveur, sans plus différer; hâtez-vous; me voici.* Je fus, dans le moment, pénétrée de douleurs très-vives dans tout mon corps. Ma tête était pressée comme dans un cercle de fer, plein de pointes. Je sentais comme des coups de fouet redoublés par une main très-forte, et, cela, dans tout le corps. Je souffrais aussi dans les mains et dans les pieds, comme si on me les eût percés avec violence. Je m'adressai donc à mon Sauveur et je lui dis: *O mon cher Amour, tout va être découvert; redoublez, si vous voulez, mes douleurs, mais qu'il n'y ait point de sang, et que l'on n'entende rien de tous ces différents coups.* Il me dit: *Non, ma fille; mais, dans quelques heures, tu le répandras par la main des hommes; car je le veux; ne cache rien à ton père spirituel; je veux qu'il voie ceci.*

Mes douleurs aux mains, aux pieds, au côté se redoublaient, de moment en moment, avec une force si grande, que je ne pouvais m'empêcher de crier; non pas pour me plaindre de mes souffrances, car je les aimais, aussi bien que la main qui me frappait; mais je sentais cependant l'impuissance de la nature à souffrir de tels maux; et, comme il me semblait, quelquefois, qu'elle succombait, je criais promptement : *Soutenez-moi, mon Dieu, car la nature succombe; je n'en peux plus.* Je ne demandais pas d'être soulagée, mais soutenue, pour pouvoir souffrir plus long-temps; car je ne craignais rien tant que de voir finir mes souffrances. Mon occupation intérieure, pendant ce temps, était toute de reconnaissance envers Jésus-Christ, de ce qu'il avait souffert pour moi. Il me faisait entrer en ses saintes dispositions, en remplissant mon âme du zèle de la gloire de son divin Père. Je sentais une joie infinie de me trouver en cet état, de pouvoir suivre Jésus-Christ crucifié. J'étais toute pénétrée de reconnaissance de ce qu'il daignait me donner un peu de part à ses sacrées dispositions; de manière que j'étais, tout à la fois, en souffrance et en jouissance. Je crois que cela pourrait bien se nommer purgatoire délicieux, où le corps souffre et l'âme jouit.

CHAPITRE XXI.

Traits de feu lancés à son cœur; blessure. — Paroles du divin Maître pour l'encourager. — Elle demande et reçoit le viatique. — Transport d'amour, soif de partager la croix de Jésus-Christ. — Le divin Maître lui annonce qu'elle va entrer en lice pour souffrir. — Les médecins se préparent à lui faire l'opération du trépan; son courage pendant l'opération. — Tandis qu'elle est martyrisée par les hommes, elle s'abîme devant la sainteté infinie de Dieu, lui offrant ses souffrances en hommage. — Dans les défaillances de la nature, elle s'unit à l'âme de Jésus-Christ au jardin des Oliviers. — Grâces dont Notre-Seigneur la comble durant les huit premiers jours de sa maladie.

Les douleurs qui m'étaient les plus sensibles, et cependant les plus chères, étaient certains traits de feu qui m'étaient portés au cœur. C'était une blessure brûlante qui m'embrasait le cœur d'un ardent amour, et le dilatait, lui donnant une nouvelle ardeur pour la souffrance. Je criais pourtant, et m'entretenais avec mon père spirituel; car j'avais reçu cet ordre, dès le commencement de cette opération, de ne lui rien cacher. Cela dura jusqu'à quatre heures que mes grandes douleurs cessèrent. Je commençai à me plaindre à mon Bien-Aimé. Il me dit : *Fortifie-toi, aie bon courage ; tout n'est pas fait ; mais, je serai ton viatique, dans ce qu'il faudra souffrir ; souviens-toi que c'est la voie que j'ai choisie pour glorifier mon Père.*

Aussitôt, je demandai à recevoir le saint-viatique, ce qui me fut accordé, avec bien de la miséricorde. Lorsque le prêtre me le présenta, et qu'il me dit ces paroles : *Recevez, ma sœur, le viatique, qui est le corps de Notre-Seigneur Jésus-Christ, qui conduira votre âme à la vie éternelle* ; à ces paroles de viatique, je fus pénétrée d'un ardent amour pour Jésus-Christ crucifié et pour sa croix. Mon âme était comme toute liquéfiée, et dans de si grands transports, que je perdis toutes les instructions que mon père spirituel me donnait. Aussitôt que j'eus reçu mon divin Maître, il lia doucement toutes les puissances de mon âme, les enivra de son amour, et me dit : *Eh bien! ma fille, régnerai-je maintenant sans plus de restriction ?* Je n'eus rien à lui répondre, mais mon âme se répandait, comme l'eau, devant lui, et n'avait qu'un acquiescement respectueux et plein d'amour, s'abandonnant sans réserve à tous ses divins pouvoirs. Cela ne dura pas plus de deux heures. Il me dit, alors : *Ma fille, il est temps ; il faut entrer en lice ; ce sera la main des hommes qui agira, mais je suis ton viatique.*

Je fus soudain dans le délire, avec transport au cerveau, perdant toute connaissance, ce qui dura plus de deux heures. C'en fut assez pour déterminer les médecins à faire l'opération. Ce grand transport cessa, et je revins en une parfaite connaissance. On me demanda mon sentiment. Comme j'avais reçu ordre de le dire, je répondis que je croyais cette opération nécessaire. On y procéda incessamment.

Pendant qu'on préparait tout ce qu'il fallait pour cela, je m'entretenais avec mon divin Sauveur, le suppliant de me soutenir dans cette opération, et de me donner assez de force et de présence d'esprit pour ne rien perdre de mes souffrances. Je craignais qu'il ne m'arrivât quelque faiblesse qui me privât de tout le sentiment de mes maux. Je craignais encore que mon père spirituel ne s'y trouvât; qu'il n'y eût ainsi quelque consolation humaine, et que la force de ses paroles ne diminuât mon attention, tant envers Dieu, que dans le sentiment de mes maux. Enfin, le moment vint qu'il fallut donner ma tête. O mon Dieu! quelle miséricorde ne me fîtes-vous pas dans ce moment! Vous me donnâtes assez de zèle et de courage pour vous dire : *O mon grand Dieu, que n'en ai-je mille pour vous les offrir!*

Je ressentis, en effet, des douleurs que je ne peux exprimer. Pendant que la main des hommes agissait sur moi, j'étais tout abîmée en respect devant la sainteté de Dieu, à qui je désirais faire hommage, par mon état, me tenant unie à Jésus-Christ dans tous les hommages qu'il a rendus à son divin Père par toutes ses souffrances. Je demeurai dans cette disposition de respect et d'adoration, depuis les onze heures que cette opération fut faite, jusqu'à trois heures du soir, que je ressentis les répugnances de la nature et sa faiblesse lorsqu'elle est abandonnée à elle-même. Car je me sentis dans des craintes, des horreurs, et des répugnances horribles, la grâce s'étant retirée avec toutes les douces dispositions dont elle remplissait mon âme, un moment auparavant. Je fis effort, me ressouvenant de cet abîme de tristesse où l'âme de mon Sauveur fut plongée dans le jardin des Oliviers. Je m'unis à sa disposition; et, m'élevant au-dessus de moi-même, je m'abandonnai, sans réserve, au bon plaisir de Dieu, et aux opérations des hommes. Je souffris bien, car j'étais tout abandonnée à ma douleur, n'étant point soutenue dans l'intérieur. Mais cette petite absence de mon Bien-Aimé ne dura pas long-temps : il vint de nouveau à mon secours, et fit surabonder ses miséricordes dans l'abîme de mon indigence.

Je passai les huit premiers jours dans une paix, une union et oraison continuelles. Je souffrais beaucoup, nuit et jour, de la plaie que j'avais à la tête. Outre cela, le divin amour me portait souvent des traits au cœur qui étaient comme de feu, ce qui me tenait dans une continuelle ardeur. Par mes souffrances, mon amour s'enflammait envers la nature divine qui s'est unie avec la nature humaine. Je voyais, dans cette union hypostatique, un Dieu anéanti devant un Dieu, un Dieu pauvre, souffrant et mortel. Je voyais comment tous ces états humiliés et anéantis de l'Homme-Dieu faisaient hommage aux perfections et aux attributs divins de Dieu le Père, qui, de toute éternité, y a pris ses complaisances. Je voyais que, par ce grand mystère, l'injure que l'homme a faite à Dieu, par sa désobéissance, était amplement réparée ; que l'homme pécheur était réconcilié avec Dieu ; que celui qui, auparavant, était l'objet de son indignation et de ses vengeances, devenait l'objet de son amour et même de ses complaisances, en entrant dans la voie et l'imitation des états du Verbe incarné, dont les anéantissements, la pauvreté, les souffrances, la croix et la mort me paraissaient infiniment précieuses et désirables.

Ce divin Sauveur m'en donna une faim si grande, qu'elle me réduisit en langueur. Il me faisait voir qu'il n'avait pas borné à trente-trois années de vie les hommages qu'il avait rendus à son divin Père ; mais qu'il continuerait de les lui rendre jusqu'à la fin des siècles, en vivant dans ses élus, y renouvelant ses états et se les rendant conformes ; que, plus ils lui étaient semblables, plus aussi ils étaient en état de lui faire hommage, et de s'attirer ses divins regards et même ses complaisances. Car nous ne pouvons lui plaire qu'autant que nous lui sommes conformes.

Je me consumais du désir de passer dans cette heureuse transformation de Jésus-Christ crucifié. Je sentais un grand fond d'estime et de respect pour les âmes en qui Jésus-Christ crucifié vit, et qui honorent cet état. Je gémissais sur l'aveuglement des mondains qui n'ont point de goût pour ces mets sacrés. Mon amour pour les souffrances se fortifiait de plus en plus; et la faim que j'en sentais, fut contentée.

Cette disposition continua jusqu'au mardi soir. Vers les cinq heures, je fus frappée, dans le corps et dans l'esprit, et je fus saisie d'une douleur de tête si violente, qu'elle me paraissait insupportable; et elle l'était, en effet, aux forces de la nature. Comme mon mal augmentait toujours, et qu'il commençait à m'ôter la liberté d'esprit, j'entrai dans de grandes frayeurs de devenir folle. Il me semblait avoir déjà l'esprit tout aliéné, et il en était quelque chose. Mais il m'en restait assez pour le connaître, et sentir tout le poids de cette humiliation. Mes douleurs étaient extrêmes. Je passai la nuit en cet état, me multipliant en actes de soumission et d'abandon au bon plaisir de Dieu. Je répétais souvent ces paroles : *Mon Dieu, je remets mon esprit entre vos mains.* Je sentis la force de ces paroles; et, cependant, elles ne m'ôtaient pas la crainte.

Enfin, le jour étant venu, je me trouvai dans un redoublement de douleurs si violentes, que je perdais toute connaissance et contenance. Quelque soumission qu'il y eût dans l'intérieur, je criais et n'étais pas libre de faire autrement. Mon père spirituel me parlait et tâchait de me rappeler ce grand amour que je lui avais si souvent dit que j'avais pour les souffrances. Il me semblait l'avoir encore. Je le lui disais; et je crois que c'était vrai; mais je n'en retirais aucun secours. Ma souffrance était pure et sans mélange de consolation.

CHAPITRE XXII.

―

Elle reçoit la sainte communion ; calme qu'elle éprouve en son âme. — Son abandon entier au bon plaisir de Dieu. — Le divin Maître lui dit pourquoi il veut qu'elle souffre à la tête, et lui annonce de grandes douleurs dans tout son corps. — A neuf heures du soir, elle se sent étendue sur la croix. — Elle supplie Notre-Seigneur de dérober cette opération de sa grâce aux yeux des assistants; ce qu'il lui accorde. Cet état de crucifiement dure depuis neuf heures du soir jusqu'à quatre heures du matin. — Ses lumières et ses douleurs. — Craintes qui lui viennent ensuite, et qu'elle soumet à son directeur.

Je demandai à recevoir la sainte communion, ce qui me fut accordé. Ce divin Sauveur me rendit le calme, opérant une soumission et un abandon si entier de tout moi-même à son bon plaisir, que toutes mes craintes de devenir folle se passèrent en ce moment. Il ne me resta que du contentement que Dieu se contentât. Mes douleurs continuaient; mais j'étais libre, et dans une grande paix intérieure.

Comme ma douleur de tête était forte, j'avais souvent la main dessus. Notre-Seigneur me dit : *Ma fille, je veux te faire comprendre ce que je fais, et ce que tu fais toi-même, sans le savoir : en appesantissant ma main sur ta tête, je veux que tu comprennes que j'ai droit sur toute la victime; et toi, en y portant la main, tu dois me dire que tu t'offres tout entière à soutenir mon opération. Prends donc courage. Je te ferai sentir, cette nuit, des douleurs dans tout le corps; je ne veux qu'acquiescement plein de respect et d'amour.*

A cette promesse, ne doutant nullement qu'elle n'eût son effet, je ne laissai pas de craindre. Ayant crié lorsque je ne souffrais que dans la tête, je me demandais ce que je ferais lorsqu'il y aurait à souffrir en tout le corps. Je craignais que celles qui me garderaient, ne s'aperçussent de mon état, et que mes cris ne les alarmassent. J'en témoignai ma peine à mon père spirituel, qui me rassura là-dessus, me disant que cela n'arriverait pas, ou que, si cela arrivait, Dieu prendrait soin lui-même de cacher son opération; ce qui arriva comme il me l'avait prédit.

Le soir, vers les huit heures, mes craintes

s'augmentèrent. Toute la nature frémissait d'horreur; j'étais, cependant, bien soumise intérieurement, et il y avait une certaine disposition foncière, qui désirait la souffrance. Enfin, à neuf heures, je me sentis pénétrée dans tout mon corps de douleurs très-vives, et étendue en forme de croix avec de grandes violences. Je suppliai Notre-Seigneur de me cacher dans le secret de sa face; de ne pas permettre qu'il m'échappât une seule parole de plainte, ni autrement, qui pût faire connaître mon état. Il m'accorda cette grâce. Je souffris son opération en silence, et avec de grands sentiments d'amour et de reconnaissance. Mon occupation intérieure, pendant cette opération, qui dura depuis les neuf heures du soir jusqu'à quatre heures du matin, fut de considérer Jésus-Christ, qui, sur sa croix, était essentiellement heureux et actuellement souffrant. Je tâchai de faire hommage à ces sacrées dispositions de mon Sauveur, dans lesquelles il me semblait qu'il me faisait entrer par la paix et la joie intérieure dont je jouissais, et par l'actuelle souffrance que j'endurais, qui était très-forte.

On ne peut dire, ni exprimer ce que c'est que

cette souffrance, sinon que c'est une impression de souffrance très-pure, qui va jusque dans la moelle des os. Le cœur y est percé et blessé. Sa blessure est comme une flèche de fer et de feu, qui cause de grandes douleurs; mais qui, en même temps, dilate et fortifie le cœur, et lui fait aimer la main qui porte le coup, et la plaie qu'il fait. La chair se sent percée de toutes parts. Il m'est arrivé souvent d'en porter les marques extérieures. La poitrine, en cet état, souffre comme si on l'arrachait. Mais les douleurs les plus violentes sont dans les nerfs et dans les artères. Ce que j'en dis, n'est pas encore ce qui en est. Il est plus aisé de l'expérimenter que de le dire.

A quatre heures, mes souffrances cessèrent; je veux dire ces sortes de maux. Mais j'étais toute brisée. Cependant, Notre-Seigneur me donna assez de force pour entendre la sainte messe et communier. Comme ce jour était la fête du Très-Saint-Sacrement, je fus fort pénétrée de l'excès de l'amour de Jésus-Christ dans ce grand mystère. Mon âme était toute en adoration, en amour et en reconnaissance.

Ces douces et si ferventes dispositions furent

changées, le dernier jour de l'octave, en des craintes et doutes sur mon état (1). Il me venait en pensée que tout en moi n'était qu'illusion et hypocrisie ; que je m'étais trompée moi-même, et que j'avais trompé mon père spirituel ; que je n'avais couru qu'après un fantôme, formé par mon imagination ; que, n'ayant aimé Dieu qu'en imagination, je serais privée éternellement de ce divin amour, et qu'il se trouverait que j'aurais passé la vie et l'éternité sans aimer Dieu. Ces considérations me déchiraient le cœur d'une

---

(1) Nous devons faire observer ici que ces doutes et ces craintes de la servante de Dieu n'infirment en rien la réalité et la certitude des faveurs dont elle vient de parler.

Dans les grâces surnaturelles que Dieu accorde à l'âme, telles que visions, apparitions, révélations, paroles divines, il y a, d'après les Maîtres de la vie spirituelle, deux temps à distinguer : celui où l'âme reçoit ces grâces, et les temps qui suivent.

Dans le temps où l'âme reçoit ces grâces surnaturelles, il n'y a jamais de doute en elle ; et il répugne qu'elle puisse douter. En voici la raison :

Quand Dieu veut accorder à l'âme une de ces insignes faveurs, il agit sur elle avec un tel empire pour la rendre attentive à son opération, et il l'éclaire intérieurement d'une lumière si vive, qu'elle sent et voit avec évidence que c'est Dieu qui agit en elle et qui est l'auteur de la grâce qu'elle reçoit. En sorte qu'il lui est impossible alors de concevoir le moindre doute.

Mais, dans les temps qui suivent, il n'en est plus ainsi. Rentrée dans son état ordinaire, l'âme n'est plus sous cette action de Dieu dont nous venons de parler, elle n'a plus cette vive lumière qui excluait le doute. Abandonnée à sa propre faiblesse, elle peut très-bien douter et

manière très-cruelle. J'en avertis, le samedi suivant, mon père spirituel, qui, avec une charité inconcevable, fit tous ses efforts pour me rassurer. Mais toutes ses paroles, quoique pleines du feu du divin amour, ne passaient point jusqu'à mon cœur. Il restait plongé dans la douleur, et dans une nuit si obscure que je ne pouvais rien entrevoir ; non pas même mon abandon, quoique je fusse abandonnée et, dans le fond de l'âme, soumise au bon plaisir de Dieu. Comme j'écoutais trop mes raisonnements, j'en produisais en foule

---

craindre ; et Dieu le permet, pour la tenir dans l'humilité. Et non-seulement l'âme peut avoir des doutes et des craintes sur telle faveur en particulier, mais encore sur l'ensemble des grâces reçues dans le cours de sa vie.

Les plus grands saints sont passés par de pareilles épreuves. Nous ne citerons que sainte Térèse. S'il y avait pour elle un jour mémorable, c'était bien celui où elle fondait son Ordre. Or, ce jour-là même, et à l'heure en quelque sorte qui suivait la fondation du Carmel réformé, son âme, Dieu le permettant ainsi, fut enveloppée de si épaisses ténèbres et agitée d'une si effroyable tempête, qu'elle se vit livrée à toutes les anxiétés de ce doute : tout son passé n'était-il pas une pure illusion ? Et environ cinq ans après, à la fondation du monastère de Medina del Campo, la même épreuve se renouvela.

Ainsi, comme nous le voyons, par la vie même des saints, les doutes et les craintes qui suivent les plus grandes faveurs spirituelles, ne prouvent rien contre la vérité de ces faveurs. Dieu les permet, comme nous l'avons dit, pour tenir les âmes dans l'humilité.

Ces principes exposés, le lecteur saura dans quel sens il doit prendre les doutes et les craintes de Marcelline Pauper, sur les admirables faveurs dont elle fait le récit dans sa *Vie* et dans ses *Lettres*.

à mon père spirituel; jusque-là que je lui répondis, d'une manière peu respectueuse, ce qui fut plutôt l'effet de mon trouble, que le défaut de respect et de confiance.

Cet état dure encore, quoique avec plus de paix, m'étant abandonnée sans réserve à tout ce qu'il plairait à Dieu d'ordonner de moi. Cette grâce m'est venue des prières que vous avez faites pour moi, mon très-honoré Père, vous rendant mon médiateur et ma caution auprès du divin Amour. Continuez-moi votre charité, quoique j'en sois très-indigne. Je ne peux rien dire davantage de cette épreuve dans laquelle je suis actuellement. J'ai écrit tout ceci dans mon état de crainte et de perplexité. Examinez-le, mon très-honoré Père, et pesez le tout, je vous en supplie, au nom de ce grand Dieu, que vous aimez et que je crains si fort de ne pas aimer. Aidez-moi à le faire. S'il faut passer par le fer et le feu, j'en suis contente. Usez de tous les châtiments que vous jugerez à propos. Quoi qu'il m'en coûte, je serai contente, pourvu que je répare les fautes que j'ai commises contre le saint Amour, et qu'il me soit permis de l'aimer en pureté. Pardonnez-moi, mon très-honoré Père, toutes les peines que je vous donne. J'espère qu'à l'avenir, je serai plus sage.

Je suis, avec tout le respect et la reconnaissance possibles, mon très-honoré Père, votre très-obéissante fille,

MARCELLINE PAUPER.

CHAPITRE XXIII.

ÉCRIT DE MARCELLINE PAUPER SUR LA NAISSANCE
DU VERBE INCARNÉ.

Les saints devoirs à rendre à l'Enfant-Jésus dans la crèche, pendant les quarante jours qu'il y demeure, en union d'intention aux intentions de Marie et de Joseph, des anges, des rois mages et des pasteurs, selon les mouvements reçus de Dieu par son Esprit divin.

PREMIÈREMENT, DEVOIR D'ADORATION.

Enfant-Jésus, prosternée de corps et d'esprit avec Marie et Joseph devant votre Humanité sacrée pour vous reconnaître comme mon souverain Seigneur, me voici à genoux, dans le plus profond respect, pour vous adorer comme mon Dieu et mon Sauveur, devant le trône de votre crèche ; pour vous protester que je voudrais, aux dépens de mon sang et de ma vie, vous voir connu et adoré aussi parfaitement de toutes les créatures qui sont sous le ciel, que vous l'avez été de tous les anges qui sont dans votre gloire. Ainsi soit-il.

DEUXIÈMEMENT, DEVOIR D'AMOUR.

Enfant-Jésus, tout amour pour moi en cet adorable mystère de votre naissance, le seul et véritable objet de toutes mes affections, avec Marie, Joseph et tous ceux qui aiment le plus tendrement votre sacrée Humanité dans la crèche, je vous aime de toutes mes forces et vous proteste que je voudrais avoir autant de cœurs, ardents en dilection pour vous aimer, qu'il y a d'anges et de bienheureux dans votre gloire, d'étoiles au ciel, d'oiseaux dans l'air, de feuilles et de fruits sur les arbres, de gouttes d'eau et de grains de sable dans la mer et de créatures sur la terre. Bien plus, Enfant-Jésus, pardonnez à mon zèle d'amour pour vous, je voudrais avoir votre propre cœur, pour vous aimer vous-même par vous-même, afin que vous fussiez aimé comme vous le méritez. Ainsi soit-il

TROISIÈMEMENT, DEVOIR DE REMERCIEMENT.

Enfant-Jésus, avec Marie et Joseph, tous les esprits bienheureux du ciel et les justes de la terre, je vous rends mille actions de grâces de votre naissance au monde pour me retirer de l'esclavage de Satan et m'ouvrir le Ciel, que le péché m'avait fermé pour jamais. Je vous présente, en hommage de ma reconnaissance, ce beau cantique de louanges que vous ont chanté les anges, en ce jour : *Gloire à Dieu au plus haut des cieux et paix sur la terre aux hommes de bonne volonté. Nous vous louons, nous vous adorons, nous vous bénissons, nous vous glorifions et nous vous rendons grâce. Ainsi soit-il.*

QUATRIÈMEMENT, DEVOIR D'OFFRANDE.

Enfant-Jésus, avec Marie et Joseph, avec les anges et les pasteurs qui vous offrent tout ce qu'ils ont de meilleur, afin de vous servir, je vous offre tout ce que je suis : mon âme avec ses puissances, mon corps avec ses sens, et ma vie entière, pour être employés à votre honneur, à votre gloire, à votre amour et à votre service. Ainsi soit-il.

CINQUIÈMEMENT, DEVOIR DE FIDÉLITÉ.

Enfant-Jésus, Marie et Joseph ne se séparent pas de vous pendant que vous êtes dans la crèche;

mais ils sont toujours près de votre humanité sainte, affectionnés à l'aimer, à la servir et à la caresser; je vous prie, qu'à leur imitation, je vous aie dans mon souvenir le plus continuellement qu'il me sera possible, et que je ne m'éloigne jamais de vous par le péché mortel, ni par le péché véniel, de propos délibéré. Faites aussi que je m'applique fidèlement à diminuer chaque jour le nombre des péchés véniels de surprise et le nombre des imperfections. Ainsi soit-il.

CHAPITRE SUPPLÉMENTAIRE.

LETTRE-CIRCULAIRE

DU PÈRE DE LAVEYNE, ADRESSÉE AUX SOEURS DE LA CHARITÉ ET DE L'INSTRUCTION CHRÉTIENNE DE NEVERS, SUR LA MORT DE MARCELLINE PAUPER.

Mes très-chères Sœurs,

S'il faut se réjouir quand arrive la mort des gens de bien, dit saint Cyprien, parce qu'ils sont délivrés des tentations de cette vie, combien devons-nous sentir de confiance et de consolations, tant de la vie que de la mort de notre chère sœur Marcelline, qui a été, dans l'une et l'autre, un prodige de patience, de charité et de piété. Le tableau abrégé que je vais en retracer, vous en donnera une idée simple et sincère.

Sa patience a été merveilleuse et uniforme, soit dans ses fréquentes infirmités, soit dans ses agonies, causées par ses veilles, par ses austérités et ses épuisements, soit dans des douleurs universelles, vives et très-aiguës, soit dans les opérations les plus violentes, comme celle du trépan. On l'a toujours vue tranquille, égale, contente, et si constante, qu'on eût dit que son corps était impassible. On l'entendait dire agréablement : *Seigneur Jésus, qui avez mesuré les souffrances, comme il vous plaît, vous savez que cela ne va pas mal.* Dans le temps qu'on lui ouvrait la tête, elle éprouva des maux inconcevables. Elle m'écrivit, ensuite, que le céleste Époux l'avait traitée fort doucement, qu'il avait mis sa main gauche sous sa tête, que de sa main droite, il la tenait embrassée, et que dans cet état elle disait avec le Prophète royal : *Vous m'avez formée, Seigneur, et vous avez tenu votre main sur moi; votre sagesse s'est fait admirer en moi; elle est élevée au-dessus de moi, et je ne peux y atteindre.* C'est ainsi, disait-elle, que Dieu a pitié d'une pauvre fille, comme je suis.

On ne saurait exprimer le plaisir qu'elle goûtait dans la croix de Jésus-Christ. Elle lui était plus chère que son corps et que sa vie; et, si elle avait pu lui rendre ce qu'il a payé pour nous, alors sa joie eût été parfaite. Qu'est-ce que ces moments de peine et de tribulation, sinon autant de gagné pour l'éternité? « Ah! disait-elle, que » Dieu est magnifique de donner tout pour » rien! » Je puis dire que si l'amour et la joie dans les souffrances sont les plus hauts degrés de la vertu chrétienne, elle y est parvenue. Sa disposition a été sans borne ni mesure. Sa patience a été étonnante. Dieu, qui lui a fait faire des mortifications de toutes sortes, connaît seul les saints excès où son divin amour l'a portée. Ayant éprouvé de tout, elle était préparée à tout, et elle pouvait dire, avec l'Apôtre : Je suis faite à tout : aux bons et aux mauvais traitements; à la faim et à l'indigence; aux flagellations sanglantes, mais d'une durée et d'une dureté démesurées, jusqu'à être renversée et tomber en défaillance dans son sang. Elle a passé par le fer et par le feu, par les eaux et par les épines. Elle a souffert la soif, jusqu'à se refuser une goutte d'eau durant quinze jours; et, pour en éteindre l'ardeur naturelle, elle la tourmentait par une mixtion de suie, de sel et de vinaigre, dont elle pensa mourir. Il semblait qu'elle n'avait plus de corps à ménager, ne lui accordant que très-peu de temps et de soin, par nécessité.

Notre très-chère et bienheureuse (1) sœur, était venue à bout de dompter la soif et le sommeil et de ne céder à aucune nécessité de la nature; elle n'était plus touchée de rien qui flattât ses sens. En sorte qu'on peut dire, en toute vérité, qu'elle était morte au vieil homme, au monde et à elle-même.

Sa charité a été vive, ingénieuse, compatissante et inépuisable. Elle a souvent répandu des larmes, et son sang, pour le salut des pécheurs. Elle s'est appliquée, comme une abeille industrieuse, à procurer aux pauvres malades tous les soulagements imaginables. Elle a pansé et guéri, par ses remèdes et par ses prières, des gens qui étaient désespérés et abandonnés par les médecins et chirurgiens. Un jour, elle rencontra une femme débauchée. Elle la toucha, et lui remontra qu'elle entraînait avec elle des âmes dans la damnation. Elle lui donna un de ses vêtements, quelque argent, et l'obligea de se retirer.

---

(1) Si nous transcrivons ce mot de *bienheureuse*, c'est pour reproduire fidèlement ce document inédit, et non pour prévenir le jugement du Saint-Siége.

Sa piété a été si pure, si sincère, si solide, si intérieure et si parfaite, que je peux assurer que son âme a été un sanctuaire où la majesté de Dieu était continuellement adorée; que son cœur a été un autel, où le feu et l'encens brûlaient nuit et jour; je veux dire qu'elle était unie à Dieu sans interruption, lui rendant des adorations secrètes et une gloire perpétuelle, comme les séraphins d'Isaïe, qui louent sans discontinuation le Saint des Saints. Elle avait la plus haute idée de la suprême majesté de Dieu, de sa puissance, de son immensité, de son immutabilité, de sa sainteté, de sa félicité, de son éternité. Elle en parlait et en écrivait, comme on le verra dans l'histoire de sa vie, d'une manière si extraordinaire et si élevée, que le public en sera surpris et charmé (1).

Son principal attrait a été le mystère de la très-sainte Trinité, comme le premier et le plus

---

(1) On voit par ce passage, que le Révérend Père Dom de Laveyne se proposait de publier la vie de Marcelline, écrite par elle-même. Par quelles raisons, par quelles circonstance, en fut-il empêché? Nous l'ignorons. Après cent soixante-deux ans, voilà son pieux dessein réalisé. Malgré ce long intervalle, nous pensons comme lui, qu'à la vue de cette perle, *le public sera surpris et charmé.*

grand de tous, comme l'objet de la dévotion de Jésus-Christ, et la fin de tout le culte chrétien. Son oraison ne gardait aucune méthode; car l'amour n'a point d'ordre. Elle se livrait à l'Esprit-Saint pour apprendre de lui toute vérité. Elle se donnait continuellement à la seconde personne, le Fils, qui s'est fait homme pour être crucifié et sauver les hommes. Elle était comme clouée, en chair et en esprit, à sa croix. Il lui arriva, un Vendredi-Saint, qu'étant allée l'y adorer, il lui fit sentir et comprendre quel avait été l'excès et la violence de l'amour qui avait égorgé cette adorable victime sur la croix, et qui l'avait, ensuite, préparée en nourriture pour l'homme, sur les autels. Ce sentiment s'imprima si avant dans son cœur, qu'il lui fut impossible d'ôter sa bouche de dessus le crucifix, avant d'avoir promis à ce Dieu mourant deux choses : l'une, de faire toujours ce qui lui serait le plus agréable, et l'autre, d'accomplir cette parole, qu'elle avait lue dans Jérémie, et qu'elle me rapporta en latin : *Mittamus lignum in panem ejus;* « Mettons du bois dans son pain »; ce qu'elle interprétait du bois de la croix, qui est comme un sacré levain qu'il faut mêler dans le pain de l'Eucharistie. Ce pain, qui est la chair de Jésus-Christ, ne rassasie que ceux qui ont soin de crucifier leur chair avec ses passions et ses désirs déréglés, comme l'ordonne saint Paul. Selon cet apôtre, toutes les fois que nous mangeons cette hostie immolée, nous annonçons la mort du Seigneur, jusqu'à ce qu'il vienne.

Notre très-chère sœur avait compris que ces trois choses doivent être inséparables de la sainte communion : une foi vive de la réception du corps et du sang de Jésus-Christ, l'annonce de sa mort, et l'attente de son retour. On n'annonce sa mort, dont nous sommes les fruits, qu'en lui offrant sa vie par les travaux de la pénitence; car, on ne peut être son disciple que par les souffrances de cette vie. On n'attend son retour que par le détachement des créatures, par la vigilance dans les prières et par la pratique des bonnes œuvres. « C'est ainsi, disait cette vertueuse sœur, que l'on entre dans les dispositions et les sentiments où a été Jésus-Christ, qui a désiré, avec une ardeur infinie et perpétuelle, de manger cette Pâque avec ses disciples, avant que de souffrir. »

Elle était si persuadée que toute la religion de Jésus-Christ n'est qu'amour et croix, que, de même que la lettre O est au milieu de ces deux mots : AMOUR et CROIX, aussi ces deux vertus sont l'âme et le centre du christianisme. C'est ce qu'elle m'a dit lui avoir été révélé. Une nuit qu'elle reposait, une voix forte la réveillant lui dit : *Lisez*. Elle vit aussi une grande lumière et une main qui lui présenta ce mot écrit en lettres d'or : AMOUR. Elle considéra fort attentivement l'O, qui se trouve au milieu de ce mot, dont la figure excellait; et cette même voix lui dit : *Considère-le tant que tu voudras; tu n'y connaîtras ni commencement ni fin, et sa profondeur en est infinie; c'est ainsi que j'aime et que je veux être aimé.*

Cela disparut; et, dans l'instant, la même voix lui répéta encore : *Considère*. Et elle vit, dans cette main, écrit, de même, en caractères d'or, CROIX; l'O, également, au milieu, d'une beauté infinie. Et il lui fut dit : *L'un s'éprouve par l'autre; marchez avec moi, et me regardez comme toujours aimant les hommes et souffrant pour eux.* Elle ne vit et n'entendit plus rien; mais il lui en resta des impressions inexprimables, une faim et une soif de la charité et de la justice insatiables. Il n'y a rien au monde qu'elle n'eût entrepris de sacrifier et de souffrir pour se rendre semblable à Jésus-Christ, qui a été, à son égard, ce que l'original est à l'égard des copies qu'on en tire.

Notre chère sœur, dans la contemplation et la participation de la sainte Eucharistie, recevait la récompense de sa mortification parfaite. Elle y goûtait une douceur et une suavité, comme d'un vin nouveau et tout bouillant, dont les martyrs ont été tellement enivrés qu'ils n'ont pas senti leurs tourments, disent les saints Pères. Combien de fois a-t-elle répandu son sang, après la communion, en y trouvant un plaisir merveilleux, et en éprouvant que cette chair, vraiment vivifiante, était un miel très-doux, formé des amertumes de la passion de Jésus-Christ, et qui rend douces, aux âmes qui l'aiment, les amertumes de la croix.

Je ne pense pas que personne ait expérimenté cet effet plus favorablement. Elle aurait souhaité, par des anéantissements et un martyre continuels, restituer à Jésus-Christ ce qu'il avait enduré pour notre amour. « Mais comment, disait-elle, mériterais-je de mourir pour lui, n'étant pas digne de vivre? »

Elle goûtait tant de délices dans l'usage de cette manne cachée, qu'elle m'a souvent demandé d'aller s'en nourrir dans le désert, et de s'y consumer dans l'oraison et dans la pénitence. Son attrait pour la solitude et son empressement ont été si enflammés, qu'un jour elle m'écrivit que j'étais plus sévère et plus inflexible, à son égard, que Laban n'avait été envers Jacob, à qui il accorda sa chère Rachel après quatorze ans de service, et qu'elle, après dix-huit ans, n'avait pu obtenir de moi un lieu de retraite pour y achever son sacrifice. Elle a passé quantité de nuits, au pied de l'autel, à adorer et à contempler les admirables inventions de l'amour divin, dans ce mystère de vie et de mort, qui comprend tout ce que Dieu peut donner à l'homme, et tout ce que l'homme peut offrir à Dieu de plus digne de Dieu. Elle était en possession de cette disposition de la sainte Vierge, dont l'Évangile dit, qu'elle repassait dans son cœur tout ce qui regardait Jésus-Christ. Notre bienheureuse sœur conservait dans le sien la vie de son Sauveur, ses paroles, ses états, ses mérites. Elle s'en occupait intérieurement par une attention que ses occupations n'interrompaient pas; s'en entretenant dans son cœur, non par des pensées stériles, mais par une fréquente piété, par des impressions intimes, et par l'imitation des actions de Jésus-Christ. Elle demeurait comme transformée et perdue en lui. Respectez, mes chères sœurs, ces saintes communications, et louez le Seigneur, qui mène l'âme comme il lui plaît.

Je ne vous dirai rien de sa mort. Il suffit de vous envoyer une copie de la lettre de M. Michel, grand vicaire et supérieur du séminaire de Tulle, homme excellent en vertu et en science. MM. les Curés de la ville m'ont également fait l'honneur de m'en écrire, avec de grands éloges, la traitant de bienheureuse.

Il ne me reste plus qu'à vous exhorter, mes très-chères sœurs, à bénir le Père des miséricordes qui nous confirme, par cet exemple de sainteté, lequel surpasse tous ceux que nous ont laissés nos autres sœurs, qui reposent dans le sein de la paix, combien lui est agréable notre institut. On doit le regarder comme le supplément et l'accomplissement d'une infinité d'offices de charité. La charité pour le prochain est une obligation qui nous atteint tous ; puisque l'amour cordial et effectif du prochain renferme, selon saint Paul, toute la plénitude de la loi, et nous donne l'assurance, dit saint Jean, que nous sommes enfants de la vérité. Sans elle, tout n'est rien ; et qui ne l'a pas, n'est rien.

C'est une chose surprenante que cette âme, si appliquée et si unie à Dieu, ait été d'une exactitude universelle pour les œuvres de sa profession ; ayant observé, en tout temps et en tout lieu, les deux règles de la charité chrétienne, qui sont de servir Dieu avec la pureté de cœur, et de secourir le prochain avec l'activité de la véritable charité. Veillez, mes très-chères Sœurs, pour ne jamais blesser la première règle, et pour pratiquer fidèlement la seconde.

Accomplissons durant notre vie ces deux obligations, et nous posséderons la même gloire et la même récompense. Ainsi soit-il.

In charitate perpetua dilexi te, ideo attraxi te miserans. (Jer. cap. xxxi.) Je vous ai aimé d'un amour éternel ; c'est pourquoi je vous ai attiré à moi par la compassion que j'ai eue de vous.

SECOND CHAPITRE SUPPLÉMENTAIRE.

───

LE JOUR DES FUNÉRAILLES DE MARCELLINE PAUPER, L'ÉVÊQUE DE TULLE PUBLIE SA SAINTETÉ. UN AN APRÈS SA MORT, IL CONSTATE LES GUÉRISONS OBTENUES PAR SON INTERCESSION, ET LA CONSERVATION MIRACULEUSE DE SON CORPS. — IMPORTANTS TÉMOIGNAGES DE QUELQUES AUTRES CONTEMPORAINS.

En tête d'une des plus anciennes copies de la *Vie* de Marcelline Pauper, nous trouvons le document suivant :

« On comprendra aisément, dit la copiste, que la Mère Marcelline n'a fait connaître les grâces exceptionnelles et étonnantes dont Dieu l'a comblée, que par le devoir de l'obéissance dont elle faisait son devoir capital. On comprendra aussi que le Père de Laveyne ne lui aurait pas fait ce commandement, s'il ne l'avait connue enracinée dans l'humilité, fruit de la charité dont son cœur était rempli.

» Mais combien son récit est abrégé !

» Sœur Marcelline, dans sa *Vie*, ne parle pas des retraites de dix jours qu'elle faisait avec tant de ferveur, et qu'elle poursuivait sans prendre aucune nourriture.

» Elle passe également sous silence bien des faveurs extraordinaires qu'elle reçut du Seigneur : entre autres, celle de l'élévation de son corps de deux pieds au-dessus de son lit, qu'elle croyait, dans son humilité, avoir été l'effet d'un état nerveux. Mais une de ses compagnes, sœur Julitte Bernard, qui était son inférieure, à Tulle, m'a assuré avoir été témoin de ces grâces particulières, et de quantité d'autres merveilles, qu'une plume, plus habile, pourra retracer.

» Je me contente d'ajouter qu'au même jour de l'inhumation de notre pieuse et vénérable sœur, Monseigneur l'Évêque de Tulle monta en chaire pour faire son éloge, qui était déjà gravé dans tous les cœurs.

» L'année suivante, le même prélat, après avoir examiné l'authenticité des guérisons obtenues par ceux qui invoquaient sœur Marcelline, et constaté l'intégrité dans laquelle il avait plu à Dieu de conserver son corps, ce prélat, dis-je, reparut dans la chaire épiscopale pour publier, à la gloire du Seigneur et à l'édification de son peuple, la vénération qu'il éprouvait pour la servante de Dieu, dont la sainteté se révélait d'une manière si évidente aux yeux de tous. »

A ces témoignages nous ajouterons celui de l'historien du Père de Laveyne. Voici comment il parle des premières sœurs de la congrégation, et de Marcelline Pauper en particulier :

« Enfin, tout le monde convient que ces pieuses filles méritent tous les éloges que je viens de rapporter, et de plus grands encore, par leur zèle et leur application continuelle à remplir les devoirs de leur état. Plusieurs sont mortes en réputation d'une haute piété. Sœur Marie Renaut, sœur Paule Taupin ; sœur Marcelline Pauper, morte à Tulle, y est considérée comme une sainte ; sœur Anne Le Geai, sœur Scholastique de Marchangy, et tant d'autres, ayant fini leur course, sont enfin arrivées au lieu dans lequel Dieu récompense les justes. »

La ville de Tulle, qui eut le bonheur de posséder Marcelline Pauper les dernières années de sa vie, nous a laissé un impérissable document dans lequel elle a voulu éterniser sa reconnaissance envers la servante de Dieu, et où elle déclare hautement que cette illustre vierge est morte en odeur de sainteté. Nous mettons ce document sous les yeux du lecteur.

CONTRAT PASSÉ ENTRE LES DIRECTEURS DE L'HÔPITAL GÉNÉRAL DE TULLE ET LES SŒURS DE LA CHARITÉ CHRÉTIENNE DE NEVERS. 1er AOUT 1708.

Aujourd'hui, premier août, mil sept cent huit, au bureau de l'hôpital, composé de : Monseigneur André-Daniel de Beaupoil de Saint-Aulaire, Seigneur-Évêque et Vicomte de Tulle, de Monsieur Jean Dubal, Curé de Saint-Pierre, Monsieur Melon, Curé de Saint-Julien, Prévôt, Directeur, Monsieur Jean Rivière, Conseiller du Roi, Magistrat au Présidial de Tulle, Monsieur Etienne Laselue, Conseiller du Roi, Directeur, Monsieur Pierre Céaux, Docteur en théologie et Chanoine de l'Église Cathédrale de Tulle, Directeur, Monsieur Antoine Melon, Seigneur du

Verdier, Conseiller du Roi, Trésorier, et Monsieur Jean Berronye, Notaire royal : sur ce qui a été représenté que, vu les grands avantages que ledit hôpital a tirés d'avoir eu pour supérieure, feue Marcelline Pauper, décédée, depuis peu, en la présente ville, en odeur de sainteté, dont la grande piété et le zèle admirable pour le bien des pauvres, doivent être d'une mémoire éternelle ; il est de la dernière importance de mettre à la tête dudit hôpital une autre sœur de la même Congrégation de l'Instruction Chrétienne.....

Suivent les clauses du contrat et les signatures.

Nous terminerons la série de ces témoignages par celui d'un écrivain contemporain, M. Deparis, curé de Saint-Saulge. Dans un très-remarquable manuscrit, qui est heureusement parvenu jusqu'à nous, M. Deparis s'exprime ainsi sur Marcelline Pauper (1) :

---

(1) Le manuscrit de M. Deparis a été communiqué avec une rare obligeance aux sœurs de Nevers, par Mgr Crosnier, protonotaire apostolique, vicaire général de Nevers, président de la Société nivernaise des lettres, sciences et arts, et connu dans le monde savant par sa *Monographie de la cathédrale de Nevers*, son *Hagiologie niver-*

« La troisième fille de Christophe Pauper, nommée Catherine, a été la perle de sa famille, l'honneur de son pays et l'admiration de tous ceux qui l'ont connue. Elle fut reçue, parmi les sœurs de la charité, sous le nom de sœur Marcelline. Elle s'y est si fort distinguée par la parfaite égalité de son âme, par son effrayante mortification, par sa charité ardente, et par ses autres éminentes vertus, aussi bien que par les extases, les révélations et les hautes et étroites communications qu'elle a eues avec Dieu, qu'on la regarde comme une autre sainte Térèse. Elle est morte, de nos jours, à Tulle, en odeur de sainteté. Elle fut inhumée avec des honneurs extraordinaires et un merveilleux concours de peuple.

» On a fait un recueil manuscrit de ses lettres. Elle y parle des apparitions et des autres faveurs dont il plaisait à Dieu de l'honorer. On est surpris, au dernier point, qu'une fille, sans édu-

---

naise, etc. La communication du précieux manuscrit n'a été, du reste, de la part de Mgr Crosnier qu'un témoignage de plus du dévouement sans bornes qu'il a toujours montré pour la congrégation des sœurs de Nevers.

Nous devons ajouter ici, que Mgr Crosnier est le premier qui, au dix-neuvième siècle, ait fait connaître Marcelline Pauper.

cation et sans étude, ait pu ainsi parler et écrire. On a déjà eu la pensée de faire imprimer ces lettres, et elles pourront bien l'être dans la suite. »

LETTRES

DE

MARCELLINE PAUPER.

Les lettres de Marcelline Pauper sont le complément de sa *Vie*.

Dans quelques-unes de ces *Lettres,* elle expose, avec plus d'étendue, des faits déjà connus par son *Récit;* mais, dans le plus grand nombre, elle raconte des faveurs dont elle n'a point parlé dans sa *Vie*.

En révélant ce que Dieu a opéré de grand en elle, l'humble vierge est forcée de traiter les sujets les plus sublimes de la théologie mystique; et elle le fait avec une précision et une élévation de langage qui étonnent. C'est ce qui fait dire à l'auteur de l'*Introduction :* « Le théologien profond et l'écrivain de génie demeureront surpris, en particulier, des pages relatives au mystère de la très-sainte Trinité et aux attributs divins. »

Le plus grand nombre de ces *Lettres* sont adressées au Père de Laveyne, le directeur par excellence de Marcelline. Il l'avait conduite, comme on l'a vu dans sa *Vie*, depuis son retour du couvent des Ursulines de Moulins-en-Gilbert jusqu'à la fin de son noviciat, c'est-à-dire depuis la treizième jusqu'à la vingt-quatrième année de son âge. Marcelline Pauper trouve donc dans le Père de Laveyne, le vrai père de son âme, le guide que Dieu lui avait donné pour la conduire dans les voies de la sainteté, son supérieur, et le fondateur de l'institut où elle avait fait profession. Sa confiance en lui est absolue, et sa soumission sans bornes. Elle le vénère et l'écoute comme le remplaçant de Jésus-Christ à son égard.

Quelques *Lettres* du *Recueil* sont adressées au

Père Galipaud, de l'Oratoire, auquel elle s'était confessée pendant les deux années qu'elle fut à la tête de la maison de Nevers, et dont elle parle dans les chapitres cinquième et quatorzième de sa *Vie*.

Enfin, il en est quelques autres qui sont écrites à M. Michel, sulpicien, supérieur du grand séminaire de Tulle, qui fut le confesseur de la servante de Dieu durant les dernières années de sa vie, et qui eut le bonheur de l'assister à sa mort.

Nous avons adopté l'ordre chronologique pour ces *Lettres*; mais nous n'avons pu en classer un certain nombre, qu'approximativement, attendu qu'elles manquent de date.

LETTRES
DE
MARCELLINE PAUPER.

I.

MARCELLINE PAUPER AU TRÈS-RÉVÉREND PÈRE DOM JEAN-BAPTISTE DE LAVEYNE, RELIGIEUX BÉNÉDICTIN, FONDATEUR DE LA CONGRÉGATION DES SŒURS DE LA CHARITÉ ET DE L'INSTRUCTION CHRÉTIENNE DE NEVERS.

Elle lui rend compte de ses nouvelles fonctions de charité à Murat, et des instructions qu'elle fait les dimanches. — Elle regrette ses maux de tête. — Elle demande de nouvelles pénitences; et se plaint de trouver en Dieu trop de consolation.

Murat, le 3 Septembre 1696.

Mon très-honoré Père,

Il y a quinze jours que nous sommes dans ce nouvel établissement; il me donne bien de l'exercice. Dieu en soit béni! Il est bien juste, puisqu'il me donne de la santé, que je la consacre à son service. Remerciez-le pour moi, mon très-honoré Père, de la disposition où il m'a mise. Je me trouve heureusement unie à Dieu par la piété intérieure, quoique je sois répandue au dehors par les exercices de la charité.

M. Bolacre m'a chargée de faire des instructions, tous les dimanches, aux femmes et aux filles qui se rendent chez nous, à une heure après midi. Je les dois entretenir jusqu'à deux. Il y vient tant de monde, que j'ai peine à en soutenir la foule. Que direz-vous à cela, et que dois-je penser de mon état? Il me semble vous voir rire maintenant, en comparant les exercices tumultueux où je me trouve, avec la supériorité dont j'ai voulu me décharger, pour vivre dans le repos et la retraite. Dieu sait bien châtier les âmes indociles. Je me soumets de tout mon cœur à ce châtiment plein de miséricorde; je plie le cou avec joie pour porter le joug du Seigneur. Il m'est devenu doux, quoique plus pesant que celui dont je voulais me décharger, parce que l'amour a dilaté mon cœur. Il ne me reste qu'une seule peine, c'est, mon cher Père, la cessation de mes douleurs, que je ne ressens plus, depuis que je suis en cette ville. Le sommeil m'est aussi venu, et je crains que le relâchement ne suive. Cela me fait de la peine. Je me réveille avec tristesse d'avoir été si long-temps sans être occupée de Dieu. Les veilles passées avec lui sont bien plus douces au cœur qui aime, que le sommeil ne l'est au corps fatigué; au moins pour moi, qui ne puis dire comme l'Épouse : « Je dors et mon cœur veille », car le sommeil est pour moi une espèce de mort. Permettez-moi, mon très-honoré Père, de me dédommager un peu en me levant au milieu de la nuit, pour jouir de la douce présence de Dieu dans l'oraison. Je vous avoue que j'en suis très-affamée. Je passe aussi quelque temps à contempler les perfections du Dieu de mon cœur. Prescrivez-moi celui que vous voulez que j'y emploie, je ne passerai pas outre. Marquez-moi aussi les pénitences que vous me permettez de faire; je suivrai exactement vos ordres. Mon mal de tête habituel me faisait espérer de souffrir toute ma vie. Dieu me l'a ôté comme à une indigne. Qu'en pensez-vous ? Ne me traite-t-il pas en infidèle ? Je ne laisse pas d'approcher tous les jours de la sainte Table. Il me traite avec tant de bonté, que je m'en plains souvent; je lui dis : « C'en est trop, mon Dieu, retirez-vous de moi, car je suis une pécheresse. » D'autres fois, ne pouvant faire autre chose, je me tiens passive aux opérations de Dieu, consentant, dans un profond silence et une adoration secrète, à son bon plaisir. Voilà ma situation. Je compte toujours sur votre charité. J'espère en ressentir les effets, quoique éloignée de soixante lieues, mais très-présente dans le cœur immense de Jésus-Christ où je vous trouve.

Je suis, dans son amour, avec un profond respect,

Mon très-honoré Père,

Votre très-humble et reconnaissante fille,

MARCELLINE PAUPER.

NOTE.

Il résulte de cette lettre que Marcelline Pauper était appelée à la vie active, propre de son institut, quoique appelée en même temps au plus sublime état de contemplation. Il semble que Notre-Seigneur ait voulu former, dès le début de la congrégation, et pour l'instruction de toutes les sœurs qui devaient y entrer dans la suite des temps, un modèle accompli d'une vie tout à la fois active et contemplative, et la preuve vivante que ces deux vies ne s'excluent pas.

II.

MARCELLINE PAUPER AU PÈRE DE LAVEYNE.

Son union avec Dieu. — Communion quotidienne. — Ses sentiments de reconnaissance au sujet de sa guérison. — Nouvelle demande de pénitences. — Mortification intérieure.

Murat......... 1696.

Mon très-honoré Père,

Je commence à goûter le repos, quoique dans le travail. Mes dispositions sont les mêmes. Notre bon Dieu continue à me faire de grandes miséricordes. J'aurais souvent besoin de votre secours pour m'aider à en soutenir le poids; mais me trouvant seule, je m'abandonne au pur amour, qui demeure victorieux de mon pauvre cœur. Mon union avec Dieu est très-intime. Je jouis de sa sainte présence sans effort. Les puissances de mon âme sont comme ravies. Elles ne peuvent former ni actes réfléchis, ni pensées. Je ne sais quel nom donner à cet état. Ce que je sais, c'est que je me trouve toute pénétrée et occupée de Dieu, d'une manière si infuse, qu'elle m'est inexplicable.

Je m'approche tous les jours de la sainte communion, et je tiens compagnie à Jésus-Christ le plus qu'il m'est possible. Il est logé chez nous. Ma chambre est tout près. Il n'y a que le mur entre le lit et l'autel. Cela me donne occasion de le prier souvent, et me procure un repos qui m'est beaucoup plus agréable que le sommeil. Voilà, mon très-honoré Père, trop de grâces pour une misérable comme moi, qui ai si longtemps vieilli dans l'oubli de Dieu. Que ferai-je pour reconnaître dignement tant de miséricordes ?

Vous ne me marquez point dans votre lettre quelles pénitences vous me permettez. J'ai toujours attendu, sur cela, vos ordres, n'osant rien faire sans votre permission. J'ai été, bien des fois, tentée de retourner aux pieds de cette croix, pour conjurer notre bon Dieu de me rendre mon mal de tête qu'il m'a ôté, sans en avoir ressenti depuis la moindre douleur. Au lieu de cela, vous me marquez de n'être pas insensible à cette grâce. Je l'ai d'abord regardée comme un châtiment que le divin Époux exerçait sur moi, puisqu'il me privait de la part que je pouvais avoir à ses souffrances. Je vous avoue qu'il m'en a coûté des larmes. Mais maintenant j'entre dans les sentiments que vous m'inspirez.

Marquez-moi les mortifications extérieures que vous voulez que je pratique; car, pour les intérieures, vous m'avez appris qu'il n'en fallait point perdre. J'ai besoin, pour y être fidèle, d'une grande vigilance et d'une grande attention, afin de bien discerner les mouvements de la grâce de ceux de la nature. Aidez-moi pour cela de vos saintes prières.

Je suis, en Notre-Seigneur, avec un profond respect,

Mon très-honoré Père,

Votre très-humble et reconnaissante fille,

MARCELLINE PAUPER.

III.

MARCELLINE PAUPER AU PÈRE DE LAVEYNE.

Elle triomphe de ses répugnances pour la vie active — Grandes grâces qu'elle y reçoit: solitude et repos de son âme. — Protestation d'obéissance à son directeur.

Murat, Décembre 1696.

Mon très-honoré Père,

J'ai reçu votre lettre avec bien du plaisir. Pour comble de joie, elle est venue en diligence. Je vous suis sensiblement obligée de vos bons avis, pour lesquels j'ai un grand respect et une parfaite soumission. Je travaille à en profiter. Pardonnez-moi les fautes que j'ai faites en ne les suivant pas.

Il me semble que vous devez être un peu content. Dieu me châtie, dans sa très-grande miséricorde, et vous venge dans son amour. Prenez donc plaisir à voir les mouvements que je suis obligée de me donner pour remplir les devoirs de mon état. Ne me reprochez plus l'attache que j'ai pour un cabinet. Car ce sont maintenant les rues que je cours. Vous devez en être bien vengé, et moi, bien contente des miséricordes que Dieu me fait. Autant j'ai de mouvements à l'extérieur, autant et plus mon cœur est en repos et en solitude. Dieu sait me dédommager des petits tracas où je me suis engagée pour sa gloire. Je serais bien digne de compassion, comme vous me le marquez, s'il n'avait arrêté les grandes répugnances que j'avais pour la vie active. Je ne sais si je n'aurais pas été me renfermer dans quelque caverne sous les rochers, si communs en ce pays. Je n'en suis plus tentée. Dieu m'est toutes choses. Que ne fait-il pas pour moi! et je ne fais rien pour lui. Je souffre de ne pouvoir reconnaître tant de miséricordes. Je crains d'être ingrate et infidèle. Priez Dieu qu'il me préserve de l'un et de l'autre.

Vous paraissez vous défier de mon état, me croyant indépendante. Ne me faites pas ce tort, s'il vous plaît. Tant que vous voudrez bien me faire la charité de prendre soin de ma conduite, j'aurai pour tout ce que vous m'ordonnerez une entière soumission, une obéissance aveugle. Il est vrai que vous avez sujet de vous défier de mes promesses, après tant d'infidélités que j'ai commises, lors même que j'étais sous vos yeux et entre vos mains. J'espère toutefois que ce Médecin charitable me les pardonnera. Faites de même, je vous en conjure.

Je suis, en Jésus-Christ,

   Mon très-honoré Père,

 Votre très-humble et très-obéissante fille,

MARCELLINE PAUPER.

IV.

MARCELLINE PAUPER AU PÈRE DE LAVEYNE.

Elle lui renouvelle son vœu d'obéissance.— Elle exalte les miséricordes du Seigneur. — Elle s'offre pour accomplir la sainte volonté de Dieu pendant la nouvelle année.

Murat, Janvier 1697.

Mon très-honoré Père,

Je vous renouvelle, au commencement de cette année, mon vœu d'obéissance, et je vous demande la continuation de votre charité.

Je ne me prive que rarement de la communion. Et comment m'en pourrais-je priver souvent? Dieu m'est toujours bon et magnifique en Dieu. Il me prévient par ses miséricordes infinies. La vue de sa sainteté m'abîme de respect, je l'avoue, et me ferait craindre de m'en approcher; mais l'amour, qui veut toujours s'unir à l'objet aimé, vient au secours et l'emporte. Que puis-je faire, sinon de me tenir passive et anéantie. Si Dieu veut faire de l'abîme de mes misères le trône de ses miséricordes, je m'écrierai avec le Roi-Prophète:

Je chanterai éternellement les louanges du Seigneur.

Vous me marquez de me souvenir de faire des prières vocales. Je vous en remercie ; j'ai besoin d'en être avertie de temps en temps. Vous m'écrivez aussi que vous me permettez l'usage de la discipline deux fois pendant le temps de l'Avent, et une, dans un autre temps. J'ai compris que c'était deux fois par jour, et j'en ai usé de cette manière pendant les derniers jours de l'année qui vient de finir. Je commence la présente en me consacrant au service de Dieu. J'ai passé la nuit en exercices d'oraison et de pénitence. Dieu m'y a fait de grandes miséricordes. Je m'offris à lui, étant prosternée contre terre, et lui disant, avec Jésus-Christ : *Me voici, ô mon Dieu, pour faire votre volonté.* Et, avec saint Paul : *Seigneur, que voulez-vous que je fasse ?* En même temps, je reçus l'intelligence de ces paroles de l'Écriture : *Mettez-moi comme un cachet sur votre cœur et sur votre bras.* Je me sentis un ardent désir de les mettre en pratique : demandez-en la grâce pour moi, mon très-honoré Père.

Je suis, etc.

V.

MARCELLINE PAUPER AU PÈRE DE LAVEYNE.

Frayeur que lui cause le démon qui veut détruire ses instruments de pénitence.

Murat, 1697.

Mon très-honoré Père,

Je me sens obligée de vous dire que le démon m'exerce souvent. Lorsqu'il ne peut m'empêcher de faire mes exercices de pénitence, il s'en prend aux instruments dont je me sers. J'ai si peu de foi, que je le crains. Souvent la peur m'a empêchée d'aller où je m'étais proposé, et de faire ce que j'avais résolu. Il m'a quelquefois vaincue de la sorte, marque de ma grande faiblesse. Je crains particulièrement qu'il ne mette la main sur moi. Je n'ai pas toujours la foi et le courage qui me seraient nécessaires pour le surmonter. Aidez-moi de vos saintes prières. Cette crainte peut seule vous faire connaître le besoin que j'ai d'être auprès de vous. Demandez à Dieu qu'il m'en fasse la grâce.

Je suis, en Notre-Seigneur, avec un profond respect,

Mon très-honoré Père,

Votre très-humble et reconnaissante fille,

MARCELLINE PAUPER.

NOTE.

Dieu ne permet d'ordinaire ces vexations extérieures et sensibles du démon que pour des âmes privilégiées. Si l'on demandait pourquoi nous n'avons pas supprimé une pareille lettre, nous répondrions : parce que, depuis trop long-temps, en France, on s'est avisé de supprimer dans la vie des saints le surnaturel, le surhumain, c'est-à-dire de corriger l'œuvre de Dieu. On alléguait les têtes faibles qui peuvent s'exalter, et les incrédules qui en prennent occasion de railler. On a eu tort de craindre ces exaltations et ces ricanements.

VI.

MARCELLINE PAUPER AU PÈRE DE LAVEYNE.

Dieu se cache à elle de temps en temps. — Elle rend compte de ses dispositions en cet état d'obscurité, qu'elle accepte. — Ses occupations multipliées sont une nouvelle mortification.

Murat, Mars 1697.

Mon très-honoré Père,

Il y a deux mois que je n'ai reçu de vos nouvelles. Ce n'est pas pour moi une petite mortification. Je me soumets néanmoins aux ordres de la Providence, autant que je le puis. Apparemment, qu'elle me veut dans une privation entière. J'éprouve souvent des absences pénibles du côté de Dieu. Il se cache, il se voile, souvent, à mes yeux. Il donne ainsi bien de l'exercice à mon pauvre cœur, qui n'y est pas encore accoutumé. Je comprends cependant un peu, que ces absences ne sont que pour les puissances. Mon entendement y est anéanti, et rendu simple et soumis, ne voyant et ne comprenant rien, et ne pouvant s'appliquer à aucun sujet. Il est retenu dans d'épaisses ténèbres. En cet état, ma volonté se voit unie et demeure attachée, ce me semble, à l'objet de son amour qu'elle trouve dans le plus caché de son intérieur, et d'une manière tout imperceptible, de sorte qu'il n'en résulte aucune joie, onction, ni sentiment, mais seulement une paix intérieure.

Vous vous apercevez, mon cher Père, que j'ai de la peine à m'exprimer sur les dispositions ténébreuses et cachées qui affligent mon esprit. Je ne laisse pas, néanmoins, de me trouver dans un contentement tacite de porter cet état toute ma vie, si le pur amour s'y rencontre. Cependant, je crains fort le naufrage. Mes ténèbres sont si grandes, que je ne connais pas mes fautes; il est pourtant vrai que j'en commets beaucoup.

Je m'approche, à l'ordinaire, de la sainte Communion, et je continue mes exercices. Quant aux mortifications extérieures, j'en fais peu. Dieu a multiplié mes occupations. Ma santé est assez bonne. Mon mal de tête n'est pas revenu. Je passe mon Carême dans des exercices bien dissipants. Cela, joint à un intérieur obscurci, n'est pas une petite mortification. Je crois que vous serez touché d'un tel état, et que vous interromprez votre silence pour m'instruire sur ce que je dois faire dans cette conjoncture. Je n'eus jamais plus besoin de secours. Aidez-moi donc de vos salutaires instructions et de vos bonnes prières.

Je suis, en Notre-Seigneur, avec un profond respect,
    Mon très-honoré Père,
  Votre très-humble et très-obéissante fille,

    MARCELLINE PAUPER.

VII.

MARCELLINE PAUPER AU PÈRE DE LAVEYNE.

Elle rend compte d'un voyage le jour de Saint-Michel. — Miracle en sa faveur. — Tentation : le démon veut la dissuader de faire pénitence. — Elle augmente ses mortifications.

Murat, le 15 Octobre 1697.

Mon très-honoré Père,

Il y a long-temps que je n'ai reçu de vos nouvelles. Je m'en prends à mon indignité, et au peu d'usage que je fais de vos bons avis. J'ai été long-temps aussi sans avoir l'honneur de vous écrire. J'en ai été empêchée par un surcroît d'occupations et par de petits voyages que j'ai été obligée de faire. Je me sens obligée de vous rendre compte de ce qui m'y est arrivé le jour de Saint-Michel, en allant pour notre établissement de Vic.

Le cheval sur lequel j'étais montée, me jeta dans une petite rivière que nous passions, sans que je sache comment cela se fit. Monsieur le

Curé de....., qui était venu avec nous, me voyant dans l'eau, s'y jeta pour m'en tirer. Dès que je fus dehors, il pensa à me mener dans la maison la plus proche pour me faire sécher. Mais il fut bien surpris, et moi encore plus, de voir que je n'étais point mouillée. Nous continuâmes donc notre route sans nous arrêter. Mais étant de retour, le diable en prit occasion de me vouloir perdre par une complaisance qu'il me suggéra, et à laquelle il espérait me faire succomber. M'étant mise en devoir de faire quelques mortifications, il voulut m'en empêcher, me représentant que je devais me conserver; que j'étais utile; que la protection si singulière que Dieu m'avait donnée dans cette rencontre, m'engageait à entrer dans ses desseins sur moi, et à me conserver pour servir le prochain. Je m'accuse, mon très-honoré Père, d'avoir écouté cet esprit de mensonge pendant un moment. Mais la foi venant à mon secours, je compris aisément que ce discours était un artifice de l'ennemi de mon salut. Je lui répondis donc : *A quoi peut être bon celui qui ne l'est pas pour soi-même ?* Je me prosternai devant Dieu, et m'étant relevée, je pris ma discipline qui, au troisième coup, tomba par terre par petits morceaux, comme si on l'eût coupée avec des ciseaux. Il fallut recourir à autre chose. Vous jugez, sans peine, mon très-cher Père, que j'aurais eu besoin d'être auprès de vous pour agir comme vous me l'auriez conseillé. Depuis ce temps-là, j'ai augmenté mes pénitences et mes mortifications. Faites-moi la charité de m'assister de vos bons avis et de me soutenir par vos saintes prières. Les grâces de Dieu et les miséricordes qu'il me fait, me font craindre. Je vois que l'ennemi de mon salut en prend occasion de me tendre des piéges. Priez pour moi, afin que je n'y sois pas surprise.

Je suis, en Jésus-Christ,

Mon très-honoré Père,

Votre très-humble et très-obéissante fille,

MARCELLINE PAUPER.

VIII.

MARCELLINE PAUPER AU PÈRE DE LAVEYNE.

Elle demande des conseils pour bien passer l'Avent. — Grâces qu'elle reçoit de Notre-Seigneur. — Elle voit Jésus attaché à la colonne, et participe à ses douleurs. — Les deux mots AMOUR *et* CROIX, *lui sont présentés et expliqués. — Son désir des souffrances. — Elle passe la nuit couchée sur une croix. — Extase dans l'église de Saint-Laurent pendant la sainte communion. — Notre-Seigneur lui applique un cercle d'or sur le cœur. — Craignant l'illusion, elle donne des détails à son directeur sur sa manière de vivre.*

Murat, 1697.

Mon très-honoré Père,

La sainteté du temps où nous entrons, me presse de vous demander ce que je dois faire pour le passer saintement. Vous pouvez m'ordonner tout ce que vous jugerez à propos. Ma santé est meilleure qu'elle n'a jamais été. Le désir que j'ai de plaire à Dieu, ne fut jamais si vif, et ses miséricordes n'ont jamais été si grandes. Il les répand sur moi avec tant de libéralité et de magnificence, que je n'en puis soutenir le poids; et il m'arrive des choses si extraordinaires, que je désire avec ardeur être auprès de vous, afin que vous jugiez de tout, et que vous en ordonniez.

Je voudrais n'être pas obligée d'écrire ceci. Mais j'y suis forcée par la crainte que j'ai de marcher seule dans des voies qui me sont si inconnues, et où je n'ai nulle expérience. Ainsi, je me vois pressée de chercher, dans votre charité et dans vos lumières, les avis dont j'ai besoin pour n'être pas trompée. Je vais donc vous exposer trois ou quatre circonstances, que je vous prie d'examiner avec soin.

Un soir, me voulant mettre en prière, je vis Jésus attaché à la colonne, et glorifiant ainsi son divin Père. Il me parut qu'il prenait de grandes complaisances à le glorifier par cette voie de souffrance et d'ignominie, et je me trouvai pressée de l'imiter dans cette souffrance. Mais je me souvins que je n'en avais pas la permission. Ainsi, craignant, d'un côté, de faire ma volonté, et de l'autre, d'être infidèle à la grâce, je me prosternai devant Dieu, le conjurant de faire par lui-même ce que je n'osais entreprendre. A l'heure même, je me trouvai pénétrée, dans tout le corps, de douleurs aiguës que je ne puis exprimer. Je demeurai dans cet état pendant deux heures. Mon esprit n'était pas moins pénétré de sentiments pour Dieu, que mon corps était percé de cuisantes douleurs.

La nuit suivante, étant comme tout absorbée dans la contemplation de l'amour que Dieu se porte à lui-même, et désirant ardemment aimer ce pur amour, ces deux mots, écrits en gros caractères d'or, me furent présentés par une main dont je ne voyais point le corps : AMOUR, CROIX. Je prenais grand plaisir à considérer l'O, qui était au milieu de l'un et de l'autre de ces mots. Comme j'y étais fort attentive, je reçus de grandes instructions sur l'amour divin et sur la souffrance, et j'en fus fort pénétrée. L'amour dont je me trouvai embrasée, excitait dans mon cœur un désir ardent de souffrir. Je vous avoue que j'ai souvent suivi cet attrait. Quelques jours après, me voulant mettre au lit, je fus fortement inspirée de passer la nuit sur une croix que je préparai incontinent, et sur laquelle je me mis. Il ne m'est pas possible de vous exprimer l'ardeur du désir que je sentais d'endurer les douleurs que mon Sauveur avait souffertes en cet état. Je le lui demandai, avec de grandes instances, mais inutilement. Je ne souffrais que ce qui m'était procuré par la posture où je m'étais mise. Le soir suivant, je me trouvai dans une grande défaillance. Je l'attribuai à la manière dont j'avais passé la nuit précédente. Je me mis au lit, et quoiqu'il n'y eût qu'un matelas, j'y trouvai la croix et les douleurs que j'avais si ardemment demandées. Il n'y eut partie en tout mon corps qui ne souffrit de violentes douleurs. Elles semblaient pénétrer jusque dans la moelle de mes os. Je passai toute la nuit en cet état; mais avec de grandes consolations dans mon intérieur. J'y étais occupée des dispositions de Jésus-Christ en croix, dont je reçus quelque impression.

Voici encore ce qui m'arriva jeudi dernier. Nous allâmes, nos sœurs et moi, à demi-quart de lieue de cette ville, faire dire une messe dans une chapelle dédiée à saint Laurent, pour satisfaire à un vœu que ma sœur N. avait fait dans sa maladie. Le chemin, quoique court, me paraissait long, dans le désir que je ressentais de m'unir à Jésus-Christ par la sainte communion. Enfin, cet heureux moment arriva, et je n'eus pas plutôt communié, que mon âme se trouva si unie à ce divin Époux, que je perdis l'usage de tous mes sens, et je demeurai immobile. Mes sœurs s'en aperçurent; car, après la sainte messe, le prêtre ayant donné à baiser la relique du saint, mes sœurs m'appelèrent et me tirèrent, mais inutilement. Elles me trouvèrent les mains élevées, dans une posture qui marquait qu'il se passait en moi quelque chose d'extraordinaire. Jésus-Christ me traitait, en ce moment, avec de grandes miséricordes. Comme je le priais de me rendre digne d'être une de ses épouses qui ont part à ses souffrances, il m'appliqua comme un cercle d'or sur le cœur; ce qui me donna de grands transports d'amour, et un désir ardent de souffrir. Cela dura deux heures.

Je me suis trouvée, encore une autre fois, si embrasée et en feu, même à l'extérieur, que, pour tempérer ces grandes ardeurs, je courus mettre mes mains dans l'eau, et m'en jeter dans le sein. Cela m'arrive souvent.

Voilà ce qui demanderait que je fusse auprès de vous. Examinez tout, mandez-moi vos sentiments. Je crains d'être trompée ou de n'être pas fidèle.

Voici, cependant, comment je me conduis : Je n'omets aucun de mes exercices de charité. Je m'y conserve dans une grande présence de Dieu. Je veille continuellement sur moi-même. Je tâche de pratiquer la mortification intérieure. Je donne tout le temps que je peux à l'oraison. Je me lève toujours à minuit, et je fais deux heures d'oraison. Je prends ensuite la discipline et me remets au lit jusqu'à quatre heures. J'attends de vos nouvelles, et je suis, en Notre-Seigneur,

Mon très-honoré Père,

Votre très-humble et très-obéissante fille,

MARCELLINE PAUPER.

IX.

MARCELLINE PAUPER AU PÈRE DE LAVEYNE.

Elle désire mourir, pour ne plus pécher. — Elle est environnée de lumière, et entend une voix mystérieuse. — Le démon lui arrache deux fois la discipline. — Elle a une maladie de poitrine, et se plaint de ne pas assez souffrir. — Jésus-Christ lui apparaît couronné d'épines. — Elle le prend pour Roi.

Murat....., 1697.

Mon très-honoré Père,

Vous ne me dites rien sur tout ce que je vous avais mandé. Serais-je assez heureuse pour apprendre vos sentiments de vive voix ? Je n'en suis pas digne, et je ne puis me flatter d'un tel avantage. J'ai regardé ce que vous me marquez comme une raillerie ; ou peut-être que, pour m'humilier davantage, vous semblez vouloir insulter à ma misère. Mon cœur est préparé à tout. Cela n'empêchera pas que je ne vous rende un compte exact de ce qui se passe en moi. Voici donc ce qui m'est arrivé, il n'y a que dix-sept jours :

La vue de tant d'imperfections dont je suis remplie, et l'horreur que j'avais conçue du péché m'avaient rendu la vie si ennuyeuse, que j'avais demandé à Dieu, avec beaucoup de ferveur et de larmes, qu'il me fît la grâce de mourir. Je souhaitais faire de ma mort un hommage à son Être éternel. Je le conjurais qu'il mît fin en moi au péché. Après l'en avoir long-temps prié, étant en oraison devant le Saint-Sacrement, où je m'occupais de la sainteté de Dieu, qui remplissait mon âme de joie et d'admiration, je connus l'opposition infinie que le pécheur a à cette sainteté. Cette lumière augmenta en moi les désirs de mourir; et, comme je demandais cette grâce à Jésus-Christ, avec de nouvelles instances, je me trouvai, tout d'un coup, environnée d'une lumière extraordinaire, et une voix me fit entendre ces paroles: *Ne t'ai-je pas dit de me mettre comme un cachet sur ton cœur et sur ton bras, et que l'amour est fort comme la mort?* Je reçus, sur cela, de grandes instructions, et pour l'intérieur et pour l'extérieur. Mais, hélas! que j'en profite peu!

Je crois que le démon, qui m'avait laissée en repos, pendant quelques mois, me veut livrer de nouveaux combats. Voilà deux fois, en huit jours, qu'il m'a arraché la discipline de la main. J'ai discontinué pendant quelque temps l'exercice dont je vous ai parlé. Une fièvre, jointe à un mal de poitrine, m'y a obligée. Durant cette incommodité, le plaisir surpassait de beaucoup le mal que je souffrais. Dieu me traitait avec de grandes miséricordes. Remerciez-le de tout; éprouvez ce qui se passe en moi, et faites-moi savoir sur cela vos sentiments. Je souffre de ce que je ne souffre pas assez. Mon Amour est crucifié : jugez de ce qu'il doit opérer dans mon cœur. Il s'est montré à moi comme il était au sortir du prétoire, couronné d'épines. En cet état, je l'ai pris pour mon Roi. Je n'ose m'expliquer plus au long sur cette faveur. Si j'ai le plaisir de vous voir, j'aurai l'honneur de vous en entretenir. Priez pour moi, afin que je ne sois pas trompée.

Je suis, avec le plus profond respect,

Mon très-honoré Père,

Votre fille en Jésus-Christ,

MARCELLINE PAUPER.

X.

MARCELLINE PAUPER AU PÈRE DE LAVEYNE.

Elle lui fait part des faveurs qu'elle reçoit dans la sainte communion. — Jésus-Christ lui donne un désir ardent de souffrir. — Il la satisfait, par un crucifiement de trois heures. — Elle communie deux fois le jour de Noël; une fois miraculeusement. — Elle passe en retraite les trois fêtes de Noël. — Elle demande des pénitences pour le Carême. — Elle craint le démon, qui l'a battue plusieurs fois.

Murat, Janvier 1698.

Mon très-honoré Père,

Je bénis Dieu de ce que vous voulez bien me continuer vos charités. Personne n'en a plus besoin que moi, et personne n'a plus de confiance en vous que j'en ai. Voici quelques particularités qui me sont arrivées, et qui m'ont souvent fait désirer d'être auprès de vous, ou, au moins, d'avoir de vos nouvelles.

Ce mois de novembre dernier, ayant reçu la sainte communion, je me trouvai la bouche pleine de sang, et mon âme fut pénétrée des dispositions de Jésus-Christ crucifié. Elles étaient comme de très-vives flammes qui consumaient mon cœur. Un désir insatiable de la souffrance me pressait et ne m'abandonnait pas. Après mon action de grâces, je fis ce que je pus pour arrêter la violence que je sentais, ou pour contenter ce désir. Mais, comme ce n'était pas moi qui l'avais excité, je ne pus le remplir, ni le faire cesser. Cette disposition me dura tout le jour. Le soir, m'étant mise en oraison, devant le Saint-Sacrement, elle s'augmenta si fort, que je pâmai de langueur. En cet état, j'entendis une voix distincte qui me dit : *Le Seigneur, ouvrant sa main, remplit tout animal de bénédiction.* J'en conçus une joie inexprimable. Je me levai vite, mais je ne pus marcher, tant était vive la douleur dont j'étais pénétrée. Elle s'étendait sur toutes les parties de mon corps. Je m'en retournai néanmoins avec beaucoup de difficulté. Etant à la maison, je me mis à genoux, selon ma coutume. Je tombai évanouie.

On me jeta incontinent sur un lit, où une force invisible me tendit les bras en forme de croix, mais avec tant de violence, qu'il me semblait que tous mes os allaient être séparés. J'étais si raide, qu'on ne put me faire plier. Il me semblait aussi que ma tête était prise dans un cercle de fer qui la serrait étroitement. Les douleurs que j'y sentais étaient si vives, que je me croyais sur le point de mourir. Je fus trois heures en cet état. Il m'est impossible de dire ce que je souffris. Revenue de là, j'avais la langue et les lèvres toutes brûlées. Mon âme cependant était bien contente ; mais son plaisir ne diminuait rien des peines du corps, que je ressentais très-vivement; car, de temps en temps, je criais bien fort. La même chose m'est arrivée deux fois depuis lors, mais avec cette différence que personne n'en a rien vu.

Le saint jour de Noël, il m'arriva aussi qu'ayant communié à la messe de minuit, pour honorer la naissance éternelle du Verbe dans le sein de son Père, mon oraison, en posture humiliante, se passa toute en actions de grâces. Elle dura jusqu'à huit heures. Etant finie, les puissances de mon âme prirent une nouvelle vigueur. Je sentis un désir inconcevable de communier de nouveau. Cela me paraissait impossible ; cependant je me mourais de désir et de douleur. Je demeurai en cet état jusqu'à dix heures. Alors, m'étant approchée pour dégarnir l'autel, je fus arrêtée, toute droite, au milieu. Le tabernacle s'ouvrit, et je fus communiée. Je n'aperçus aucune forme. La sainte hostie me fut mise dans la bouche, sans que je susse comment cela s'était fait. Je sais seulement que mon âme fut toute remplie de la présence de mon Dieu, ce qui me fit passer les trois fêtes en retraite. Mon oraison y était continuelle. Ces trois jours étant écoulés, j'écrivis quelques sentiments que Dieu m'y donna. Je vous les envoie, mon très-honoré Père, afin que vous en jugiez, comme aussi de quelques résolutions que j'y ai prises.

Nous voilà bientôt au saint temps de Carême. Marquez-moi, je vous prie, comment je le dois passer. Si vous voulez me le permettre, je ne romprai pas mon jeûne le lundi, le mercredi et le vendredi. Cela me sera très-facile. Ne m'oubliez pas dans vos saintes prières ; vous savez le besoin que j'en ai. Je crains toujours que l'ange de ténèbres ne se transforme en ange de lumière. Il m'a rudement battue cinq ou six fois. Il me laisse en repos depuis quelque temps. Je n'en suis pas plus assurée.

Je vous remercie de l'avis que vous me donnez. Priez Dieu qu'il me pardonne mes fautes. Après que vous aurez examiné ces papiers, jetez-les au feu.

Je suis, avec bien du respect et de la reconnaissance,

Mon très-honoré Père,

Votre très-obéissante fille en Jésus-Christ,

MARCELLINE PAUPER.

XI.

MARCELLINE PAUPER AU PÈRE DE LAVEYNE.

Elle lui fait part de ses appréhensions sur son état. — Elle n'ose communier, et elle a un désir ardent de le faire. Insensibilité du corps pour les mortifications. — Elle s'humilie de ses défauts.

Murat, Février 1698.

Mon très-honoré Père,

J'étais dans une grande crainte sur mon état et sur tout ce qui m'arrive de singulier, lorsque j'ai reçu votre lettre. Jugez de quelle frayeur j'ai été frappée en la lisant, et en voyant que vous êtes aussi dans la même appréhension. Cela est allé jusqu'à me troubler, et à me retirer de la sainte communion. Je vois bien que vous allez blâmer une telle conduite. Ce n'est pas que je ne comprenne qu'il y a de la tentation et de l'artifice de mon ennemi; mais je ne suis pas encore guérie; je suis pleine de défauts.

Je souffre de deux dispositions contraires. J'ai un très-grand désir de communier, et je n'ose m'en approcher. Je crains que tout ce qui m'arrive ne soit tromperie et séduction. Cependant, je suis reprise intérieurement de ne pas assez m'abandonner, et de vouloir trop d'assurance dans les voies de Dieu. Ma peine vient de ce que j'ignore qu'elles sont de lui. Je me trouve, depuis sept ou huit jours, si endurcie à l'égard de mes pratiques de mortification, que je sens plus de lassitude à frapper que de douleur des coups qui me couvrent de plaies et de sang. Il semble que ce soit sur un corps étranger que je frappe, tant je suis devenue insensible. Cela me fait craindre que Dieu ne rejette mes œuvres. Je les continue, néanmoins, sans en rien diminuer. Je ne comprends pas comment je suis toujours guérie d'une pratique à l'autre.

Mon attrait pour la solitude s'augmente de jour en jour, et mes occupations se multiplient. Comment accorder ces deux contraires ? C'est un secret que je vous prie de me découvrir. Apprenez-moi, en même temps, comment je dois me comporter au milieu des craintes et des ténèbres qui m'environnent.

Je me suis long-temps examinée sur les défauts que vous me marquez. Je reconnais que j'en porte la source en moi, aussi bien que de toutes sortes de crimes. Mais il me semble que Dieu, par sa grande miséricorde, en arrête le cours. Je ne m'en crois pas, néanmoins, innocente. C'est assez que vous les voyiez en moi, pour que je m'en reconnaisse coupable. Mais je me sens un véritable désir de détruire en moi tout ce qui est opposé à l'esprit de Dieu, et de l'expier par une sincère pénitence.

Ne me refusez pas le secours de vos charitables prières : vous savez le besoin que j'en ai.

Je suis, avec le plus profond respect, en Notre-Seigneur,

Mon très-honoré Père,

Votre très-humble et très-obéissante fille,

MARCELLINE PAUPER.

XII.

MARCELLINE PAUPER AU PÈRE DE LAVEYNE.

Elle lui apprend que son insensibilité cesse. — Elle est horriblement battue par le démon. — Ses disciplines sont brisées.

Murat, Mars 1698.

Mon très-honoré Père,

Mon insensibilité a duré trois semaines. Cela me quitta mardi dernier. Mes peines me furent rendues avec usure. Je fus battue terriblement la nuit suivante, de manière que je suis entrée dans le Carême par cette rude épreuve. Je ne dois pas être bien assurée, cela m'étant arrivé plusieurs fois. J'ai peur dans ma chambre. Voilà trois disciplines qui m'ont été arrachées des mains et brisées. Au nom de Dieu, apprenez-moi ce que je dois faire, et ne soyez pas si long-temps à me faire réponse.

Je suis, etc.

XIII.

MARCELLINE PAUPER AU PÈRE DE LAVEYNE.

Elle condamne sa sensibilité. — Elle accepte l'absence des consolations comme un châtiment de ses fautes. — Elle s'humilie.

Murat, le 15 Juillet 1698.

Mon très-honoré Père,

Je suis inexcusable, en toute manière, d'avoir été si long-temps à vous répondre. Vous me marquez que j'ai pris trop à la lettre ce que vous me mandiez. Je l'avoue, je ne vous aurais jamais soupçonné de raillerie. Mais cette méprise n'a pas été inutile. Elle a servi à faire connaître, de plus en plus, ma faiblesse incroyable. Vous le voyez, il ne faut pas une forte épreuve pour découvrir ce que je suis. Un peu de contradiction a bientôt réveillé ma sensibilité. Cela s'est fait d'une manière si subtile, qu'il faut que vous me le fassiez remarquer, pour que je m'en aperçoive. Je le reconnais maintenant, je vous en ai de l'obligation.

Ce que vous me dites me fait trembler. Comment pourrait subsister l'amour de Dieu avec tant d'amour-propre? Et comment Jésus-Christ vivrait-il en moi, le vieil homme y étant encore si vivant? Je suis dans une grande crainte, je l'avoue. Je ne puis comprendre comment Dieu veut faire tant de miséricordes à une personne aussi infidèle. Ces infidélités sont punies par quelques jours d'absence. Mais ce Dieu, plein de bonté, ne me laisse pas long-temps dans la douleur. Il se fait revoir à mon âme, il la console de nouveau par la douceur de sa présence. Pardon, mon cher Père, je m'écarte sans y penser. Ce n'est pas le temps de parler des miséricordes de mon Dieu. Je dois plutôt vous entretenir de mes misères, vous avouer mes fautes, en gémir, et vous en demander pénitence.

Oui, mon très-honoré Père, je m'accuse de sensibilité, et d'amour-propre; et je vous demande, à genoux, que vous m'imposiez telle pénitence qu'il vous plaira. Ne m'épargnez pas, je vous en supplie. Je sens combien je perds d'être éloignée de vous, mon très-cher Père, qui travailliez, avec tant de zèle, à mon avancement, qui m'aidiez avec une charité infatigable à supporter les petits contre-temps qui arrivent dans la vie. Ils me sont plus fréquents dans le lieu où je suis, et dans la place que je tiens; aussi fais-je bien des fautes. Aidez-moi de vos saintes prières; secourez-moi de vos avis. J'aurai toute ma vie pour eux une singulière vénération. Je ferai tous mes efforts pour y être fidèle.

Je suis, en Notre-Seigneur, avec un profond respect,
   Votre très-obéissante servante,

MARCELLINE PAUPER.

XIV.

MARCELLINE PAUPER AU PÈRE DE LAVEYNE.

Elle lui exprime le besoin pressant qu'elle a de ses conseils, au moment de fonder un nouvel établissement.

Murat....., 1698.

Mon très-honoré Père,

Je n'ose me plaindre de votre silence. Je suis persuadée que c'est pour me punir que vous en usez ainsi. S'il m'était permis de choisir ma pénitence, je vous prierais de changer celle-là. Toutes les autres seraient moins mortifiantes pour moi. Cependant, je me soumets à tout ce qu'il vous plaira. Je serais ravie de pouvoir aller jusqu'à vous. Que j'aurais besoin d'un jour de votre conversation! Quelle consolation pour moi, si je vous voyais, au moins une fois l'an, dans mon exil, surtout à la veille d'un nouvel établissement, où je serai chargée de la conduite de sept ou huit novices! Il me semble qu'il y va de la gloire de Dieu.

Car, aidée de vos sages conseils, je serais plus en état de m'acquitter de mon devoir. Mais quelle apparence ! Ces vœux sont inutiles. Pardonnez-les-moi, mon très-honoré Père; une pressante nécessité me les fait faire. Je ne cesserai point de demander à Dieu qu'il vous inspire ce qui sera le plus pour sa gloire. Remerciez-le des miséricordes qu'il continue de me faire.

Je suis, avec respect, en Notre-Seigneur,

Votre très-humble et très-obéissante fille,

MARCELLINE PAUPER.

XV.

MARCELLINE PAUPER AU PÈRE DE LAVEYNE.

Elle reconnaît l'utilité d'un bon guide. — Elle ne veut agir que par obéissance. — Elle désire imiter Jésus souffrant. — Sa joie à l'approche de l'Avent et de la fête de Noël.

Murat, Novembre 1698.

Mon très-honoré Père,

Je suis véritablement confuse de vous importuner si souvent par mes lettres. Je crains qu'elles ne vous soient à charge. Pardonnez-moi, encore cette fois; votre grande charité donne lieu à mes importunités. Le besoin extrême que j'ai de vos salutaires instructions, ne m'y pousse pas moins.

Dieu continue ses miséricordes envers moi. Votre secours m'est nécessaire pour y correspondre avec fidélité. Il ne me l'est pas moins pour éviter les écueils dont la vie spirituelle est remplie. Je comprends, mieux que jamais, l'utilité d'un bon guide pour marcher en assurance dans la voie étroite. Je crains d'un côté l'infidélité, et de l'autre, l'imprudence. L'amour me presse; l'obéissance me retient. Dieu est magnifique à mon égard. Ses miséricordes sont infinies; son amour semble ne se vouloir nourrir que dans l'excès. Que faut-il faire? Marquez-le-moi, je vous en conjure.

Je ne vous dis rien de ce que je voudrais faire pour contenter les désirs de mon cœur. Vous savez assez que l'amour veut imiter l'objet aimé. Il me donne de fortes impressions des souffrances de Jésus-Christ. C'est par là qu'il a glorifié son Père et opéré notre salut. C'est par là que nous devons l'imiter. Le saint temps de l'Avent, où nous allons entrer, se présente à mon esprit comme un agréable printemps. Que mon cœur sent de joie à l'avénement du Verbe éternel! Que cette joie est vive, quand je pense que c'est pour demeurer avec nous! Prescrivez-moi, s'il vous plaît, mon très-honoré Père, ce que je dois faire pour m'y préparer. J'espère que vous me ferez cette charité.

Je suis, en son amour,

Votre très-humble et très-obéissante fille,

MARCELLINE PAUPER.

XVI.

MARCELLINE PAUPER AU PÈRE DE LAVEYNE.

Elle lui offre ses vœux de bonne année. — Elle lui rappelle que c'est lui qui l'a fiancée à Jésus-Christ, et lui exprime le désir de recevoir de ses lettres.

Murat, le 3 Janvier 1699.

Mon très-honoré Père,

C'est suivre mon inclination que de vous renouveler, au commencement de cette année, les sentiments de mon cœur. Il est rempli de reconnaissance, de soumission, d'attachement et de respect pour vous, mon très-honoré Père; le tout dans l'Esprit de Jésus-Christ. C'est vous qui me l'avez fait connaître, c'est par votre ministère que je lui suis consacrée : je vous en aurai une éternelle obligation. Vous m'avez, comme saint Paul, fiancée à ce divin Époux.

Mais permettez-moi de vous dire que vous n'imitez pas, en tout, la conduite de cet apôtre. Sa charité le mettait dans une sollicitude continuelle pour ceux qu'il avait engendrés à Jésus-

Christ. Il était en peine s'ils demeuraient fermes dans la foi, s'ils avançaient dans la piété. Il leur écrivait souvent pour les animer. Pour vous, mon très-honoré Père, vous demeurez dans le silence à mon égard. Cependant, vous savez quelle est ma faiblesse, mon inconstance dans la vertu, et le besoin que j'ai d'être excitée à faire le bien. Pardonnez-moi ces reproches, c'est pour m'en attirer de plus grands de votre part. Ils me seront plus doux qu'une telle indifférence. Faites-moi donc la charité de me donner de vos nouvelles. Je ne puis rien vous dire de particulier que vous ne m'en ayez donné la permission.

Je suis, avec tout le respect et la reconnaissance possibles,

Mon très-honoré Père,

Votre très-humble fille en Jésus-Christ,

MARCELLINE PAUPER.

XVII.

MARCELLINE PAUPER AU PÈRE DE LAVEYNE.

Elle raconte une faveur reçue le Jeudi-Saint. — Impressions sur le mystère de l'Eucharistie. — Vision de Jésus flagellé. — Désirs ardents de lui être conforme. — Ses pénitences ; suite de la vision. — Elle est guérie instantanément des plaies dont elle avait couvert son corps. — Longue extase le jour de Pâques ; elle communie à midi.

Murat, le 9 Mai 1699.

Mon très-honoré Père,

Il me semble qu'il y a bien du temps que je n'ai eu l'honneur de vous écrire : je ne sais d'où vient ce retardement, sinon des grands mystères que nous adorons. Il s'y est passé des choses, à mon égard, qui demanderaient que j'eusse, au moins, une heure de conférence avec vous. Mais il faut porter, en esprit de pénitence, la privation d'une direction dont je me suis rendue indigne, par le mauvais usage que j'en ai fait. Cependant, Dieu me traite toujours avec une miséricorde dont la magnificence me fait craindre l'artifice et l'illusion.

Voici ce qui m'arriva le Jeudi-Saint au soir, sans que j'y contribuasse en rien. Étant en oraison, occupée des dispositions de Jésus-Christ, et des intentions qu'il avait eues en instituant le Saint-Sacrement, j'eus une vive impression de la grandeur de ce mystère; non par voie d'instruction, mais par impression. J'entrai dans les dispositions de cet Homme-Dieu, et je me trouvai absorbée d'une manière que je ne puis exprimer. Cela est infiniment au-dessus des sens. Il faudrait que je fusse auprès de vous pour vous dire ce qui en résulte. Tout le jour se passa dans une grande consolation: mon âme en fut remplie. Étant dans cette disposition, Jésus-Christ me fut présenté comme il était au sortir de la flagellation. Cet objet, couvert de plaies et de sang, ne faisait en moi aucune impression de compassion. Mais l'adorant, je lui disais, avec un cœur tout embrasé d'amour: *O mon Jésus, vous m'êtes un Époux de sang! Que cet état vous pare bien mieux que la gloire du Thabor! Cela s'est accompli en vous, pour l'amour de moi. Je m'offre, afin que cela s'exprime en moi, pour l'amour de vous.* Alors, je reçus de grandes instructions, qui excitaient dans mon pauvre cœur un ardent désir d'être conforme à ce divin exemplaire. Je le regardais avec une tendresse pleine de respect; je lui disais : *O mon Jésus, mon Époux, l'amour rend les amants égaux : ne me refusez donc pas la grâce de vous être semblable dans cet état.* Il me répondit : *Je viens à toi, pour te parer comme moi.* Et incontinent, la chose disparut.

Je ne sais, mon cher Père, si la chose s'est passée réellement, ou par imagination échauffée. Mais je demeurai fort altérée de souffrances. Je m'y portai avec ardeur, me proposant, néanmoins, d'y garder toujours la discrétion que vous m'avez recommandée. Cependant, dans le cours de l'action, je m'oubliai si fort, que j'en sortis couverte de plaies, avec une grande effusion de sang. Elle ne fut pas, néanmoins, capable d'étancher ma soif.

Le lendemain, je réitérai trois fois la même chose. Je m'en trouvai guérie presque incontinent après, contre mon attente. Depuis cela, je ne souffre dans mes mortifications qu'autant qu'elles durent. Je les ai continuées comme en Carême. Je ne m'en trouve pas affaiblie. L'idée de Jésus flagellé m'est toujours présente, et le désir de lui être semblable ne fait qu'augmenter en moi.

Le jour de Pâques, je me trouvai dans une grande peine. Étant allée, dès le matin, à l'église pour y faire mon oraison, avant la messe, j'y demeurai jusqu'à midi. J'attendais la messe, mais elle était dite : ce qui me donna un peu d'inquiétude, craignant de n'avoir pas satisfait au précepte de l'Église. Je n'osais communier. Mais Notre-Seigneur eut la bonté de me rassurer; et, un prêtre s'étant présenté, je le priai de me communier.

Voilà, mon très-cher Père, des choses sur lesquelles je vous prie de me marquer vos sentiments.

Je suis, en Notre-Seigneur, avec un profond respect,

Votre très-humble et très-obéissante fille,

MARCELLINE PAUPER.

XVIII.

MARCELLINE PAUPER AU PÈRE DE LAVEYNE.

Elle lui parle de ses désirs ardents de la solitude. — A la vue de Jésus crucifié, elle a deux ravissements qui augmentent encore son amour des souffrances. — État de crucifiement pendant près de cinq heures. — Elle est reprise par Notre-Seigneur de ses moindres fautes.

Murat, Novembre 1699.

Mon très-honoré Père,

Votre lettre m'a comblée de joie, y ayant appris que vous voulez bien continuer de prendre soin de mon âme. Elle a toujours un besoin très-pressant de vos saintes instructions.

Voici ce qui s'est passé en moi, depuis que je n'ai eu l'honneur de vous écrire. Sur la fin de septembre, j'entrai dans un recueillement intérieur tel, que ce qu'il me fallait faire au dehors m'était à charge. Les soins que j'étais obligée de prendre pour m'acquitter des devoirs de mon état, m'étaient devenus une pesante croix. Je me trouvais incapable de travailler à l'œuvre de Dieu dans l'exercice de la charité, et je ressentais tant de penchant pour la retraite et pour le silence, que je souffrais terriblement lorsqu'il me fallait agir ou parler. Je ne soupirais qu'après la solitude; je désirais de n'avoir à m'occuper que de Dieu seul, dont les perfections me charment, et à gémir de mes propres péchés et de ceux des pécheurs. Cette disposition me dura près d'un mois, avec tant de violence, que je ne pensais qu'aux moyens de me faire une retraite, et que je la demandais à Dieu continuellement. Il eut enfin pitié de mes gémissements. Il me fit connaître, dans l'oraison, qu'il ne voulait pas encore l'exécution de ce désir; mais bien que je travaillasse dans l'état où il m'avait mise. Il me proposa l'exemple de sainte Catherine de Sienne, qu'il m'avait déjà donnée pour patronne. Il m'inspira un nouvel amour pour la pénitence, et il m'apprit à conserver le recueillement intérieur, en agissant d'une manière libre et dégagée. Depuis ce temps-là, j'ai redoublé mes pratiques de mortification.

La veille de sainte Ursule, mon oraison fut plus profonde. Après la sainte communion, je fus surprise d'un ravissement dans lequel Dieu me fit connaître son amour pour les hommes. Je fus pénétrée de reconnaissance, et je me sentis couverte de confusion, en considérant mon ingratitude et celle de tous les hommes, qui répondent si mal à la bonté de Dieu. Le lendemain, vendredi, cette disposition continuant en moi, je fus communier. Dès que le prêtre m'eut donné la sainte hostie, je me trouvai la bouche pleine de sang, et l'âme remplie d'une onction extraordinaire. En même temps, le divin Maître me dit : *Vois, ma fille, ce que je te suis.* A quoi je répondis, dans un grand sentiment d'amour : *Un Époux de sang.* Il me repartit : *Oui, un Époux de sang; comprends bien: un Époux de sang.* Je demeurai ensuite dans un grand ravissement, qui dura près de deux heures. Je reçus alors l'intelligence de ces divines paroles, avec un ardent désir d'être conforme à ce divin Époux crucifié. J'aurais bien des choses à vous dire; mais il faudrait être auprès de vous pour s'expliquer plus au long. Je demeurai dans une grande faim des souffrances. Je n'osais pas, néanmoins, suivre mon désir n'en ayant pas la permission. Cela me dura jusqu'au dimanche, dans l'octave de tous les Saints. Le matin de ce jour-là, étant en oraison, ce désir de la souffrance s'augmenta. Je l'offris à Notre-Seigneur, le conjurant de me faire faire tout ce qu'il demanderait de moi, sans que ma propre volonté s'y trouvât. Comme je lui faisais cette prière, je tombai à la renverse; je fus étendue en croix, avec des douleurs, dans tout mon corps, que je ne puis exprimer. Ma tête était comme comprimée dans un cercle de fer, avec des élancements jusqu'au crâne; ma poitrine souffrait terriblement de la force avec laquelle mes bras étaient tendus; il me semblait qu'on m'arrachait les nerfs des mains et des pieds. Cette souffrance n'était mêlée d'aucune consolation intérieure, ressentant seulement une secrète disposition des souffrances de Jésus crucifié. Cela dura depuis cinq heures et demie jusqu'à dix. Je ne comprends pas comment la nature peut survivre à de telles souffrances. Ce qui me fortifia, ce fut qu'au milieu de ces tourments, Jésus-Christ me parut dans l'état où il était sur la croix, son saint côté ouvert, duquel il fit couler dans mon âme une douceur infinie, et me dit: *Voilà l'état où je te veux.* A quoi je répondis: *Mon Amour est crucifié.* Cela ne dura qu'un moment, mais me fortifia merveilleusement.

Lorsque cette opération d'amour eut cessé, je revins à moi, sentant de grandes douleurs dans tous mes membres, mais particulièrement dans les mains, dans les bras, dans les pieds et dans la tête. Je fus bien honteuse de me trouver dans notre chambre, où mes sœurs m'avaient portée; car cela m'était arrivé, lorsque je faisais mon oraison avec elles.

Je fus à la sainte messe avec bien de la peine. Je communiai pour m'unir à mon divin Sauveur. Je reçus, dans la communion, de grandes consolations. Mes forces, qui semblaient tout épuisées, me furent rendues avec avantage. Depuis ce temps-là, mon amour pour Jésus crucifié a augmenté. J'ai aussi augmenté quelque chose à mes pratiques de mortification. Je ne vous en parle pas à présent. Je vous avoue, mon très-cher Père, que ces choses me font craindre. Je ne puis comprendre que Dieu en use de la sorte avec une âme aussi ingrate et aussi infidèle que je le suis. J'appréhende que ce ne soit que tromperie et illusion; que l'ange de ténèbres ne se transforme en ange de lumière pour me séduire. La seule chose qui me rassure dans ce qui m'arrive d'extraordinaire, c'est que la vue de mes fautes m'y est toujours représentée : j'y suis reprise des moindres manquements auxquels je n'aurais pas fait attention. Je suis aussi plus pénétrée de mon indignité. Voilà ce que j'expose à votre jugement. Ayez la bonté de me donner les avis qui me sont nécessaires. Ne m'épargnez point. Je ne sens aucune répugnance à quoi que ce soit. Je me trouve dans une grande préparation de cœur pour toutes sortes de souffrances, d'humiliations et de privations. Toute mon ambition est de passer en Jésus-Christ. Aidez-moi de vos saintes prières et de vos charitables instructions ; j'en ai plus besoin que personne.

Si vous voulez que je vous rende compte de ma manière d'oraison, ayez la bonté de me le marquer.

Je suis, en Notre-Seigneur,

Mon très-honoré Père,

Votre très-humble et reconnaissante fille,

MARCELLINE PAUPER.

XIX.

MARCELLINE PAUPER AU PÈRE DE LAVEYNE.

Elle lui rend compte de ses dispositions au commencement de l'année. — Jésus se donne à elle, dans la sainte communion, comme un Époux de sang. — Nouveaux désirs de la souffrance, satisfaits par de violentes douleurs.

Murat, Janvier 1700.

Mon très-honoré Père,

Vous trouverez bon que je vous renouvelle mes vœux, au commencement de cette année. J'espère de la miséricorde de Dieu que j'y serai plus fidèle, et que vous aurez lieu d'être content de moi. Oubliez, je vous prie, mes fautes. Je suis résolue de les réparer. Au reste, permettez-moi de vous dire que ma pénitence me paraît un peu longue. C'est le nom que je donne à votre silence; je l'ai pris dans cet esprit. Ayez la bonté de la faire cesser. Continuez-moi vos charitables instructions. Vous savez le besoin que j'en ai pour me corriger de mes défauts, et pour répondre aux miséricordes de Dieu. Elles sont infinies, malgré toutes mes infidélités.

Le 19 de ce mois, après mon oraison, qui dura trois heures, j'allai entendre la sainte messe, et me préparer à la sainte communion. Mon intention était de me donner à Jésus-Christ, afin qu'il me fît entrer dans son esprit de sacrifice et d'immolation. Je le reçus dans cette disposition. Dès que la sainte hostie fut sur ma langue, je me trouvai la bouche pleine d'une si grande abondance de sang, que j'avais peine à l'avaler, ce qui dura assez long-temps. En même temps, cette pensée me fut donnée : *Vous m'êtes un Époux de sang.*

Pendant que cela se passait en moi, toutes les puissances de mon âme et de mon corps furent dans un si grand étonnement et une telle admiration, que je demeurai sur les balustres de l'autel, le voile levé, et dans la même posture où j'étais lorsque j'avais communié. Je fus instruite des dispositions de la très-sainte âme de Jésus-Christ en croix ; ce qui excita, dans mon pauvre cœur, un ardent désir pour la souffrance, après laquelle je soupirais, comme pressée d'une grande soif. Pour contenter cette disposition, Dieu me fit sentir des douleurs très-vives dans tout le corps; ce qui dura huit jours. Je m'y rendis passive, sans y rien ajouter. Comme tout cela est passé maintenant, vous voudrez bien me permettre d'y suppléer par la pénitence. J'aurais quantité d'autres choses à soumettre à votre jugement, et sur lesquelles j'aurais besoin de vos conseils; mais je n'ai pas le temps, pour cette fois. Faites-moi savoir votre volonté sur cet article, et marquez-moi ce que je dois faire.

Je suis, en Notre-Seigneur, avec un profond respect,

Mon très-honoré Père,

Votre très-humble et très-obéissante fille,

MARCELLINE PAUPER.

XX.

MARCELLINE PAUPER AU PÈRE DE LAVEYNE.

Elle lui parle de ses ténèbres spirituelles. — Son amour pour cet état, où elle aime Dieu pour lui-même. — Défiance d'elle-même.

Murat, le 12 Mars 1700.

Mon très-honoré Père,

Vous me soupçonnez d'avoir murmuré de la longueur de votre silence. Vous aurez la bonté de me le pardonner. Je l'ai vénéré dans l'ordre de Dieu, qui me met à l'épreuve, en me privant ainsi des lumières dont j'aurais besoin durant les petites absences dont il punit mes infidélités. Il m'oblige, souvent, à le chercher, par une foi vive, dans cette sombre retraite où il se cache lui-même; ce qui, d'abord, m'a été pénible. Mais ce Dieu de bonté ne me laisse pas long-temps dans la langueur que me cause son absence. Remerciez-le pour moi de ce que, par sa très-grande miséricorde, je suis autant instruite par les ténèbres où il me laisse maintenant, que par toutes les lumières qu'il me donnait dans l'oraison. Oui, je conçois une plus haute idée de Dieu, en l'adorant renfermé en lui-même, et trouvant en lui seul toute sa félicité, qu'en contemplant ses divines perfections; de manière que je suis aussi contente dans mes ténèbres les plus épaisses, que dans mes consolations les plus sensibles. Je préfère même cet état d'obscurité à tout autre, si le pur amour s'y rencontre davantage. Au moins, il y a plus d'abnégation.

Je vous demande très-humblement pardon de mes indiscrétions. J'accepte avec soumission la pénitence que vous m'imposerez. J'y serai fidèle, jusqu'à ce que vous en ordonniez autrement.

La complaisance et la vanité qui se trouvent en tout ce que je fais, redoublent la défiance où je suis de moi-même. Il est vrai que Dieu me traite en Dieu, faisant de l'abîme de ma misère le trône de ses miséricordes; mais je crains tout de la corruption de mon mauvais cœur. Je compte sur vos saintes prières.

Que je vous suis obligée de votre charité! Vous me faites espérer d'avoir l'honneur de vous voir: quel bonheur pour moi! Je m'attends à une exacte recherche de ma conduite, mais n'importe. Quoi qu'il m'en coûte, je voudrais déjà me voir dans cette aimable peine. Venez donc : vous trouverez en moi bien des choses à reprendre et à corriger ; je vous attends.

Je suis, en Notre-Seigneur,

Mon très-honoré Père,

Votre très-humble et très-obéissante fille,

MARCELLINE PAUPER.

XXI.

MARCELLINE PAUPER AU PÈRE DE LAVEYNE.

Elle lui parle de son attrait pour la pratique de toutes les vertus. — Elle est attaquée de trois violentes tentations : la première, d'impureté; la deuxième, de relâchement; la troisième, de désespoir. — Elle entend des hurlements dans sa chambre. — Elle prend une rude discipline. — Elle est consolée dans sa communion du 15 mai. — Elle se rend esclave du pur amour. — Nouvelle aridité spirituelle, qui ne contribue qu'à augmenter sa ferveur. — Quatre jours de suite, elle a une extase en communiant. — Son abandon au bon plaisir de Dieu. — Son oraison sur le mystère de la sainte Trinité, sur les mystères de Jésus-Christ. — Sa manière de vivre. — Ses jeûnes, ses veilles, ses pénitences.

Murat, le 9 Juillet 1700.

Mon très-honoré Père,

Je ne fais que de recevoir votre lettre; je ne m'y attendais plus; je craignais de vous avoir rebuté par mes importunités.

Je demande instamment d'être auprès de vous, afin de vivre dans une plus grande dépendance. Aidez-moi à obtenir cette grâce, mon très-cher Père. Vous pouvez facilement juger que je ne vous écris ce qui m'arrive qu'avec appréhension. Je crains toujours que mes lettres ne tombent en d'autres mains. Il me serait bien plus doux de vous en rendre compte de vive voix, que de confier à un papier ce qui se passe en moi de plus secret. Néanmoins, pour obéir au commandement que vous me faites, voici ce qui m'est arrivé de plus particulier, depuis les premiers jours du mois de mai.

Le sixième, j'étais dans une grande ferveur. J'aimais la pratique de toutes les vertus ; je m'y appliquais de mon mieux. Mais je fus attaquée, en même temps, de trois violentes tentations : la première d'impureté, la seconde de relâchement, et la troisième de défiance et de désespoir. Il me semblait avoir l'imagination toute souillée, mes sens étaient comme un enfer. La concupiscence me livrait une guerre cruelle ; et, lorsque je voulais m'élever vers Dieu, lui demander son secours dans la prière, j'étais combattue par des pensées de crainte, de défiance, d'abandon de Dieu ; de sorte qu'il me semblait que ma réprobation était comme assurée. Me trouvant fort pressée de ces pensées, je me prosternai devant Dieu, baignée de mes larmes ; je rappelai le souvenir de mes péchés, de mes infidélités à sa grâce, et de l'opposition que j'ai à suivre le mouvement de son esprit. A cette vue, je reconnus que je n'étais digne que d'une réprobation éternelle. J'adorai les jugements de Dieu sur moi; j'admirai sa suprême justice et sa sainteté. L'une et l'autre de ces perfections me faisaient concevoir une grande horreur du péché, et un désir sincère d'expier les miens, dès cette vie. Je m'écriai, alors : *Est-il possible, ô mon Dieu, que je sois séparée de vous toute l'éternité! Est-il possible qu'il ne me soit jamais permis de vous aimer! C'est à cela seul que je ne puis consentir. Au moins, mon Dieu, faites-moi la grâce de vous aimer toute ma vie; faites que je ne vous offense jamais.*

Je voulus alors faire quelques pénitences. Je fus effrayée par quelques hurlements qui se firent dans ma chambre; mais je me surmontai. Tout occupée de la sainteté de Dieu et de l'horreur qu'il a du péché, je m'oubliai si fort, que je ne sais pas combien de temps je fus en cet exercice. Ce que je sais seulement, c'est que j'en sortis couverte de sang et de plaies, et bien consolée de ne plus ressentir de mouvements impurs, et de voir mon imagination vide de souillures.

Les deux autres tentations me durèrent huit jours. Dieu me fit la miséricorde de n'y jamais consentir. Aussi je ne laissai pas de m'approcher des sacrements. Je redoublai mes exercices de prières et de pénitences. Je n'en eus d'autre consolation qu'une secrète paix au fond de mon cœur. Mais enfin tout cela se calma le quinzième de mai. Dans la communion de ce jour-là, le Seigneur me fit de grandes miséricordes. Il me sembla qu'il me demandait si je voulais me ranger sous le joug du pur amour. Je m'en rendis l'esclave dans le moment. Je reçus, en même temps, de grandes instructions sur ce nouvel engagement. Je vis à quelle pureté il m'obligeait, et comme quoi, m'oubliant moi-même, je devais passer en Jésus-Christ et vivre en lui.

Quelques jours après, je fus dans une grande aridité spirituelle. Je me trouvai privée de lumière et de dévotion dans l'oraison ; mais ce fut sans manquer de constance. Je fis hommage de mes misères à la souveraine félicité de Dieu ; de mes ténèbres et de mes impuissances à sa lumière et à son souverain pouvoir. Cela se passa quatre jours avant la Pentecôte. A chacun des quatre jours d'après, il m'arriva que dans la sainte communion, je me trouvai si absorbée et si pénétrée de la majesté de Dieu, qu'accablée du poids de ses miséricordes, je tombai par terre. Il ne m'est pas possible de vous dire, mon cher Père, ce qui se passa alors dans mon âme. On peut le sentir, on ne saurait l'exprimer. Mon corps était raide, par terre ; mon âme était abîmée dans les divines perfections des trois adorables Personnes de la très-sainte Trinité. Oh! qu'en cet état on est libre, n'étant pas embarrassé des liens de la chair! Je demeurai ainsi trois ou quatre heures. Ce qui me fit de la peine, c'est que le prêtre qui nous dit la messe, s'en aperçut. Il vint pour me relever, mais à peine put-il me remuer. Il remarqua quelque chose d'extraordinaire sur mon visage. Le dernier jour que cela m'arriva, je fus dans une grande confusion ; car, lorsque je me relevai, je me vis entourée de quelques personnes, qui m'avaient vue tomber en cet état. Cela m'affligea très-fort. Je m'en retournai sans savoir où j'allais. Mon pauvre cœur était si embrasé, que je fus obligée de me mettre de l'eau dans le sein ; mais ce fut fort inutilement. Je passai tout le jour à pleurer, priant Notre-Seigneur que rien de semblable ne m'arrivât devant le monde.

Le lendemain je fus long-temps sans oser communier, craignant qu'il ne m'arrivât encore quelque chose d'extraordinaire. Après beaucoup de prières et de larmes, je m'adressai à saint Joseph, qui est toujours mon recours. J'allai communier, et je me sentis soutenue comme par une main invisible. Elle me tenait par le milieu du corps; et, depuis ce temps-là, je ne suis pas tombée.

Quant aux dispositions intérieures où je suis à présent, je me trouve dans un grand abandon de moi-même au bon plaisir de Dieu, dans un regard presque continuel de sa souveraine félicité. Tout me sert à faire hommage aux perfections de Dieu et à son ineffable bonheur. Mes faiblesses, mes ignorances, mes infirmités me plaisent; et, si mes défauts ne déplaisaient pas à Dieu, je ne m'en affligerais pas. J'aime la pauvreté des créatures par rapport à lui. Toute l'ambition de mon cœur, tous ses désirs sont de passer en Jésus-Christ souffrant, de m'abîmer dans ses mystères humiliants, de me rendre victime de sa gloire, en reconnaissance de ce qu'il s'est fait victime pour mon salut.

Quant à mon oraison, le mystère de la très-sainte Trinité en est le sujet le plus ordinaire : les perfections de Dieu, sa sainteté, son amour éternel pour les hommes, et les mystères de Jésus-Christ. Pour la manière de la faire, elle est fort intellectuelle : je ne suis pas tant appliquée à Dieu qu'occupée de lui ; le raisonnement y est interdit.

Quant à ma manière de vie, je me conforme à nos sœurs. Je mange deux fois le jour avec elles, excepté le vendredi et le samedi, où je n'y vais qu'à dîner. Pour le goût, tout m'est indifférent, n'en ayant pour rien ; je me contente de tout. Je me retire avant dix heures pour mon repos. Je me relève à minuit pour faire oraison. Je me recouche à deux, et me relève à quatre. A six, je vaque au service des pauvres. J'entends ensuite la sainte messe. Puis, je m'occupe aux exercices de la charité et au travail des mains, conservant, autant que je le puis, la présence de Dieu. A midi, je vais devant le Saint-Sacrement. Je reviens ensuite m'acquitter des œuvres de charité commises à mes soins.

A trois heures, je dis vêpres de la sainte Vierge, et je demeure en oraison jusqu'à cinq. Outre ma lecture de chaque jour, dans le Nouveau-Testament, je lis quelques livres de piété à nos pauvres.

Pour pénitence, la discipline tous les jours, la ceinture de fer trois heures chaque nuit; voilà tout.

Continuez-moi votre charité, et m'aidez de vos avis. Croyez-moi, en Notre-Seigneur,

Mon très-honoré Père,

Votre très-humble et obéissante fille,

MARCELLINE PAUPER.

XXII.

MARCELLINE PAUPER AU PÈRE DE LAVEYNE.

Elle le supplie de ne point l'abandonner. — Nouveau désir de mourir. — Elle prend une potion de suie et de vinaigre pour le salut d'une âme.

Bourg-Saint-Andéol....., 1700.

Mon très-honoré Père,

Je ne puis commencer ma lettre que par des plaintes. Je me trouve bien misérable, s'il est vrai, comme il paraît, que vous ayez entièrement abandonné le soin de ma conduite, vous, mon cher Père, sur qui je comptais si fort pour mon avancement spirituel. Je n'avais de repos que sur ce que vous approuviez, tant la confiance que j'ai en vous est grande. Que dirai-je? Il me semble que votre charité n'y répond pas. Je sais que vous employez plus utilement le temps à l'instruction des personnes qui en font un meilleur usage que moi, que si vous le passiez à m'écrire. Ne vous rebutez pas néanmoins, ne m'abandonnez pas. Dieu ne l'a pas encore fait. Sa patience dure encore; que la vôtre ne se lasse point. Je puis vous assurer que les mécontentements que j'ai pu vous donner, je ne vous les ai pas donnés par malice. Je vous en demande, néanmoins, humblement pardon. J'ai plus d'envie de bien faire que jamais. Reprenez donc à cœur le salut de mon âme, pour laquelle Jésus-Christ a bien voulu mourir. J'ai besoin de secours dans l'état où je suis, ne me refusez pas celui que vous pouvez me rendre.

M..... garde un grand silence à mon égard. Je supporte cette punition des créatures par hommage à la présence de Dieu, qui continue de me faire de grandes miséricordes. Toute ma peine est de ne savoir comment y répondre.

Je ne vous dirai rien maintenant des choses singulières qui me sont arrivées. Je ne sais si ma vie sera encore bien longue, mais je me sens de grands désirs de mourir. Il faut que je m'y prépare par de dignes fruits de pénitence. J'ai pris quelquefois une potion amère, composée de suie et de vinaigre, pour demander à Dieu la conversion d'une personne qui quittait la vertu. J'y trouvai d'abord quelque chose de si extraordinaire et de si méchant, que toute la nature en frémit chez moi. Outre cette amertume et ce dégoût, des douleurs et un tremblement me saisirent par tout le corps. Je n'ai pas senti les mêmes peines dans la suite. Mandez-moi si vous voulez bien me permettre d'en user deux fois la semaine. En attendant votre réponse, je continuerai à le faire. Accordez-moi le secours de vos charitables prières et de vos avis; je vous les demande au nom de Jésus-Christ crucifié, dans l'amour duquel je suis, avec un profond respect,

Mon très-honoré Père,

Votre très-humble et obéissante fille,

MARCELLINE PAUPER.

XXIII.

MARCELLINE PAUPER AU PÈRE DE LAVEYNE.

Elle est passive dans la souffrance. — Petites industries dans sa maladie pour augmenter ses souffrances.

Bourg-Saint-Andéol....., 1700.

Mon très-honoré Père,

Les désirs de mourir, dont je me suis sentie pressée, ont été suivis de plusieurs infirmités. Je ne désire point sortir de cet état de souffrance. Au contraire, je souffre, lorsque, dans ces infirmités, je me retire de la souffrance; je veux dire, lorsque, par délicatesse, je me retire d'une posture où je souffre davantage pour en prendre une plus commode. Je dois me rendre, ce semble, passive à la souffrance comme aux plus douces jouissances. Il est vrai que, dès que je m'aperçois de cette recherche de mes commodités, je reprends ma première situation.

On me pressait, dans ma dernière maladie, de dire moi-même les remèdes que je croyais m'être bons. Je refusai de le faire, disant qu'on me fît ceux qu'on me croirait utiles; que, pour moi, je n'étais pas en état d'y penser. Ainsi je prenais tout ce qu'on me présentait, et je ne demandais rien. J'étais bien aise de souffrir la soif qui augmentait mon mal, plutôt que de demander quoi que ce soit pour la soulager. Je faisais de même pour bien des choses, afin d'avoir la consolation de souffrir davantage.

Durant ces maladies, je ne laisse pas de mettre la ceinture; mandez-moi, mon très-cher Père, si je puis en user de la sorte, dans ces rencontres.

Je vous supplie de me croire pleine de respect et de reconnaissance,

Votre fille en Jésus-Christ,

MARCELLINE PAUPER.

XXIV.

MARCELLINE PAUPER AU PÈRE DE LAVEYENE.

Elle lui renouvelle son vœu d'obéissance. — Elle le prie de lui donner ses avis.

Bourg-Saint-Andéol, Janvier 1701.

Mon très-honoré Père,

Je viens à vous, en esprit, au commencement de cette année, pour renouveler mes vœux d'obéissance et d'une parfaite soumission, vous suppliant, par la charité de Jésus-Christ, d'oublier les mécontentements que je vous ai donnés par le passé. Apparemment, ils ont été cause du silence de six mois dont vous m'avez punie. C'est assez : usez de quelque autre châtiment; je suis disposée à tout. Ce silence que vous gardez, peut bien me punir, mais non me corriger; vos salutaires avis me seraient plus utiles. Rompez-le donc, s'il vous plaît; la charité vous le demande.

J'aurais bien des choses à vous dire. Je crains

que le dénûment général où je me trouve, ne soit un châtiment. Néanmoins, Dieu me traite avec de grandes miséricordes.

J'attends un mot de réponse, pour vous rendre compte de mes dispositions, et de ce qui m'est arrivé.

Je suis, en Notre-Seigneur, avec un profond respect,

Mon très-honoré Père,

Votre très-humble et obéissante fille,

MARCELLINE PAUPER.

XXV.

MARCELLINE PAUPER AU PÈRE DE LAVEYNE.

Elle lui rend compte de la manière dont elle entend son vœu d'obéissance. — Elle exprime son indifférence pour les lieux où la volonté de ses supérieurs la placera.

Bourg-Saint-Andéol, le 16 Février 1701.

Mon très-honoré Père,

J'ai reçu votre lettre avec grande consolation. Elle m'a également surprise et fait plaisir. D'un côté, je m'imaginais que vous m'aviez oubliée; et de l'autre, je ne m'imaginais pas que Monseigneur me fît l'honneur de se souvenir de moi. Je ne sais qui a pu lui dire que je me défendais de retourner à...... Vouloir et ne pas vouloir ne doivent point se trouver dans une personne consacrée à Dieu, autant par le vœu d'obéissance que par le vœu de chasteté. Je ne suis pas si ennemie de mon bien, que de refuser une chose dont la seule espérance me fait un vrai plaisir. Vous le savez, si je n'ai pas fait de grandes instances pour obtenir ce retour, que je désirais de tout mon cœur, c'est la seule crainte de me trop rechercher, et de m'opposer aux desseins de Dieu sur moi qui m'en a empêchée. De plus, on ne m'en a jamais parlé. Ayez la bonté de dire à Monseigneur qu'on a mal informé Sa Grandeur; que loin de refuser, on ne peut être plus disposée que je le suis à obéir aux moindres ordres qui me seront donnés. Je suis toujours prête à partir. Je n'ai d'attache pour aucun lieu. Je n'ai osé écrire à Sa Grandeur pour lui témoigner ma soumission et ma dépendance pour tout ce qu'il exigera de moi. Il le connaîtra encore mieux, s'il en veut faire l'épreuve. Vous me connaissez assez pour juger de la sincérité de ce que je vous marque.

Continuez-moi votre charité, et croyez-moi, en Notre-Seigneur,

Mon très-honoré Père,

Votre très-humble et obéissante fille,

MARCELLINE PAUPER.

XXVI.

MARCELLINE PAUPER AU PÈRE DE LAVEYNE.

Elle lui fait part de ses lumières sur la sainteté de Dieu, et sur la pureté de la sainte Vierge. — Vue soudaine de ses défauts, de ses fautes, de ses imperfections. — Pénitences et consolations. — Impressions de la bonté infinie de Dieu. — Horreur que Dieu a de l'impureté, surtout dans les personnes qui lui sont consacrées. — Jésus-Christ lui présente sainte Catherine de Sienne, et la lui donne pour modèle. — Elle craint toujours l'illusion. — Elle prend la discipline, trois fois par jour, pour trois intentions particulières.

Bourg-Saint-Andéol, Mai 1701.

Mon très-honoré Père,

J'ai reçu avec bien de la reconnaissance la lettre que vous avez eu la bonté de m'écrire. Je tâcherai de profiter des saintes instructions dont elle est remplie; joignez-y vos saintes prières, afin que j'en profite. Je n'ai jamais tant senti mon éloignement; non que je ne sois très-contente du poste où la divine Providence m'a mise : il y a véritablement beaucoup à travailler; mais je ne souffre rien. Dieu me traite comme une

créature indigne de rien souffrir pour sa gloire.
Priez-le que je ne gâte pas son œuvre, et que je
ne sois pas séduite par l'ange de ténèbres.

Voici ce qui m'arriva la semaine dernière :
Lundi, 23 avril, me préparant à la sainte communion, je fus occupée de la sainteté de Dieu
avec tant de lumière et de consolation, qu'il me
semblait déjà jouir de la félicité divine. Il me
fit connaître comme quoi il se plaît et prend ses
délices dans les âmes pures. Je reçus aussi quelques connaissances de la vertu de pureté de
la sainte Vierge, des complaisances du Verbe
incarné dans son sein, et des dispositions de
l'âme de cette même Vierge; ce qui m'avait
tellement absorbée, que j'avais comme perdu
l'usage de mes sens. Les puissances de mon
âme étaient peu agissantes. Ce n'était que
silence, admiration, amour, dans mon intérieur.

Avant que de revenir à moi, je fus bien honteuse. Car, sans aucun examen ni retour sur
moi-même, je me vis remplie de défauts. Ce qui
m'avait paru vertu était souillé par un horrible
mélange d'imperfections. A cette vue, bien humiliée, toutefois brûlante du désir de communier et
d'expier mes fautes, je ne le pus, ne se trouvant

ni messe ni prêtre. Je passai tout le jour dans la douleur; ce qui me parut long. La nuit suivante, comme je m'offrais à Dieu pour satisfaire à sa divine justice par la pratique de quelques mortifications, je fus bien consolée, en récitant ces paroles du *Miserere : Vous me purifierez, et je serai pure.* Elles me pénétrèrent de telle manière, qu'oubliant ce que je faisais, je continuai longtemps le même exercice : de sorte que je n'étais plus que plaies et sang. Je communiai le matin. Cette disposition me dura pendant toute la semaine.

Le lundi, après la sainte communion, je fus, incontinent, tout absorbée. Mon âme se trouva toute pénétrée de la bonté de Dieu. Cette perfection me fut présente avec tant de lumière et d'amour, que je ne puis l'exprimer. Jésus-Christ me fit voir avec quelle magnificence il se communique aux hommes, et avec quelle libéralité il les enrichirait de ses dons, s'ils n'y mettaient pas d'opposition. Les perfections divines me parurent être toutes pour le bien des hommes. J'étais remplie d'admiration, de respect et d'amour; et, en même temps, fort étonnée de l'aveuglement, de l'ingratitude, et de l'opposition des hommes aux desseins de la bonté de Dieu sur eux. Je me sentais irritée de l'outrage qu'ils faisaient à son amour par leurs infidélités ; j'aurais voulu pouvoir y satisfaire et les expier. Il me fut découvert combien Dieu a en horreur l'impureté, et surtout dans les prêtres et les personnes qui lui sont consacrées par état. Je compris que je devais beaucoup prier pour eux, et joindre quelques pénitences à mes prières; ce que j'ai continué depuis, chaque jour.

Je passai en retraite et en pénitence le samedi, fête de sainte Catherine de Sienne, qui m'a été donnée pour patronne au saint baptême, mais plus particulièrement par Jésus-Christ, le 15 octobre dernier, jour auquel il m'arriva des choses si singulières que je ne puis les mettre sur le papier. Le lendemain, dimanche, mon oraison fut plus longue qu'à l'ordinaire. Je fis ce que je pus pour m'appliquer au saint sacrifice de la messe, pendant lequel je vis, dans un ravissement, Jésus-Christ qui me présentait sainte Catherine de Sienne, éclatante de gloire et de majesté. A cette vue, je fus éprise d'un amour si grand, que j'en étais embrasée. Jésus-Christ me dit : *Je te la donne pour modèle : son amour est grand dans le ciel, à proportion de celui qu'elle m'a porté sur la terre.*

Après ces paroles, je ne vis plus devant moi, que la Sainte : elle m'invita à passer en Jésus-Christ crucifié ; à ne point craindre les faiblesses de la nature, qui peut beaucoup souffrir, soutenue de la grâce de Dieu ; à me défier de la prudence humaine, qui tend toujours au relâchement. Ensuite, la sainte disparut, et je revins à moi, mais si pénétrée que je ne pouvais faire usage de mes sens. Il me fallut bien du temps pour m'en retourner. L'ardeur que je ressentais au dedans était si grande, qu'elle passait au dehors. J'étais toute de feu. Je fus obligée de me jeter de l'eau fraîche sur la poitrine. Au lieu de me rafraîchir, comme je l'espérais, elle me fit le même effet que si elle eût été bouillante ; ce qui dura bien un quart d'heure.

Voilà ce qui s'est passé en moi. J'en suis bien en peine. Je crains, d'un côté, d'être trompée. De l'autre, j'appréhende d'être infidèle à Dieu, si cela vient de lui. Mandez-moi sur cela vos sentiments ; car je suis autant disposée qu'on le peut être, à bien recevoir ce que vous me marquerez. Ne m'épargnez point. Priez Dieu qu'il ne permette pas que je sois trompée. Il me paraît que je ne cherche que lui. Que je serais malheureuse de prendre un fantôme pour la vérité! Ne différez donc pas à me dire ce que je dois faire. J'ai redoublé mes pratiques de mortification. Je ne sais comment cela se fait; mais je me trouve guérie d'une pratique à l'autre, quoique je la réitère deux fois, et même trois fois le jour : l'une, pour honorer les souffrances de Jésus-Chriet; l'autre, pour l'expiation de mes fautes journalières; et la troisième pour les pécheurs. Je ne m'en sens pas affaiblie, quoique ce soit toujours avec effusion de sang.

Je suis, en l'amour de Jésus-Christ, notre divin Maître,

Mon très-honoré Père,

Votre très-humble et très-obéissante fille,

MARCELLINE PAUPER.

XXVII.

MARCELLINE PAUPER AU PÈRE DE LAVEYNE.

Sa crainte au sujet de son insensibilité dans ses mortifications. — Elle reçoit une rude discipline d'une main invisible. — Le jour de l'Ascension, elle est environnée d'une brillante clarté, et instruite sur la perfection des dispositions pour la communion fréquente. — Elle ressent les douleurs de la flagellation, pendant la procession du Saint-Sacrement. — Une forte discipline la guérit de la souffrance de ses plaies.

Bourg-Saint-Andéol....., 1701.

Mon très-honoré Père,

Je vois mon voyage rompu, et moi, par conséquent, privée de la consolation de vous voir. Je le souhaitais avec ardeur, plus pour mon besoin que pour mon plaisir. Dieu en dispose autrement : son saint nom soit béni! Il faut donc se résoudre à vous écrire une partie des choses que j'avais résolu de vous proposer.

Je crains toujours fort que, dans ce qui m'arrive d'extraordinaire, il ne se mêle quelque illusion. Je me suis trouvée, pendant plus d'un mois, insensible à toutes mes mortifications. Ce n'était pas pour moi une légère peine : je craignais que Dieu ne m'eût rejetée, et que mes pénitences ne fussent vaines. Je les faisais, néanmoins, toujours, avec toute la force dont j'étais capable. Je pouvais bien me faire des plaies, mais non de la douleur. Comme j'étais fort affligée de l'état où je me trouvais, il m'arriva, il y a trois semaines, que, me disposant à prendre la discipline, je fus servie par une main étrangère, sans que je la visse, sentant seulement quelque chose autour de moi. Cela dura bien une heure, et avec tant de fureur, que j'étais couverte de plaies et de sang, aussi bien que le lieu où j'étais. Je vous assure que j'en suais. Je ne me sentis pas affaiblie de cette grande évacuation pendant le jour; mais le soir, je tombai dans une faiblesse, où je fus long-temps évanouie. Quand j'en fus revenue, je sentis de très-vives et très-cuisantes douleurs dans tout le corps. Mais la consolation que je goûtais, au dedans de mon âme, n'était pas moins grande. Depuis ce temps, je sens les mortifications, et le diable m'a laissée, quant aux coups.

Le jour de l'Ascension de Notre-Seigneur, je

m'oubliai de telle manière dans l'oraison, que je ne communiai que fort tard. Il m'arriva, en communiant, que je fus environnée d'une brillante clarté, ce qui fut aperçu du prêtre qui me communiait. A peine eus-je reçu ce Dieu de bonté, que je fus comme absorbée. Je reçus de grandes instructions sur la perfection où doivent tendre les âmes qui communient souvent, puisque Jésus-Christ n'entre en elles que pour leur faire continuer sa vie, ses souffrances et ses anéantissements, leur communiquer son zèle pour la gloire de son divin Père, leur faire embrasser les occupations de sa très-sainte âme, unie aux trois Personnes divines et prenant des complaisances infinies dans les complaisances ineffables que les trois divines Personnes trouvent en elles-mêmes et dans les hommages que leur rend l'humanité sainte de Jésus-Christ, et pour les faire entrer dans cette voie de souffrance et d'humiliation qu'il a choisie, et dont je reçus quelques impressions. Je demeurai fort convaincue de l'obligation où je suis, par mes communions fréquentes, de vivre de la vie de ce divin Médiateur. Je compris que je ne devais plus vivre de ma propre vie, mais que je devais vivre de la vie de Jésus-Christ. *Il est temps,* m'écriai-je, *ô mon Dieu! il est temps; tirez-moi de mon être, afin que mon âme opère ce pourquoi vous l'avez créée.* Mais, hélas! mon très-cher Père, la pratique ne va pas si vite que la spéculation. Je fais des fautes innombrables, étant toujours infidèle à correspondre aux desseins de Dieu.

Voici ce qui m'arriva dimanche dernier : j'employai toute la matinée à des occupations extérieures de charité, ce qui me fit communier fort tard. Après ma communion, je suivis la procession, à laquelle on portait le Saint-Sacrement. Me trouvant, ce me semble, fort unie à son amour, il me fit la grâce que, pendant la durée de cette procession, je ressentis les douleurs de la flagellation; ce qui me consola beaucoup. Je passai tout le jour dans de grands sentiments d'amour. Le lendemain, je sentis dans tout mon corps de violentes douleurs. Je ne pouvais trouver de posture plus douce que de me tenir au lit en forme de croix. Le mardi, je m'efforçai d'aller communier. Il fallut ensuite me remettre au lit, où je demeurai quatre heures dans une grande souffrance, mais qui n'égalait pas le plaisir que mon âme trouvait dans la possession de Dieu.

Cette souffrance, quelque grande qu'elle fût, ne pouvait contenter le désir que j'avais de souffrir. Je m'écriais : *Environnez-moi de croix, comblez-moi de souffrances, pénétrez-moi de douleurs, car je languis d'amour.* Après quelques expressions semblables, je me trouvai saisie d'un mouvement si prompt, que, sans me souvenir de ma faiblesse, je me levai promptement; et, m'étant mise en un lieu favorable, je soulageai ce violent désir par une discipline qui me couvrit de plaies et de sang, ce qui fut le soulagement de mon corps aussi bien que la consolation de mon cœur; car je sortis de là guérie et fortifiée.

Voilà, mon très-honoré Père, des choses qui me font craindre qu'il n'y ait de la tromperie et de l'illusion, d'autant plus que je suis remplie de défauts et d'imperfections. C'est ce qui me fait vous supplier d'examiner le tout devant Dieu, et de me marquer ce que je dois faire.

Je suis, etc.

XXVII

MARCELLINE PAUPER AU PÈRE DE LAVEYNE.

Elle lui rend compte d'un ravissement qu'elle a eu le 29 novembre, veille de saint André, de l'année 1701. — Le divin Maître lui fait comprendre ces paroles de saint André : Maître, où demeurez-vous ? *et la réponse qu'il lui fit :* Venez, et voyez. *— Il lui montre trois demeures différentes : le sein de son Père, où il est de toute éternité ; le sein de la très-sainte Vierge, où il a habité dans le temps ; et la croix, où il a voulu mourir pour nous. — Lumières qu'il lui donne sur ces trois demeures.*

Bourg-Saint-Andéol, le 8 Décembre 1701.

Mon très-honoré Père,

Le 29 novembre, veille de saint André, je fus occupée, pendant la sainte messe, de ces paroles du saint apôtre : *Maître, où demeurez-vous ?* Et de la réponse de Jésus-Christ : *Venez, et voyez.* J'allai communier dans cette intention, et dans le dessein de passer ce jour-là avec mon divin Maître. En allant le recevoir, je lui dis, fort amoureusement: *Maître, où demeurez-vous?* Ce divin Sauveur, en entrant dans mon cœur, lui fit entendre cette aimable parole: *Venez, et voyez.* En même temps, je tombai dans une abstraction de tous les sens et dans un ravissement d'esprit. Jésus-Christ me fit voir sa demeure éternelle dans le sein de son divin Père. Là, je voyais, dans une clarté merveilleuse, comment, de toute éternité, il l'engendre dans la contemplation de ses divines perfections, l'amour mutuel, et les complaisances réciproques du Père et du Fils. Là, je voyais et adorais d'une manière ineffable les perfections et les attributs de Dieu, et l'économie du mystère de l'Incarnation. Mon âme, tout abîmée en adoration, amour et joie, était sans paroles; mais dans une satiété et un contentement inexprimables.

Il me fut dit encore: *Venez, et voyez.* Et alors le divin Maître me fit voir que, dans le temps, sa seconde demeure a été le sein de la très-sainte Vierge, où il avait demeuré avec complaisance à cause de la pureté et de l'humilité de cette sainte créature. J'admirais son attention et son respect pour Celui qu'elle portait dans ses entrailles; le commerce de sa sainte âme avec le Verbe divin, incarné dans son sein. Je reçus de grandes instructions pour ma conduite, et je sentis un renouvellement de dévotion pour la très-sainte Vierge. Je me réjouissais de ce qu'elle était la demeure et le sanctuaire où se plaisait Jésus-Christ.

Il me fut dit encore: *Venez, et voyez*. Et mon adorable Sauveur me montra sa croix, et me dit: *Je me plais dans la pureté: le sein de mon Père est la pureté par essence; le sein de ma Mère est pur par vertu; et, ici, est la pureté de souffrance et d'amour*. Je reçus quelques instructions sur les dispositions de Jésus-Christ en croix, et il me fut répété: *Je ne demeure que dans la pureté*.

Je revins à moi, pénétrée de ces choses, et très-persuadée de la nécessité de la pureté du cœur pour communier. Je voyais comment tout péché est une impureté, et combien il est opposé à la sainteté de Dieu. Je voyais que les imperfections sont des souillures, et l'obligation où je suis de tendre de toutes mes forces à la perfection. Je sentis un grand attrait pour la souffrance, voyant que mon Sauveur avait demeuré, avec amour, sur la croix. Ses dispositions avaient si fort pénétré mon âme, que je ne respirais que croix et amour : ce sera désormais ma devise.

En cette divine croix et en cet amour, je suis,

Mon très-honoré Père,

Votre très-humble et très-obéissante fille,

MARCELLINE PAUPER.

XXIX.

MARCELLINE PAUPER AU PÈRE DE LAVEYNE.

Elle craint d'être dans l'illusion, à cause de ses infidélités. — Elle demande secours et lumière à son guide spirituel.

Bourg-Saint-Andéol, le 27 Janvier 1702.

Mon très-honoré Père,

Je ne sais que penser de votre long silence. Je l'attribue à diverses causes, pour le porter plus paisiblement. Après tout, je conclus que c'est mon indignité que Dieu punit, et le mauvais usage que je fais de vos bons avis. Autrement, il n'est pas possible que je n'eusse reçu réponse à la lettre que j'ai eu l'honneur de vous écrire au commencement de mai. Si c'est par son ordre que vous en usez ainsi, j'adore ses jugements : il est juste de m'y soumettre. Consultez-les; et, s'il veut pardonner à cette misérable pécheresse, dans ces jours de salut, dans ce temps de jubilé, ayez quelque charité pour moi; faites-m'en sentir les effets par vos saintes prières; continuez-moi vos charitables instructions. Vous ne les pouvez donner à personne qui en ait tant de besoin, et qui ait plus d'envie d'en profiter. Je me sens de bons désirs : il me semble que je suis prête à les seconder.

Cependant, mon Père, je suis, et la nature est encore vivante en moi. Oh! que si j'étais libre, je serais bientôt auprès de vous! Je quitterais tout, dans l'espérance que vous m'aideriez à faire ce que Dieu demande de moi. Mais non, la chose n'est pas possible; je n'en suis pas digne, je le sens vivement. Je vous écris les larmes aux yeux. Vous pouvez juger de mes peines par la dernière lettre que je vous ai écrite. Je crains, d'un côté, que tout ce qui m'arrive ne soit qu'illusion; de l'autre, je tremble pour mes infidélités. Oh! que je suis éloignée de l'exemple qui m'a été donné! Qu'il s'en faut que Jésus-Christ vive en moi! Qu'il s'en faut que son règne y soit parfait! Ah! mon cher Père! que ferai-je? Il me semble que je l'aime. J'ai, cependant, sujet de craindre que cela ne soit pas vrai, à cause de mes infidélités continuelles, et du peu de progrès que je fais dans la piété. Quoi qu'il en soit, je ne puis consentir à vivre sans l'aimer. Priez-le pour moi; demandez-lui qu'il me fasse la grâce de l'aimer véritablement.

Je suis, avec un profond respect et une vraie reconnaissance,

Mon très-honoré Père,

Votre très-obéissante fille en Jésus-Christ,

MARCELLINE PAUPER.

XXX.

MARCELLINE PAUPER AU PÈRE DE LAVEYNE.

Guerre que lui fait le démon. — Trois fois, il brise la discipline dont elle se frappe; et, il la frappe lui-même, à quatre reprises. — Elle est guérie de ses blessures par la sainte communion. — Elle rend compte de ses pénitences.

Bourg-Saint-Andéol, le 13 Avril 1702.

Mon très-honoré Père,

Votre lettre m'a bien consolée. Je vous suis très-obligée de la charité que vous avez pour moi. Je ferai tous mes efforts pour en profiter.

Vous me demandez si les choses qui m'arrivent sont bien réelles? Je crois que, quand j'ai vu trois de mes disciplines mises en pièces, l'imagination n'a pu me séduire; non plus que lorsque j'ai senti avoir été rudement frappée. C'est pour la quatrième fois que cela m'est arrivé, ce Carême.

Vous me dites que cela peut se passer dans l'imagination d'une manière si vive, qu'on souffre comme si la chose était effective. J'en conviens avec vous; mais je ne sais si l'imagination, quelqu'échauffée qu'elle puisse être, agit sur le corps comme sur l'esprit. Je vous assure que, la dernière fois, j'en sortis couverte de plaies et de sang. Ce traitement dura environ une heure; je baignais dans mon sang. Cela étant fini, je me trouvai si épuisée, que j'avais peine à me soutenir. Mais, lorsque j'eus fait mes efforts pour approcher de la sainte table, je me trouvai toute fortifiée et guérie.

Vous me marquez, aussi, de vous dire quelle distance je mets d'une pratique à l'autre : je crois vous l'avoir dit dans une lettre que je vous écrivais au mois de mai dernier, où je vous rendis compte de quelque chose de singulier qui m'était arrivé à l'occasion de sainte Catherine de Sienne. N'oubliez pas, s'il vous plaît, qu'elle est le dernier de ce mois. Priez-la pour moi. Depuis ce temps-là, je prends la discipline deux fois le jour, une demi-heure chaque fois; je porte une ceinture depuis cinq heures du matin jusqu'à onze; je couche, depuis six mois, sur une échelle que je mets sur mon lit; je reste, pour l'ordinaire, quatre heures au lit. Mes forces et ma santé ne diminuent pas pour cela. Je suis très-libre dans tout ce que j'entreprends, et toutes mes pénitences ne m'embarrassent non plus que si je ne faisais rien. Si vous voulez que je m'en tienne absolument à ce que vous me marquez par votre dernière, j'y suis fort soumise. Je ne me sens nulle attache. La plus grande violence qu'il me faut faire, est contre le sommeil. Je crois que c'est tentation; car je m'endors, dès les huit heures du soir.

Je vous prie de brûler toutes mes lettres. Demandez à Dieu, mon très-cher Père, que je ne sois trompée par aucune illusion.

Votre très-obéissante fille en Jésus-Christ,

MARCELLINE PAUPER.

XXXI.

MARCELLINE PAUPER AU PÈRE DE LAVEYNE.

Protection que Dieu lui accorde dans ses voyages. — A Saint-Étienne, elle s'offre à Dieu en qualité de victime. — Elle demande à coucher sur une croix garnie de pointes de fer. — Elle est disposée à accepter toutes sortes de peines.

Saint-Étienne, le 10 Octobre 1702.

Mon très-honoré Père,

Je ne croyais pas être si long-temps sans vous écrire. Six semaines entières qu'a duré mon voyage, m'ont privée de cette consolation. J'ai été obligée de traverser la haute et la basse Auvergne, le Vivarais et une grande partie du Forez, pour venir à Saint-Étienne. Je vous avoue que j'ai eu besoin de toute ma foi, pour me soutenir durant ce voyage. Vous savez ce que j'ai éprouvé à Saint-Andéol; ce que j'ai souffert en revenant à Lyon, il y a près de quatre mois; ce qui m'est arrivé à Murat. Mais Dieu m'a soutenue dans tous ces petits événements. J'y ai conservé la charité et la paix intérieure; et je n'ai jamais mieux senti ce besoin que j'ai de la grâce de mon Sauveur. Aussi n'ai-je jamais eu recours à lui avec plus de ferveur.

Je suis venue à Saint-Étienne en esprit de sacrifice et d'immolation. Je me regarde comme une victime. J'ai besoin de vos avis pour apprendre ce que je dois être en cette qualité. Je vous demande vos saintes prières pour en obtenir les dispositions. Ma consolation, dans ce lieu, est de penser que j'y suis pour Dieu. L'amour-propre n'y a nulle part; je n'y vois rien dont il se puisse nourrir.

Je m'arrête, selon votre bon plaisir, à la lecture des épîtres de saint Paul et de l'Écriture sainte. Je continue mes pratiques de pénitence, comme je vous les ai marquées, à la réserve du coucher. Si vous voulez me le permettre, je me servirai, au lieu de l'échelle, d'une croix garnie de pointes. Les souffrances ne m'effraient pas. Je tâche de tenir mon cœur préparé à toutes sortes de contradictions et d'épreuves; mais l'expérience de ma faiblesse m'épouvante. Je conçois bien que toute affliction vient de la part de Dieu, des hommes ou des démons; et je sens qu'elle est bien plus dure à souffrir que celle qui ne regarde et qui n'attaque que le corps. Comme en moi, l'un n'est pas plus innocent que l'autre, il est juste qu'ils souffrent tous deux. Je les remets volontiers entre les mains du Seigneur, afin que, lui étant assujettis, ils subissent les peines qu'il plaira à sa divine sagesse de leur imposer.

Je suis, en Notre-Seigneur, avec le plus profond respect,

Mon très-honoré Père,

Votre très-humble et très-obéissante fille,

MARCELLINE PAUPER.

XXXII.

MARCELLINE PAUPER AU PÈRE DE LAVEYNE.

Elle exprime son dévouement à Dieu. — Son désir pour une grande entreprise qu'elle se sent pressée de faire.

Saint-Étienne, le 9 Janvier 1703.

Mon très-honoré Père,

Je ne puis assez vous remercier des solides instructions que vous avez eu la bonté de me donner dans votre lettre. Je la relis tous les jours, avec une nouvelle application. Continuez-moi vos charités, quoique j'en sois indigne. Après Dieu, mon salut sera l'ouvrage de vos charitables soins. Je ne puis vous exprimer l'envie que j'ai d'en profiter.

Je vous avoue que je sens mon cœur tout embrasé d'un nouveau feu. Il n'est rien à quoi je ne me dévoue de bon cœur pour la gloire de Dieu et l'expiation de mes infidélités. Oh! quand finiront-elles! Quand commencerai-je à répondre aux miséricordes infinies de mon Dieu! J'ai dessein de les honorer en tendant de toutes mes forces à la perfection. Il est vrai que mes infidélités passées et ma fragilité présente m'effraient; mais elles ne m'abattent pas. Après mes chutes, je fais de nouveaux efforts.

J'ai le désir d'une grande entreprise. Je n'ose vous la proposer; vous me traiteriez de présomptueuse et de téméraire. Je me mets auparavant à l'épreuve. Il y a long-temps que je m'en sens pressée, sans avoir le courage de l'entreprendre.

Je vous remercie de la bonté que vous avez de me permettre de lire l'Écriture sainte : je vais m'y appliquer le plus humblement possible.

J'ai suivi votre avis, je n'ai rien ajouté à mon lit. Je me contente d'y rester le moins possible. Je trouve que quatre heures suffisent.

J'ai commencé à reprendre mes exercices, depuis quatre jours. Je m'en trouve assez bien.

Je suis, en Notre-Seigneur, avec un profond respect,

Mon très-honoré Père,

Votre très-obéissante fille,

MARCELLINE PAUPER.

XXXIII.

MARCELLINE PAUPER AU PÈRE DE LAVEYNE OU AU PÈRE GALIPAUD (1).

Vœu de faire ce qui est le plus parfait. — Elle en fait l'essai, puis elle y renonce. — Le Vendredi-Saint, à l'adoration de la sainte croix, Notre-Seigneur lui fait faire ce vœu à perpétuité. — Sa liberté d'esprit n'en est point troublée. — Dépit du démon.

Saint-Étienne, le 28 Mars 1703.

Mon très-honoré Père,

J'ai demeuré long-temps dans le silence, pour ne pas interrompre le vôtre pendant le saint temps de Carême. Souffrez maintenant que je vous expose mes misères et les dispositions où je me trouve.

---

(1) Par la *Circulaire* du Père de Laveyne sur la mort de Marcelline Pauper, page 147, et par la *Vie* de la servante de Dieu, page 81, on voit que les *lettres* XXXIII et XXXIV ont pu être écrites, soit au Père de Laveyne, soit au Père Galipaud. Nous l'indiquons dans l'adresse.

Nous ferons observer, ici, que le *Recueil* que nous publions, annoté par le Père de Laveyne, et précieusement conservé dans les archives de la Congrégation, ne renferme qu'une faible partie des lettres de

Je vous marquais, dans ma dernière lettre, que j'avais en vue une grande entreprise, sans oser vous la dire. J'ai peut-être fait, en cela, une faute. Je n'avais pas, néanmoins, dessein de vous rien cacher; mais je voulais en faire l'essai, et me mettre à l'épreuve. Voici de quoi il s'agit :

Depuis long-temps, je me sens pressée de m'engager, même par vœu, à faire tout ce que je connaîtrai rendre plus de gloire à Dieu, et à le faire de la manière la plus parfaite que je pourrai concevoir. Et, afin de ne me pas tromper, je lui demandais les grâces et les lumières nécessaires pour cela, croyant que mon inconstance dans le bien avait besoin de ce lien, et que, jusque-là, je ne ferais qu'aller haut et bas. D'autre part, je me persuadais que ce vœu me jetterait dans la perplexité, dans la contention et dans le

---

Marcelline Pauper au pieux Fondateur. Mais la Congrégation, en ce moment, n'en possède point d'autres.

Nous ferons observer, en outre, que les lettres écrites par la servante de Dieu au Père Galipaud, ont été en assez grand nombre, comme le prouve le témoignage d'un écrivain contemporain, M. Deparis, que nous avons déjà cité à la page 159 de cet ouvrage. Voici comment il s'exprime : « On a fait un recueil des lettres qu'elle écrivait au Père Galipaud, prêtre de l'Oratoire, son directeur, homme d'une érudition profonde et d'un sens exquis. »

Mais ce recueil n'est point parvenu jusqu'à nous.

trouble. C'est pourquoi, je crus que je ne gâterais rien d'en faire l'essai. Je m'engageai donc, le jour de Noël, jusqu'au jour des Rois. Le jour des Rois, je promis encore pour huit jours, pendant lesquels je fis deux fautes : premièrement, je n'obéis pas à la grâce aussi promptement que je le devais : je retardai d'une heure pour vaquer à l'oraison et à la pénitence. J'en fus punie aussitôt, n'ayant aucune facilité pour l'oraison, et me trouvant d'une lâcheté et d'une insensibilité très-grandes pour la pénitence. Secondement, je me laissai aller à dire des choses vaines, propres à faire rire, où je me dissipai moi-même. Je connus, en parlant, que cela était contraire à mon vœu. Mais, ayant honte de m'arrêter tout court, je continuai jusqu'à ce que je crus pouvoir le faire, sans qu'on s'en aperçût, et sans qu'on vît que je me surprenais en faute. Ces infidélités me découragèrent si fort, que je crus ne devoir plus faire ce vœu, non pas même pour un jour. Je demeurai donc ainsi jusqu'à la Conversion de saint Paul. Pendant ces douze jours d'intervalle, je fis tant de fautes que je n'osais plus me présenter devant Dieu. Le désir de m'engager de nouveau me pressait toujours; et, sentant le besoin que j'avais d'être retenue par ce lien, je m'en servis de nouveau. Je m'engageai pour tout le Carême. Il est vrai que j'y ai fait bien des fautes. Cependant, le Seigneur m'a soutenue, et m'a fait de grandes miséricordes.

Le Vendredi-Saint, assistant à l'office, et étant allée à l'adoration de la croix, lorsque je me fus prosternée, mon corps se trouva comme collé, et je ne pus me relever jusqu'à ce que j'eusse prononcé mon vœu. Je prononçai bien les autres, promettant à perpétuité obéissance, chasteté, pauvreté et pénitence. Quant à celui de perfection, je le différai pour vous consulter. Mais il n'y eut pas moyen de me relever que je ne l'eusse prononcé pour toujours. Ce que je pus faire, ce fut de le soumettre à l'obéissance que j'aurai toujours pour tout ce que vous me prescrirez.

Voilà où j'en suis. Je ne m'aperçois pas que cela me jette dans une pénible contention; je sens seulement que cela m'engage à une paisible vigilance. Je crois, cependant, que ce vœu demande de moi une mort générale et une privation de toutes satisfactions naturelles. Il m'oblige aussi à taire une parole à moitié dite; mais tout cela sans trouble et sans inquiétude. Du reste, il n'y a rien de nouveau, sinon que la nuit de vendredi, je fus repassée de main de maître : je n'en suis pas guérie. Mon habit de dessous était collé avec mon sang; et, en l'ôtant, je souffris tant de douleurs, et le sang ruissela avec tant d'abondance, que je perdis courage. Je n'osai prendre la discipline le samedi, malgré toutes mes résolutions. Que dois-je faire en de pareilles occasions? Je ne suis pas moins en peine pour mes confessions. Je suis si bête, que je ne connais pas mes péchés. Continuez-moi votre charité, examinez tout, et prescrivez-moi ce que je dois faire : j'obéirai avec toute la simplicité possible.

Je suis, en Notre-Seigneur, avec un profond respect,

Mon très-honoré Père,

Votre très-humble et très-obéissante fille,

MARCELLINE PAUPER.

XXXIV.

MARCELLINE PAUPER AU PÈRE DE LAVEYNE OU AU PÈRE GALIPAUD.

Elle comprend mieux l'étendue de son vœu du plus parfait. — Elle le regarde comme un puissant moyen de fixer son inconstance — Elle demande à coucher sur des ais.

Saint-Étienne....., 1703.

Mon très-honoré Père,

Il y a bien long-temps que j'attendais votre réponse. Je l'ai reçue avec bien de la reconnaissance et du plaisir. Je n'ai d'assurance qu'autant que vous m'en donnez. Tout m'est suspect jusqu'à ce que vous en ayez décidé. Il est vrai que mon vœu est d'une grande étendue, et qu'il me lie de près. Je ne l'avais pas compris dans tout le jour que vous me le faites voir. J'eusse bien plus hésité à le faire, s'il m'eût été possible. Mais comme je le croyais du nombre des conseils évangéliques, *soyez saint, parce que je suis saint; soyez parfait comme votre Père céleste est par-*

fait, je me suis rendue avec moins de répugnance à la sainte violence qui m'a été faite. D'ailleurs, je considérais que la pauvreté et la chasteté sont aussi de conseil, et que, cependant, plusieurs s'y engagent par vœux. Il est vrai que cet autre vœu demande une attention, une fidélité toute particulière. Il est vrai, encore, que j'y fais grand nombre de fautes. Mais aussi j'éprouve qu'il m'est un puissant aiguillon pour me faire pratiquer la vertu, et une forte barrière contre mes infidélités. Il me semble que l'inconstance que j'ai dans le bien, a besoin de ce triple nœud. Je n'ai pas reconnu qu'il me fût une occasion d'élévation, mais bien de petites perplexités dans de certaines occasions où il s'agit de discerner le plus et le moins. Cela ne dure pas. Un humble regard vers Dieu me détermine en un moment. C'est la situation où je me trouve. Je suis bien contente de suivre l'avis que vous me donnez, qui est de le faire pour autant de temps que vous voudrez bien me le permettre, étant toujours très-disposée à vous obéir avec toute la simplicité qui me sera possible.

Je suis, maintenant, dans une grande paix intérieure. J'ai été assez malade, mais Dieu n'a fait souffrir que mon corps. Mon âme jouissait continuellement de sa divine présence, et goûtait une paix profonde. J'en suis sortie comme d'une retraite, ayant un désir ardent de glorifier Dieu en toutes les manières qu'il lui plaira.

Mon amour pour la pénitence s'augmente, quoique je n'en aie pas augmenté les œuvres. Je le ferai, si vous m'en voulez donner la permission, comme de coucher sur des ais, d'y demeurer en forme de croix, serrée d'une ceinture de fer, tout le temps que je demeurerai au lit. Je me sens assez de force et de santé pour soutenir ces pratiques. Au moins, si je ne reçois pas de vos nouvelles, j'en userai comme cela pendant l'octave du Saint-Sacrement, pour demander à Dieu pardon de mon ingratitude, et de toutes les fautes que j'ai commises dans la réception de cet adorable mystère, dont je me nourris si souvent, et avec si peu de préparation et de fruit.

Je vous demande très-humblement la continuation de votre charité, et je suis, etc.

XXXV.

MARCELLINE PAUPER AU PÈRE DE LAVEYNE.

A peine convalescente d'une grave maladie, elle est maltraitée par le démon. — Violentes tentations de désespoir. — Elle laisse quelques communions, mais non ses pénitences. — Après six mois d'épreuves, elle retrouve la tranquillité en acceptant les rigueurs de la justice divine, et en faisant un abandon total d'elle-même, entre les mains de Dieu.

Saint-Étienne, le 18 Juin 1703.

Mon très-honoré Père,

J'ai reçu votre lettre : elle m'a donné une vraie consolation. C'est le zèle d'un bon père qui vous fait agir pour mon salut. Comment y répondrai-je? Vous m'ordonnez de vous rendre un compte fidèle de ma conduite et de mes dispositions : je vais le faire très-volontiers; et, pour commencer, je vous dirai que je n'ai ni le don de prophétie, ni celui de miracle. C'est un grand miracle que Dieu me souffre avec patience, étant aussi infidèle et aussi pleine de défauts que je le suis.

Priez-le qu'il opère encore celui de ma conversion.

Il y a neuf mois que je me trouvai dans de terribles épreuves. Je ne faisais que relever d'une violente maladie. Pendant trois nuits de suite, je fus maltraitée d'une telle manière, que tout mon corps n'était que plaies, et ma chambre teinte de sang. Il est vrai que la même chose m'était arrivée déjà bien des fois; mais avec cette différence que, dès que j'avais communié, mes forces étaient réparées, et mes plaies guéries. Cette fois, j'étais d'une faiblesse et d'un épuisement à ne pouvoir me soutenir. Les médecins me croyaient en phthisie. Cependant, je jouissais intérieurement d'une paix profonde, et je ressentais des consolations ineffables. Elles me furent ôtées. Un mois après, des tentations terribles leur succédèrent : des doutes sur la foi, des pensées de désespoir, une sensibilité pour tout, et une révolte dans tous mes sens; enfin, je fus réduite à un tel état, qu'il me semblait être déjà dans la réprobation éternelle, avec des suggestions continuelles d'en faire des actes d'acceptation. Cela m'a duré six mois. Je ne puis vous dire ce que j'ai souffert pendant tout ce temps;

car je souffrais seule, et je n'avais personne à qui je pusse dire ce qui se passait dans mon intérieur.

Au commencement de cette épreuve, j'étais si effrayée, que je n'osais communier. Je laissai passer quatre ou cinq jours sans m'approcher de la sainte table. J'expérimentai, cependant, que je n'en demeurais que plus faible et plus sensible. Dieu me fit la miséricorde que, quelque tentée que je fusse de tout abandonner, je ne quittai pas une seule fois mes exercices, quoique je ne les fisse qu'avec peine. Je ne me regardais que comme une malheureuse victime de la justice de Dieu. Toutes mes prières se terminaient à lui demander qu'il me fît au moins la grâce de l'aimer en cette vie, et d'adorer ses jugements sur moi. Mais ce qui faisait mon plus grand tourment, c'est que je me croyais déjà privée de cet amour. Je disais à Dieu, dans l'amertume de mon cœur, et avec une grande abondance de larmes : *C'en est fait, je ne vous aime plus, ô mon souverain Bien! Je vous ai perdu; ne me laissez plus vivre, aussi bien suis-je déjà dans la mort.*

Il n'y avait sortes de peines auxquelles je ne

me condamnasse, non en vue d'éviter l'enfer, mais uniquement pour satisfaire à la justice de Dieu. La seule consolation qui me restait, c'est que j'aimais à souffrir dès cette vie, quoique je ne me proposasse d'autre fin que celle de me rendre, dès à présent, la victime de cette divine justice. Prendre la discipline deux fois par jour, demi-heure chaque fois; coucher sur des planches, portant une croix garnie de plus de cent pointes de fer, avec une ceinture aussi de fer, était la situation la plus ordinaire où j'ai été pendant plus de six mois.

Il y a six semaines que je me trouve plus tranquille, depuis qu'un jour, après avoir communié, accablée de cette effroyable peine, me trouvant seule à l'église, je me prosternai devant l'autel où reposait le Saint-Sacrement. Là, je fis une acceptation de tout ce qu'il plairait à Dieu d'ordonner de moi pour le temps et pour l'éternité, renonçant à tout intérêt propre, pour n'envisager que ses intérêts et sa gloire. Je lui protestai que je ferais et souffrirais tout ce que je croirais devoir le glorifier davantage. Voilà où j'en suis encore à présent. Ma disposition continuelle n'est qu'un parfait abandon de moi-même à la volonté de Dieu et à son bon plaisir : contente de n'avoir aucun contentement, lui sacrifiant consolations, jouissances, repos et ma chère solitude, d'où l'on vient me tirer pour me mettre dans un embarras terrible, tel qu'est celui où je me trouve ici.

Voyez si ce que j'ai l'honneur de vous écrire a quelques rapports avec la peinture qu'on a voulu vous faire de moi; et si mon état n'est pas plus digne de compassion que de raillerie. De votre part, tout m'est cher; c'est pourquoi je reçois bien tout ce que vous m'écrivez. Continuez-moi vos prières et vos charitables avis. Je suis encore en état d'en profiter. La tranquillité où je me trouve, à présent, n'est pas si parfaite, que ces pensées et ces inquiétudes ne viennent souvent; mais elles se brisent contre l'abandon que j'ai fait de moi-même au bon plaisir de Dieu.

Je suis, en son amour, avec un profond respect,

Mon très-honoré Père,

Votre très-humble et obéissante fille,

MARCELLINE PAUPER.

NOTE

SUR LA TRENTE-SIXIÈME LETTRE.

(Cette importante note du docteur Dominique Bouix explique dans quel sens il faut entendre les expressions de Marcelline Pauper : c'est pourquoi nous la plaçons avant la lettre.)

Ce fut sagesse de la part des directeurs de Marcelline de lui demander quelques explications sur les termes dont elle s'était servie, et qui semblaient se rapprocher de l'erreur des quiétistes. Mais on voit bien, par cette lettre, combien la servante de Dieu était éloignée de cette illusion. La pensée qu'elle serait damnée était plus (ce sont ses propres paroles) impression que raisonnement. Impression involontaire assurément, puisqu'elle lui causait un tourment indicible. Loin d'y être indifférente, elle dit : Dieu sait combien de larmes et de sang il m'en a coûté. *Pour exprimer plus vivement combien cette épreuve, au lieu de la laisser dans l'indifférence, la faisait, au contraire, souffrir, elle dit que c'était* quelque chose de bien près de l'enfer, *paroles qui ne doivent pas être prises dans le sens rigoureux, mais seulement dans le sens relatif à l'impression qu'elle éprouvait, et dont elle cherche à donner une idée.*

XXXVI.

MARCELLINE PAUPER AU PÈRE DE LAVEYNE.

Elle explique son acte d'acceptation des jugements de Dieu. — Ce qu'il lui a coûté. — Elle l'a fait à la vue de ses péchés et de la justice de Dieu. — Elle voit la main de Dieu dans tout ce qui lui arrive. — Sa facilité à parler du mystère de la sainte Trinité. — Elle a deux ravissements à ce sujet.

Saint-Étienne, le 19 Juillet 1703.

Mon très-honoré Père,

Je trouve toujours dans vos lettres de nouveaux témoignages de votre charité. J'en conserverai une éternelle reconnaissance. Vous me marquez qu'il n'est pas permis de pousser l'indifférence jusque sur son éternité. Vous m'ordonnez de vous dire ingénuement comment j'ai compris, et en quel sens j'ai fait ces actes de résignation et d'acceptation des jugements de Dieu, pour le temps et pour l'éternité. Il est vrai que j'ai fait, souvent, des actes d'adoration et d'acceptation de tous les jugements de Dieu, et même de ma réprobation éternelle, supposé que je fusse assez infortunée pour être une malheureuse victime de sa colère. Vous me demandez si j'en ai compris l'étendue. Il me semble, mon cher Père, qu'il faudrait pour cela comprendre Dieu, ce qui n'est pas possible. Mais je vous assure que j'ai bien compris ce que vous me dites. Je l'ai même compris d'une manière d'autant plus vive, que l'état où je me trouvais était plus impression que raisonnement; ce qui me le fit sentir d'une manière qui ne tient rien de l'indifférence. Les paroles ne sauraient exprimer ce que je souffrais alors. Ce n'est pas l'enfer, mais quelque chose de bien près.

Comment se résoudre, me dites-vous, mon très-honoré Père, à être éternellement privée de Dieu, sans le pouvoir aimer et adorer; et, au contraire, obligée de le haïr et de désirer de le détruire, s'il était possible? Je vous avoue, mon très-cher Père, avec toute l'ingénuité que vous exigez de moi, que ces vues m'ont souvent mise à de terribles agonies. Dieu sait combien de larmes et de sang il m'en a coûté. Cela ne pouvait être en moi, selon que je le comprends, l'effet de ce que l'on nomme indifférence. Vous me demandez comment donc j'ai pu faire cette acceptation. Je vous avoue que c'est en vue de mes péchés qui le méritent, et de la sainteté et de la justice de Dieu, qui est toujours digne d'être adorée et aimée. Sachant que les réprouvés ne peuvent adorer cette justice ni l'aimer, j'ai cru pouvoir et même devoir faire, dans le temps, ce que je ne pourrais faire durant l'éternité, supposé que je fusse une de ces malheureuses victimes.

Quant à l'abandon au bon plaisir de Dieu, où je me trouve maintenant, je n'ai en vue que de faire hommage à sa souveraine puissance sur moi, et de l'adorer également dans les différents événements de ma vie. C'est ainsi que cela se passe en moi. Je prie Dieu, de tout mon cœur, de me pardonner ce qui peut s'y trouver de défectueux et de contraire à la vraie piété. Je n'y entends aucune spiritualité ni raffinement, et je suis prête à me corriger des défauts que vous m'y ferez remarquer.

Vous me demandez encore, s'il est vrai que j'aie une pente à écrire ce que j'écrivis sur le mystère de la très-sainte Trinité ? Je vous avoue que j'ai eu quelque facilité à le faire, et que je l'ai fait;

mais il y a long-temps. Je ne l'ai pas fait depuis que je suis hors de..... J'ai cependant écrit deux fois de mes dispositions à Monsieur..... Je ne me souviens pas d'y avoir parlé de la Trinité. Je ne m'en défends pas néanmoins absolument. J'ai fait connaître que j'avais quelque attrait particulier pour ce mystère; car, faisant le catéchisme la veille du jour où l'Église l'honore, je m'oubliai entièrement. Je demeurai dans un profond ravissement; cela fut vu de tous ceux qui y assistaient.

Une autre fois, le prêtre qui nous confessait, au bourg de....., nous étant venu voir, nous parla de ce mystère. Il me fit quelques interrogations; et, en lui répondant, la même chose m'arriva.

J'ai écrit sur les sentiments que j'eus dans une retraite. Je la fis, il y eut un an à Noël, sur le mystère de l'Incarnation. Cela était pour mon utilité particulière. Ma retraite finie, mon confesseur me demanda si je n'avais rien écrit. Je dis que oui, pour ne pas mentir. Il me demanda à le voir. Je le lui refusai plus de quinze jours entiers. Je le lui montrai enfin, et il me le garda. J'en ai été très-fâchée. Je pris, sur cela, la résolution de ne jamais rien écrire. Voilà, mon très-honoré Père, ce qui en est. Je me flatte que j'aurai la consolation de vous entretenir de vive voix. J'espère obtenir, par vos prières, un peu de soulagement dans le poste onéreux où je suis. On n'y voit qu'une dissipation effroyable. Secourez-moi de vos avis charitables, afin qu'aucune illusion ne me séduise. J'en sens d'horribles frayeurs. Vous me trouverez très-soumise, et dans une entière docilité.

Je suis, avec le plus profond respect,

Mon très-honoré Père,

Votre très-obéissante fille en Jésus-Christ,

MARCELLINE PAUPER.

XXXVII.

MARCELLINE PAUPER AU PÈRE DE LAVEYNE.

Son aridité spirituelle. — *Elle s'accuse de relâchement.*

Saint-Étienne.....

Mon très-honoré Père,

J'ai été long-temps sans vous écrire. Ce n'est pas que je n'en eusse grand besoin; la crainte de vous être à charge m'a retenue. Je me suis trouvée si surchargée de travail, que je n'avais pas un moment pour vaquer à l'oraison. J'ai senti mon peu de vertu, et qu'il est difficile de converser avec les hommes, sans rien perdre de son union avec Dieu. Je vous avoue, mon très-honoré Père, qu'après avoir passé tout le jour en visites et en œuvres de charité, lorsque je croyais prendre quelques heures de la nuit pour m'entretenir avec Dieu, je me trouvais toute sèche et aride en sa présence. Il me semblait que j'étais exilée et abandonnée à une nuit obscure. Outre cela, la lâcheté me rendait attentive aux plaintes de la nature, qui, se trouvant fatiguée du travail du jour, ne demandait que le repos. Je le lui accordais lâchement. J'ai même laissé mes exercices de mortification sous prétexte de prudence; mais cette prudence n'était que selon la chair. Permettez-moi maintenant, mon très-honoré Père, de les reprendre, et de remplacer le temps que j'ai perdu. Malgré tant d'infidélités, le bon Dieu m'a soutenue par des miséricordes très-particulières. Que ferai-je pour les reconnaître! Comment satisfaire pour tant de lâchetés ! Aidez-moi, pour cela, de vos charitables avis et de vos saintes prières.

Je suis, avec le plus profond respect,

Mon très-honoré Père,

Votre très-obéissante fille en Jésus-Christ,

MARCELLINE PAUPER.

XXXVIII.

MARCELLINE PAUPER AU PÈRE DE LAVEYNE.

Elle s'humilie de ses fautes et demande pénitence.

Saint-Étienne......, 1703.

Mon très-honoré Père,

J'ai reçu votre lettre avec bien de la joie et de la reconnaissance. Elle est remplie de très-solides instructions. Je vous en suis infiniment obligée. Je bénis Dieu, de tout mon cœur, de vous avoir donné un si juste discernement pour tout ce qui me regarde. Je suis si assurée que vous me connaissez mieux que moi-même, que, sans écouter les raisons que mon amour-propre me présente en foule pour ma satisfaction, je m'arrête uniquement à ce que vous me marquez. Je m'avoue coupable de toutes les fautes que vous reconnaissez en moi. Je les accusai hier, après en avoir gémi deux jours. Je réitère aujourd'hui ma confession en vous disant que, sous prétexte de la gloire de Dieu, je me suis recherchée moi-même dans ce que j'ai entrepris de voyages, ou en parlant de Dieu. J'ai été bien aise qu'on m'ait cruc capable de conduire sagement les affaires; et j'aime à me faire estimer en parlant de Dieu en public; le tout sans que je m'en sois aperçue, tant mon amour-propre m'a aveuglée. Je demande pardon à Dieu de toutes les fautes qui ne sont pas venues à ma connaissance par ignorance, ou parce que mon orgueil me les cachait. Je vous en demande pénitence, et je me soumets, par avance, à celle qu'il vous plaira de m'imposer, de quelque nature qu'elle puisse être.

Achevez, mon très-honoré Père, ce que vous avez commencé. Quoique je sois mortifiée de la continuelle sollicitude où vous êtes sur mon salut, je ne laisse pas de vous demander, à genoux, les larmes aux yeux, la continuation de votre charité. Au nom de Jésus-Christ, ne me la refusez pas. J'ai été infidèle à y répondre, ce qui vous pourrait être un juste sujet de vous rebuter; mais ne le faites pas encore. J'espère de la très-grande miséricorde de Dieu et de vos saintes prières, que j'en profiterai à l'avenir. Usez-en à mon égard avec toute l'autorité et tout le droit que vous avez sur moi. Je vous assure que je serai très-docile à tout ce que vous m'ordonnerez. Pour vous obéir, j'ai cessé de parler en public. Je ne l'aurais jamais fait si j'eusse su que cela n'était pas permis. Monsieur..... ne me l'avait jamais défendu. Il m'avait mandé de quelle manière je m'y devais comporter, et je m'y étais conformée. Je n'avais suivi en cela que son ordre, et il me l'avait fait faire en sa présence. Cela ne justifie pas les fautes que j'y ai faites. Aussi ne prétends-je pas m'excuser.

Par là, je crois que voilà mes voyages finis. La saison et le mauvais temps ne le permettent plus; encore moins la corruption de mon méchant cœur. Priez Dieu qu'il le convertisse.

Je suis, avec beaucoup de reconnaissance et de respect,

Mon très-honoré Père,

Votre très-obéissante fille en Jésus-Christ,

MARCELLINE PAUPER.

XXXIX.

MARCELLINE PAUPER AU PÈRE DE LAVEYNE.

Grande joie intérieure dans la contemplation des hommages rendus à Dieu par les souffrances de Jésus-Christ. — Nouveau désir de se rendre conforme à son divin modèle.

Saint-Étienne....., 1704.

Mon très-honoré Père,

Je me lasse fort de la vie tumultueuse où les nouveaux établissements m'engagent. Il me semble que la retraite me conviendrait mieux. Au moins serait-elle plus conforme à mes désirs. Mais il faut plutôt chercher ce qui est conforme à la volonté de Dieu et à son bon plaisir. Demandez-lui, mon très-cher Père, qu'il me fasse la grâce de me conduire toujours par ce principe.

Je n'avais jamais passé le temps du Carême et celui de la Passion comme je l'ai fait cette année. Les souffrances, les humiliations, les abandonnements de Jésus-Christ et sa mort n'ont point été pour moi des objets de compassion ni d'affection. Les dispositions de sa très-sainte âme, les hommages qu'il rendait à son très-saint Père dans cet état, et les complaisances infinies qu'il y prenait, et dont j'avais reçu quelques instructions, m'occupaient si fort, que je ne ressentais que joie intérieure, que complaisance de la gloire que cette Humanité sainte rendait à Dieu. Il est vrai que cela n'a pas empêché que je n'aie ressenti un très-grand désir de me rendre conforme à ce divin modèle, et d'imiter les souffrances de cet Homme-Dieu. Je l'ai vu couvert de sang et de plaies; ce qui lui donnait un éclat et une beauté qui ont charmé mon âme.

Je ne puis confier à ce papier quelque chose de singulier qui m'est arrivé sur cela : je vous en rendrai compte lorsque j'aurai l'honneur de vous voir. J'ai suivi, sans raisonnement, dans ces occasions, les mouvements de mon cœur, croyant que le Saint-Esprit en était l'auteur. Que si je me suis quelquefois écartée de cette juste discrétion que vous m'avez recommandée, pardonnez-le-moi, s'il vous plaît. Je vous avoue que je n'en ai pas toujours été capable. Je me suis trouvée, quelquefois, si absorbée dans la considération des dispositions de Jésus-Christ souffrant, qu'en faisant quelques pratiques extérieures, je perdais toute connaissance et tout sentiment, sans que les plaies que je me faisais et la grande abondance de sang que je répandais, fussent capables de me faire revenir à moi, et encore moins d'apaiser la soif que je sens pour les souffrances.

Je vous prie, mon très-honoré Père, de me permettre de continuer mes exercices. Je crois que vous vous souvenez en quoi ils consistent; je ne les répète point ici. Je les redouble le lundi, le mercredi et le vendredi. Priez pour moi, s'il vous plaît; faites-moi savoir vos sentiments.

Je suis, en l'amour de notre adorable Maître,

Mon très-honoré Père,

Votre très-humble et très-obéissante fille,

MARCELLINE PAUPER.

XL.

MARCELLINE PAUPER AU PÈRE DE LAVEYNE.

Elle rend compte de ses dispositions intérieures. — Son amour pour la pénitence va toujours croissant.

Saint-Étienne....., 1704.

Mon très-honoré Père,

Je vous écris en peu de mots, pour vous rendre compte de l'état où je me trouve. Je me sens souvent troublée et agitée au dehors, mais je ne perds pas la paix intérieure. Au contraire, le calme y est grand : il s'élève aussi quelquefois de petits orages dans mon esprit, des doutes sur mon état, des craintes que tout ce qui m'arrive ne soit tromperie et illusion ; mais cela ne dure pas. Dieu, par sa miséricorde, me dit intérieurement : *Ne crains point, c'est moi.* Il y a quelques jours, qu'ayant reçu de lui cette réponse, je lui repartis, comme saint Pierre : *Si c'est vous, Seigneur, ordonnez que j'aille à vous sur les* eaux; *que les vagues ne m'arrêtent plus. Je suis résolue à tout faire, à tout souffrir; préservez-moi seulement du péché.*

Mon amour pour la pénitence augmente chaque jour, non par la crainte des peines éternelles, je n'y pense pas; mais pour faire hommage à la majesté et à la sainteté de Dieu, et pour me conformer à Jésus-Christ crucifié, que je ne perds point de vue. Voilà la disposition où je suis.

C'est en l'amour de ce divin Maître que je suis,

Mon très-honoré Père,

Votre très-humble et très-obéissante fille,

MARCELLINE PAUPER.

XLI.

MARCELLINE PAUPER AU PÈRE DE LAVEYNE.

Après son arrivée à Tulle, elle lui rend compte de l'état de son âme, et de ses épreuves extérieures.

Tulle, le 18 janvier 1705.

Mon très-honoré Père,

Ce n'est qu'avec peine que je vous écris. Je crains que mes lettres ne vous soient à charge. Voici la quatrième que je vous écris sans avoir seulement la consolation de savoir que vous en ayez reçu une seule. Ce n'est pas, pour moi, une petite mortification dans l'état de délaissement où je me trouve. Je comprends bien que cet état est sanctifiant pour moi, si je sais le porter saintement; mais j'y fais beaucoup de fautes. Je me trouve souvent aux prises avec mes passions, qui semblent n'être demeurées assoupies, pendant bien des années, que pour prendre de nouvelles forces, et me livrer de plus violents combats. Mon ennemi ne se contente pas d'une guerre domestique. Il m'en suscite d'étrangères, et de tous côtés. Il me semble, à tout moment, que je vais faire naufrage. Je me trouve si chargée de travail, que j'ai souvent l'esprit et le corps accablés; et quelque besoin que je sente de recourir à la prière, je me trouve dans l'impuissance de m'y appliquer comme je le souhaiterais. Je me retire souvent des sacrements, n'osant m'en approcher avec si peu de dispositions, et dans un état si peu tranquille. J'ai cessé mes pratiques de pénitence; en quoi, je crains d'avoir mal fait.

Voilà, mon cher Père, à quoi l'on est exposé, lorsqu'on se conduit soi-même. C'est où je suis réduite; car depuis que je vous ai quitté, je n'ai eu ni conseils, ni consolations de personne. Si Dieu le veut ainsi, je m'y soumets de tout mon cœur; j'adore ses jugements sur moi, sans les comprendre. Que si vous me refusez vos charitables avis, au moins, ne me refusez pas le secours de vos saintes prières.

Je suis, etc.

XLII.

MARCELLINE PAUPER AU PÈRE DE LAVEYNE.

Elle se plaint de ne pouvoir satisfaire son attrait pour la solitude à cause de ses occupations au dehors

Tulle....., 1705.

Mon très-honoré Père,

J'aurais sujet de murmurer de ce que vous ne m'écrivez pas plus souvent, vous qui savez le besoin que j'en ai. Je suis dans un mouvement et un accablement continuels. Dieu ne cesse point d'être libéral et magnifique à mon égard. Il me traite toujours en Dieu. Il me montre le lieu de mon repos, et il m'en retire. Il me donne un puissant attrait pour la solitude; et, en même temps, il me met dans le tumulte des affaires, qui sont pour moi comme de la poussière dans les yeux. Ce n'est pas qu'elles m'ôtent la présence de mon Bien-Aimé. Mais elles interrompent le commerce délicieux que mon âme désire, avec tant d'ardeur, d'avoir avec lui.

Permettez-moi de me dédommager, pendant la nuit, des privations que je souffre pendant le jour.

Je suis, avec un profond respect,

   Mon très-honoré Père,

Votre très-obéissante fille en Jésus-Christ,

   MARCELLINE PAUPER.

XLIII.

MARCELLINE PAUPER AU PÈRE DE LAVEYNE.

Sa joie de recevoir de lui une longue lettre après un long silence. — Faveur du divin Maître : il lui montre que l'amour est plus fort que la mort, et il la tient unie à Dieu, au milieu du travail.

Tulle....., 1705.

Mon très-honoré Père,

Votre lettre m'a donné bien de la consolation. Je commençais à être peinée de votre silence; mais votre charité m'a dédommagée de cette peine, en m'écrivant une longue lettre. J'y aurais répondu, il y a huit jours, sans le petit embarras où je me suis trouvée. Il ne me laissait pas même le temps de vaquer; mais Dieu me faisait éprouver la grandeur de ses miséricordes. Il se rendit présent à mon âme, d'une manière si intime, que je me trouvai, tout à la fois, unie et occupée; ce qui me fait comprendre que l'amour est plus fort que la mort. Depuis la communion dont je vous parlais dans ma dernière lettre, j'ai toujours eu une soif ardente pour la souffrance. Je la tempère pour vous obéir. Je me suis cependant oubliée deux ou trois fois. Ma santé n'en a point été altérée.

Je voudrais être auprès de vous. Je crains plus que jamais, me voyant abandonnée à moi-même. Je crois, comme vous, qu'il y aurait bien du mécompte, si vous m'observiez de près; et il ne faudrait pas de fortes épreuves pour faire voir que je ne suis que faiblesse, corruption et infidélité.

Priez pour moi, et tenez-moi toujours, en Notre-Seigneur,

Mon très-honoré Père,

Pour votre très-humble et très-obéissante fille,

MARCELLINE PAUPER.

NOTE

SUR LES LETTRES DE MARCELLINE PAUPER A M. MICHEL, SON DIRECTEUR, A TULLE.

Dans les desseins de la Providence, c'était à Tulle que Marcelline Pauper devait terminer sa sainte carrière. Dieu lui avait préparé et choisi de sa main, dans cette ville, un guide et un consolateur, pour les dernières années de sa vie. C'était M. Michel, Sulpicien, vicaire général et supérieur du grand séminaire. Dès ses premiers rapports avec la servante de Dieu, et à la vue de choses si extraordinaires, surtout dans une personne vouée à la vie active, il se vit livré aux anxiétés du doute, et il sentit un certain effroi. Comme on va le voir par ces lettres, la pensée lui vint de décliner cette direction. Mais, en homme sage, il se conforma à ce précepte de saint Jean : Probate spiritus si ex Deo sint: « *Éprouvez les esprits, pour voir s'ils sont de Dieu.* » (I. Joan., c. IV, v. 1.) *Il éprouva celui de Marcelline, et il ne tarda pas à voir qu'il avait à conduire une des âmes les plus privilégiées qui fussent alors dans l'Église de Dieu. Le Père de Laveyne, qu'il consulta, acheva de faire évanouir ses craintes, et le confirma dans la haute opinion qu'il avait* conçue de sa pénitente. Dès-lors, il se consacra à la direction de Marcelline Pauper avec un dévouement sans bornes. Aussi, en fut-il magnifiquement récompensé. Il fut à côté de cette vierge héroïque pendant qu'on lui fit l'opération du trépan, tandis que Jésus-Christ la soutenait lui-même de ses mains, au milieu de ce martyre. Pour comble de faveur, le divin Maître voulut que ce fût ce guide fidèle qui assistât sa servante bien-aimée à son départ de cet exil. Comme dernier gage de son dévouement pour cette illustre vierge, il écrivit la relation de sa mort, qui fut celle des Catherine de Sienne et des Térèse de Jésus.

Le Père de Laveyne, dans sa circulaire, page 152, s'exprime en ces termes sur cette relation, et sur son auteur :

« Je ne vous dirai rien de sa mort. Il suffit de vous envoyer une copie de la lettre de M. Michel, grand vicaire et supérieur du séminaire de Tulle, homme excellent en vertu et en science. »

Malgré toutes nos recherches nous n'avons pu retrouver cette précieuse lettre du pieux Sulpicien. Nous espérons que, quand cet ouvrage sera publié, de nouvelles recherches seront plus heureuses.

XLIV.

MARCELLINE PAUPER A M. MICHEL.

Elle demande la permission de passer la nuit devant le Saint-Sacrement.

Tulle....., 1705.

Mon très-honoré Père,

La douleur et la confusion où j'étais ce matin ne m'ont pas permis de m'exprimer. Je voulais vous prier, très-humblement, de m'accorder la grâce de passer cette nuit aux pieds de mon Sauveur, afin d'y faire amende honorable aux désirs de son cœur, que j'ai négligés, pour ne pas dire méprisés. En effet, j'ai refusé de m'unir à lui. Je n'ai rien voulu faire pour répondre aux attraits de son amour. Je n'ai eu que de l'indifférence pour les efforts de sa bonté; ce qui fait présentement ma douleur. Cependant, je n'ai nulle défiance du pardon de mes péchés. Je ne doute nullement de la miséricorde de Dieu, quoique mes fautes soient très-grandes. Le regret qu'il m'en donne, m'en est une preuve; et les ardeurs dont je brûle depuis ce matin, me sont un garant du baiser de paix que le divin Époux veut donner à mon âme.

Permettez-moi donc, mon très-cher Père, je vous en conjure, de répandre, cette nuit, mon cœur en sa présence. Je crois que je pourrai faire les mortifications que vous m'avez permises. Me voilà résolue d'être toute à Dieu. Priez-le qu'il m'en fasse la grâce, en me faisant persévérer dans son amour.

Votre très-obéissante servante en Jésus-Christ,

MARCELLINE PAUPER.

XLV.

MARCELLINE PAUPER A M. MICHEL.

Elle s'humilie de ses infidélités. — Répugnances pour sa charge. — Elle l'accepte ensuite généreusement. — Elle demande à passer la nuit devant le Saint-Sacrement.

Tulle....., 1705.

Mon très-honoré Père,

Je suis toute confuse, et je ne parais devant Dieu qu'avec une extrême honte à la vue de mes ingratitudes, de mes infidélités, de mon opiniâtreté, et particulièrement de la résistance que j'ai faite aux volontés de Dieu sur moi, ne m'appliquant pas à remplir les devoirs de mon état, et les obligations de la charge qu'on m'a imposée. Je suis devenue inutile à nos sœurs, leur refusant ce que je leur devais. Je n'avais pu en convenir jusqu'à présent, quelque peine que vous ayez prise pour me le persuader. Maintenant, j'en suis convaincue. Mes yeux dessillés me font connaître mon devoir et mes fautes. C'est à vos prières que je suis redevable d'une telle miséricorde ; c'est à elles que je dois la ferme résolution où je me trouve de m'acquitter de ce que je dois à mes sœurs ; de travailler de toutes mes forces à augmenter dans leur cœur le règne de Jésus-Christ. J'attribue la négligence que j'ai eue à le faire, au peu d'amour et de zèle que j'ai pour Dieu. Ah! que c'est mal répondre aux grandes miséricordes qu'il me fait! Quelle ingratitude! Comment pourrai-je réparer une telle infidélité? Comment pourrai-je l'expier? L'amour se plaint et me fait de miséricordieux reproches. Celui que je ressens pour Dieu, me fait souffrir de ne pouvoir suivre les mouvements de pénitence qu'il me donne. Permettez-moi, mon très-honoré Père, de passer cette nuit aux pieds de Jésus-Christ, afin de faire amende honorable des outrages que j'ai faits à son amour, et de lui offrir quelques satisfactions. J'éviterai l'excès ; je garderai toute la modération possible ; je me conduirai avec discrétion. Je vous supplie de m'accorder cette grâce, et celle de me croire pleine de reconnaissance et de respect,

Votre, etc.

XLVI.

MARCELLINE PAUPER A M. MICHEL.

Elle n'ose lui communiquer un désir dont elle croit avoir reçu l'inspiration. — Elle renonce à tout ce qui pourrait la détourner de la vie active. — Elle se reproche d'avoir trop parlé de ses infirmités.

Tulle....., 1705.

Mon très-honoré Père,

Je ne doute point que vous ne soyez très-mécontent de moi, et de la disposition où je vous ai dit être. Je vous en demande très-humblement pardon. Je comprends aisément qu'une charité moindre que la vôtre se rebuterait. Je prie Dieu que ce soit pour la dernière fois que je vous contriste. J'ai un grand déplaisir d'avoir souvent promis de ne le plus faire, sans avoir tenu ma promesse. C'est une suite de l'inconstance de mon esprit et de la légèreté de mes résolutions. Ce qui me donne de terribles craintes, c'est de ne pouvoir me vaincre. Je vous avoue que mes répugnances ont bien augmenté depuis que je vous ai parlé; car je me sens pressée d'être toute à Dieu, et ma peine est de n'oser vous dire les vœux que j'ai envie de faire, dans la crainte que vous ne vous y opposiez. D'ailleurs, je n'oserais suivre mes désirs, de peur de ne faire en cela que ma propre volonté. La source de ces répugnances que j'ai à me découvrir à vous, vient de ce que j'ai toujours cru que vous vous arrêtiez trop à ma santé, et aux services prétendus que je peux rendre à cette maison, dont le poids m'accable, sans oser me plaindre. Néanmoins, je fais, aujourd'hui, à Dieu le sacrifice entier de mon repos et de toutes mes répugnances, renonçant à tous vœux et pratiques particulières, pour m'attacher uniquement aux devoirs de mon état. Oui, mon très-honoré Père, je vais faire tous mes efforts pour vivre dans la simplicité d'un enfant; et, en même temps, avec toute la vigilance et toute la prudence que Dieu demande de moi. Ainsi, pour ne rien faire, ne rien entreprendre sans vous l'avoir communiqué, et ne rien vous cacher de mes dispositions, je vous dirai que cette vie retirée et cachée après laquelle je soupire, ne sera pas incompatible avec mon état, si Dieu veut bien me donner la liberté d'esprit dont j'ai besoin pour me rendre, en même temps, attentive à me recueillir intérieurement, et vigilante à accomplir tous mes devoirs. Cette double attention m'a quelquefois rebutée. Car je trouvais que l'une divertissait de l'autre; et, comme je me porte à la vie intérieure avec joie et plaisir, mes devoirs extérieurs me sont comme un joug de fer. C'est ce qui, dans les occasions fâcheuses et dissipantes, me fait soupirer si fort après ma délivrance. J'en demande pardon à Dieu. Je veux porter, tant qu'il plaira à sa divine Majesté, la peine due à mes répugnances.

J'ai lieu d'être contente de m'être découverte à vous. Je ne voudrais pas vous avoir tu aucune des choses sur lesquelles je vous ai consulté. Si j'ai trop parlé, c'est de mes infirmités dont mes entretiens ont été trop longs. De là, a pu venir cette compassion que vous avez fait paraître, et que je crains véritablement. N'en parlons donc plus, s'il vous plaît, mais seulement des moyens que je dois prendre pour être fidèle à Dieu. C'est toute mon ambition. Ne me refusez pas, s'il vous plaît, votre secours, quelqu'indigne que je m'en sois rendue; je vous en demande pardon. J'espère que Dieu me fera la grâce d'y mieux correspondre que je n'ai encore fait.

Je suis, avec un profond respect et une vraie reconnaissance,

Mon très-honoré Père,

Votre très-obéissante fille en Jésus-Christ,

MARCELLINE PAUPER.

XLVII.

MARCELLINE PAUPER A M. MICHEL.

Sur la demande de son directeur, elle lui rend compte de l'état de son âme, de la manière dont elle s'acquitte des devoirs de la charité, et des fautes qu'elle commet.

Tulle....., 1705.

Mon très-honoré Père,

Je remarque, par votre lettre, que votre prudence vous fait craindre tout ce qui est tant soit peu hors du commun. Je crains comme vous. Cette crainte même augmente, en moi, de jour en jour. Je ne puis comprendre que Dieu veuille faire tant de miséricordes à une âme qui lui a été si opposée, qui s'est souillée par toutes sortes de péchés (1), et qui est actuellement si infidèle.

---

(1) Comme il a été dit plus haut, cette admirable servante de Dieu ne perdit jamais la grâce sanctifiante. Quand elle parle de ses péchés et de ses infidélités, il faut entendre les imperfections et les fautes légères, que peuvent découvrir en elles et se reprocher amèrement, des âmes très-avancées dans la sainteté. La preuve en est l'énumération qu'elle fait, dans cette lettre même, de ses plus grandes fautes.

Vous m'ordonnez de vous marquer exactement les sentiments que j'ai de mon état, la manière dont je m'acquitte des devoirs de la charité à laquelle il m'oblige, et les fautes que je commets.

Pour vous obéir, et pour suivre l'ordre que vous me marquez, je vous assure, à l'égard de mon état, que j'en ai une haute estime. Quant aux besoins spirituels du prochain, ils me sont fort chers. Aucune occasion de les soulager n'échappe à mes soins. Je compatis aux personnes affligées; je fais tout mon possible, par mes discours et par mes prières, pour leur faire supporter chrétiennement leur misère, et pour leur en faire faire un saint usage.

Ma dévotion est de prier pour la conversion des pécheurs. Ils ont aussi bonne part à mes mortifications. Après le désir de me rendre conforme à Jésus-Christ crucifié, je n'en ai point de plus ardent que leur conversion.

Quant aux secours que je puis rendre aux pauvres, je ne m'y épargne pas. Je quitte volontiers la prière, la messe, et je remets même la sainte communion, pour les servir et pour leur procurer tous les secours dont je suis capable, jusqu'à quêter, dans les maisons, pour subvenir à leurs besoins, me proposant l'exemple des anges qui sont à Dieu pour le prochain, et tout au prochain pour Dieu.

A l'égard de l'humilité, je ne sais si je me trompe, mais il me semble que je suis affamée d'opprobres. Je me porte volontiers aux œuvres basses et humiliantes. Dans les occasions où je suis méprisée, je suis toute pénétrée de joie. Je me sers de ce sentiment que l'on a de moi, pour me confondre devant Dieu, et pour faire hommage à sa souveraine majesté.

Dans les privations où je me trouve, et dans les contradictions qui m'arrivent, je ne sens nulle répugnance. Dès qu'elles paraissent, elles me font souvenir de la souveraine félicité de Dieu. Je reconnais ses attributs et ses perfections par ce qui me manque. C'est le secret que le divin Maître m'a appris pour profiter de tout.

A l'égard de la mortification intérieure, je m'y étudie le plus que je peux. Je retiens tous mes sens assujettis à ce que la grâce demande de moi, autant que je puis y être attentive. Je me fais une loi inviolable d'obéir à tous ses mouvements, et d'y être fidèle dans les plus petites choses. En effet, il ne m'arrive jamais de satisfaire une petite curiosité, de suivre une inclination naturelle, de me laisser aller à quelque relâchement ou quelque recherche de la nature, que je n'en sois reprise, ou que je ne m'en châtie moi-même. Une petite complaisance dans les créatures, un retour léger sur elles, est puni par l'absence du Bien-Aimé.

Voilà, mon très-honoré Père, autant que je le puis connaître, mes dispositions sur les vertus.

Venons à mes fautes. Voici les plus ordinaires dont je m'accuse : De manquer de fidélité à suivre les mouvements de la grâce ; sous prétexte de prudence, de me laisser surprendre aux raisons de la nature, surtout pour mes exercices de nuit, que j'ai souvent interrompus pour de légères infirmités; de les avoir omis, sept ou huit fois, par la crainte et la frayeur que me causait mon ennemi. De manquer d'attention à discerner les mouvements de la nature de ceux de la grâce. D'agir souvent d'une manière tout humaine. D'avoir de la complaisance dans mes paroles. De m'être laissé abattre jusqu'à l'inquiétude par la crainte d'être trompée. Je me suis retirée, quatre fois, de la communion, sous prétexte que j'avais manqué à mes lectures. D'être trop complaisante à manger et à prendre de petits relâchements, sous prétexte de charité. De manquer à mes exercices, par respect humain. D'être ingrate envers Dieu. De me laisser souvent surprendre à l'amour-propre.

Voilà les fautes que je commets, et où je suis le plus ordinairement surprise; je vous les expose, afin que vous sachiez comment je les commets, et que vous me connaissiez plus à fond. Dites-moi librement vos sentiments sur mon état. Je suis, par la miséricorde de Dieu, disposée à faire et à quitter tout ce que vous m'ordonnerez. Je ne sens ni attache, ni prévention. Dieu m'a fait la grâce de réprimer ma sensibilité, d'être dans une grande indifférence pour toutes les choses d'ici-bas. Il me semble que c'est sincèrement que je cherche Dieu. Je ne désire que de lui plaire.

Ne différez donc pas à me découvrir le danger où je pourrais être : je suis disposée à recevoir tout ce que vous me direz, et à le mettre en pratique.

Vous m'avez effrayée, en me mandant que, si je trouve une personne de piété et d'expérience, je lui découvre ce que j'éprouve. Craignez-vous, mon cher Père, de vous charger de ma conduite? Au nom de Jésus-Christ, continuez-moi votre charité. Si je vous suis trop incommode, je n'écrirai plus si souvent. Ne me renvoyez pas à un autre. De tels directeurs sont rares; et, quand j'en trouverais un, je ne pourrais avoir en lui la même confiance que j'ai en vous. Ne me refusez donc pas la grâce que Dieu vous a donnée pour m'en faire part. C'est ce que j'attends de votre charité.

Je suis, en Notre-Seigneur, avec un profond respect,

Mon très-honoré Père,

Votre très-obéissante fille en Jésus-Christ,

MARCELLINE PAUPER.

XLVIII.

MARCELLINE PAUPER AU PÈRE DE LAVEYNE.

Grâce signalée pendant la sainte messe. — Lumière sur la transsubstantiation. — Dans la sainte communion, Notre-Seigneur la met dans un état passif.

Tulle, Novembre 1706.

Mon très-honoré Père,

Je ne puis vous taire une grande miséricorde que Dieu m'a faite depuis quelques jours. Remerciez-l'en pour moi, et apprenez-moi ce que je dois faire pour y être fidèle.

Le quinzième de ce mois de Novembre, c'était le vendredi, assistant à la messe, et me préparant à la sainte communion, après m'être offerte à Notre-Seigneur, pour entrer dans ses dispositions de sacrifice et d'immolation, je me trouvai dans un profond recueillement. Alors, il me manifesta de quelle manière il veut que l'âme soit passive. Voici comment cette grâce me fut accordée : dans le moment de la consécration, mon âme se trouva toute pénétrée de sentiments de respect, d'adoration, d'amour, et dans un silence qui était produit par une admiration qui occupait seule toutes les puissances de mon âme, à la vue du changement qu'il venait d'opérer, en changeant les espèces du pain en son corps adorable, ces espèces se trouvant comme abimées et perdues dans l'Être divin et éternel.

Je disais, dans mon admiration : *O Amour! c'est pour glorifier votre Père et vous donner aux hommes, que vous opérez ces merveilles.* En même temps, ce divin Amour remplit toute mon âme : il l'éclaira comme un soleil; il l'embrasa comme un feu divin, qui la pénétrait tout entière; et il me fit entendre, non avec des paroles, mais par impression d'amour et d'union, qu'il ne faisait ce changement, dans ce pain, que pour en opérer un autre en moi; qu'il voulait, pour cela, trouver mon âme aussi passive que ce pain, qui ne faisait aucune résistance, mais consentait à son changement et perdait son être pour céder sa place à l'Être éternel, et lui faire hommage. J'avoue que je ne pouvais répondre à ce langage que par disposition et consentement, me contentant de dire, pour soulager mon cœur, qui ne pouvait contenir le poids des miséricordes de son Dieu : *O Amour, tirez-moi de mon être, afin que vous opériez en mon âme ce pourquoi vous l'avez créée.*

Je communiai dans ces dispositions. Le Seigneur, entrant dans mon âme, surprit toutes ses puissances. Il les rendit si passives, et si adhérentes, qu'il me semblait qu'elles n'étaient plus, ou plutôt qu'elles étaient abîmées dans l'Etre divin, comme une goutte d'eau dans la mer. Cette disposition n'a pas cessé depuis : cela me fait croire ne pouvoir avancer vers Dieu qu'en m'abandonnant au règne de son esprit et de sa grâce. Je commence à comprendre que l'amour est plus fort que la mort, puisqu'il règne sur elle. *O Amour, venez; régnez sur tout moi-même, et détruisez en moi tout autre empire que le vôtre!*

MARCELLINE PAUPER.

FIN

DES LETTRES ET DES ÉCRITS DE MARCELLINE PAUPER.

TABLEAU CHRONOLOGIQUE

DE LA

VIE DE MARCELLINE PAUPER.

TABLEAU CHRONOLOGIQUE

DE LA

VIE DE MARCELLINE PAUPER.

1663. *Naissance de Catherine Pauper à Saint-Saulge, dans le diocèse de Nevers.*

1669. *Le 25 Décembre, la nuit de Noël, la très-sainte Vierge lui apparaît, tenant son divin Fils entre ses bras. L'Enfant-Jésus prend Catherine par la main, et il la bénit.*

1671. *Elle entre, comme pensionnaire, au couvent des Ursulines de Moulins-Engilbert.*

1672. *A l'âge de neuf ans, Catherine fait vœu de chasteté perpétuelle.*

1674. *A onze ans, elle fait sa première communion.*

1675. *Catherine rentre dans sa famille, à Saint-Saulge. — Elle se met sous la direction de dom Jean-Baptiste de Laveyne, religieux bénédictin et sous-prieur du prieuré de Saint-Saulge. — Jusqu'à l'âge de seize ans, elle s'adonne à l'oraison, à la pratique de l'aumône, et communie deux fois par semaine.*

1680. *Diminution de sa ferveur, par suite de quelques rapports avec le monde. — Maladie de deux ans.*

1682. *Le dimanche dans l'octave des Rois, faveur insigne de Notre-Seigneur. — Changement total de Catherine. — Ses fiançailles avec le divin Maître. — Veilles, pénitences, méditations des souffrances de Jésus-Christ.*

1685. *A l'âge de vingt-deux ans, Catherine entre dans la Congrégation des Sœurs de la Charité et de l'Instruction chrétienne de Nevers, fondée en 1680, à Saint-Saulge, par le Père de Laveyne. — Postulat à Nevers. — Noviciat à Saint-Saulge. — Le fondateur éprouve son esprit; et reconnaît, par dix-huit* mois d'épreuves, qu'elle est conduite par l'esprit de Dieu.

1687. *Elle fait profession, et prend le nom de Marcelline.*

1691. *Elle va fonder l'établissement de Decize.* — *Sa joie au milieu d'une pauvreté extrême.* — *Ses progrès dans l'oraison.* — *Commencement d'un mal de tête qui dure sept ans.*

1694. *Elle est nommée Supérieure à la maison de Nevers, qu'elle gouverne pendant deux ans.* — *Communion presque quotidienne.*

1696. *Elle va fonder une maison à Murat, en Auvergne.* — *Guérison miraculeuse de son mal de tête.* — *Ses travaux, ses pénitences, ses ravissements.* — *Guerre du démon.*

1697. *Le 3 du mois d'Août, apparition de Notre-Seigneur en l'état où il était au sortir du Prétoire.* — *A la fin du même mois, vision des mots:* AMOUR *et* CROIX *présentés par une main miraculeuse, et paroles qui lui sont dites sur ces mots.* — *Le 29 Septembre, voyage à*

1697. *Vic. — Chute dans une rivière pendant qu'elle est en extase. — Elle est miraculeusement préservée. — Pénitence héroïque qu'elle fait pour le salut d'une âme. — Manière extraordinaire dont elle est communiée une seconde fois, le jour de Noël, après avoir communié à minuit.*

1699. *Le 28 Février, les deux mots* CROIX *et* AMOUR *sont appliqués, comme un cachet, sur son cœur. — Accroissements de son amour pour Jésus-Christ crucifié. — Grave maladie, et nouvelles faveurs de Dieu. — Retraite du 25 Décembre : elle médite sur les trois naissances de Notre-Seigneur; lumière extraordinaire que Dieu lui communique.*

1700. *Se souvenant du fiel dont Notre-Seigneur fut abreuvé sur la croix, elle prend une mixtion de suie et de vinaigre pour obtenir la conversion d'une âme; breuvage qu'elle prend encore, plusieurs fois, dans la suite. — Voyages de trois cents lieues à cheval dans les mois*

1700. *d'Août, de Septembre et de Novembre, pendant lesquels elle ne diminue rien de ses pénitences. — Arrivée au Bourg-Saint-Andéol, en Vivarais; elle y commence un établissement.*

1701. *Le 1er Mai, Notre-Seigneur lui apparaît avec sainte Catherine de Sienne, et la lui donne pour modèle. — Paroles de la Sainte à Marcelline. — Effets de cette vision. — Marcelline entreprend d'imiter sa sainte patronne. — Ce qu'elle fait pour se conformer à Jésus-Christ crucifié. — Faveurs et extases au milieu de cette vie de crucifiement. — Ravissement extraordinaire la veille de la fête de saint André: elle reçoit l'intelligence de ces paroles:* Maître, où demeurez-vous? *et de celles-ci:* Venez, et voyez. *— Lumière que Notre-Seigneur lui donne sur ses trois demeures: dans le sein de son Père, dans le sein de la très-sainte Vierge et sur la croix.*

1702. *Le 26 Avril, crucifiement de six heures. — Elle reçoit les stigmates et obtient de Notre-Seigneur que les blessures ne*

1702. *paraissent pas; et, à partir de là, elle ressent toujours une douleur au côté. — Complication de maux. — Elle est élevée à l'état de souffrance pure. — Martyre intérieur. — Elle se croit réprouvée : épreuve qui dure deux ans. — Désir du martyre au milieu des hérétiques des Cévennes. — Voyage à Saint-Étienne, où elle va commencer une maison.*

1703. *Retraite donnée à quarante-huit filles. — Vœu du plus parfait.*

1704. *Divers voyages.*

1705. *Arrivée à Tulle, où elle commence une maison. — Retraite du mois d'Octobre sur le mystère de la sainte Eucharistie.*

1707. *Le jour de l'Apparition de saint Michel, elle entre dans une grande extase; elle tombe et se blesse la tête contre le pavé. — Faveur insigne que Notre-Seigneur lui accorde pendant que les médecins lui font l'opération du trépan.*

1708. *Le 25 Juin, Notre-Seigneur l'appelle à lui.*

1708. *Le jour même des funérailles, l'évêque de Tulle, du haut de la chaire de la cathédrale, proclame, devant le clergé et devant le peuple, la sainteté de la servante de Dieu.*

Circulaire du Père de Laveyne adressée à toutes les maisons de la Congrégation.

1709. *Au jour anniversaire de la mort de Marcelline Pauper, l'évêque de Tulle, reparaissant dans la chaire épiscopale, constate les diverses guérisons obtenues par l'intercession de la servante de Dieu, et le fait de la conservation de son corps virginal préservé de toute atteinte de corruption.*

DOCUMENTS HISTORIQUES

CONCERNANT

LA VIE DE MARCELLINE PAUPER.

DOCUMENTS HISTORIQUES

CONCERNANT

LA VIE DE MARCELLINE PAUPER.

DOCUMENT N° Ier,

Sur la famille de Marcelline Pauper.

Catherine Pauper, en religion sœur Marcelline, de la Congrégation des Sœurs de la Charité et de l'Instruction chrétienne de Nevers, naquit à Saint-Saulge, petite ville du Nivernais, en l'année 1663.

La famille dont Catherine Pauper était issue, descendait, du côté maternel, d'une souche fort honorable et très-considérée dans le pays. Le plus ancien des ancêtres dont le nom ait été conservé, était M. Michel Barrault, qui vivait dans une grande réputation de vertu et de piété. De concert avec sa femme, il avait fait des dons charitables à l'église de Saint-Saulge, notamment des vitraux de saint Michel et de sainte Magdeleine, et des statues que l'on voit sur l'autel, près des fonts baptismaux. Depuis le commencement du dix-septième siècle, cette maison était déchue de son opulence.

Le père de Catherine se nommait Christophe Pauper, et sa

mère, Françoise Pinault. C'était une famille toujours recommandable, et suffisamment pourvue des biens de la fortune, selon la médiocrité de sa condition. Christophe Pauper était menuisier de profession. Son frère unique, chargé d'affaires dans la maison de Bragelonne, mourut à Nevers; il n'avait pas été marié.

On lit dans un manuscrit de Saint-Saulge, fort authentique et rédigé par un contemporain original, mais véridique, M. Deparis, curé de Saint-Saulge, *que les deux frères étaient d'une humeur gaie, portée à la plaisanterie, et de très-honnes gens.*

Christophe Pauper eut sept enfants, dont deux fils : Jean, l'aîné de la famille, vint au monde le 10 juin 1648, et mourut en bas âge.

Léonard, le plus jeune de tous, paraît sur les registres de la paroisse, vers 1675, en qualité de témoin pour les baptêmes. Il signe : Léonard Pauper, écolier, c'est-à-dire étudiant et familier du presbytère. Il fut marié et eut des enfants. Il vivait encore en 1715, époque à laquelle écrivait le spirituel chroniqueur dont nous avons déjà parlé.

Les cinq filles de Christophe Pauper et de Françoise Pinault se nommaient : Eugénie ou Pierrette, Jeanne, Françoise, Catherine et Anne.

Eugénie Pauper naquit le 11 novembre 1649. Elle fut mariée à Jean Coquille, habitant de Saint-Saulge; et Catherine Pauper tint un de ses enfants sur les fonts de baptême, le 30 octobre 1671. Elle n'avait alors que sept ans.

Jeanne, la cadette, fut mariée à Claude Langlois, de Moulins-Engilbert (1), le 29 août 1673 ; et Anne, la plus jeune, épousa, le 8 février 1684, Jean Langlois, de la même paroisse. Il paraît, par l'acte de mariage d'Anne Pauper, qu'à cette époque Françoise Pinault, leur mère, n'existait plus.

Françoise ne voulut point s'établir dans le monde. Elle passait sa vie dans les exercices de la piété et de la charité. Elle vivait aussi en 1715.

Quant à Catherine, ce fut, dit encore le manuscrit que nous citons textuellement, « la perle de la famille, l'honneur de son pays et l'admiration de tous ceux qui l'ont connue. Elle fut reçue parmi les Sœurs de la Charité sous le nom de sœur Marcelline. Elle s'y est distinguée par la parfaite égalité de son âme, par sa charité ardente et par les plus éminentes vertus, aussi bien que par les extases, les révélations et les hautes et étroites communications qu'elle a eues avec Dieu. Elle est morte, de nos jours, à Tulle, en odeur de sainteté. Elle y a été inhumée avec des honneurs extraordinaires et un merveilleux concours de peuple.

» On a fait un recueil manuscrit des lettres qu'elle écrivait au Père Galipaud, prêtre de l'Oratoire, son directeur, homme d'une érudition profonde et d'un sens exquis. Elle y parle des apparitions et des autres faveurs dont il plaisait à Dieu de l'honorer. On est surpris, au dernier point, qu'une fille presque sans éducation et sans étude, ait pu

---

(1) Lisez, page 3, dernière ligne : Moulins-Engilbert, au lieu de : Moulins-en-Gilbert.

ainsi parler et écrire. On a déjà eu la pensée de faire imprimer ces lettres, et elles pourront l'être dans la suite. »

Cette pensée du chroniqueur de Saint-Saulge se réalise aujourd'hui.

Après un délai de cent soixante-trois ans, non-seulement les *Lettres*, mais encore la *Vie* de Marcelline Pauper, écrite par elle-même, sont données au public.

DOCUMENT N° II,

Sur le séjour de Marcelline Pauper au couvent des Ursulines de Moulins-Engilbert, dans le Nivernais.

Christophe Pauper, comme on l'a vu plus haut, avait marié deux de ses filles à deux habitants de Moulins-Engilbert. Ce fut là, sans doute, un des motifs qui le déterminèrent à placer sa fille Catherine au couvent des Ursulines de cette ville. Mais, par cet acte, ce père chrétien exécutait sans le savoir les grands desseins de Dieu sur la jeune Catherine.

C'est là, en effet, que Dieu voulait jeter les premiers fondements de sa sainteté.

Les filles de sainte Ursule cultivent avec tout le dévouement du zèle chrétien cette âme privilégiée. Témoin de la ferveur des religieuses, et enflammée par leurs saintes paroles, la jeune Catherine fait de rapides progrès dans la piété. A neuf ans, elle songe à répondre à la faveur qu'elle avait reçue à Saint-Saulge dans sa sixième année. La nuit de Noël la très-sainte Vierge s'était montrée à elle, tenant l'Enfant-Jésus entre ses bras, et le divin Enfant, après l'avoir bénie, l'avait prise par la main, indiquant par là qu'il la choisissait pour son épouse. Catherine veut s'enchaîner sans retour à Celui qui l'a prévenue d'une grâce si extraordinaire; elle se consacre à lui par le vœu de chasteté perpétuelle.

A onze ans, elle reçoit, pour la première fois, la divine

Eucharistie; et Jésus-Christ prend possession de ce cœur pour ne s'en séparer jamais.

Un an après, le divin Maître, la ramenant à la maison paterternelle, la confie au guide selon son cœur, qu'il lui avait préparé de toute éternité. Ce guide est dom Jean-Baptiste de Laveyne, religieux bénédictin, et, cinq ans après, fondateur de la Congrégation des Sœurs de Nevers. C'est à ce fils de saint Benoît que Notre-Seigneur confie la garde et la direction de la jeune vierge qui va devenir la plus grande lumière du nouvel Institut.

La suite du récit de Catherine Pauper montrera avec quelle sagesse et avec quelle force chrétienne ce saint religieux conduisit sa fille spirituelle.

Par une disposition de la Providence, ce couvent des Ursulines de Moulins-Engilbert, fondé en 1635, et reconstruit sur un vaste plan en 1715, est passé, après la Révolution française, qui en avait dépouillé les filles de sainte Ursule, entre les mains des Sœurs de la Congrégation de Nevers. C'est dans une partie de ce bâtiment spacieux, qui a été réparé et adapté à sa nouvelle destination, que se trouvent les œuvres de charité confiées aux Sœurs de la Congrégation de Nevers. Ainsi, l'hôpital des malades, l'asile pour l'enfance, des classes payantes et gratuites, et un petit pensionnat de jeunes filles, y ont leurs places distinctes et des appartements commodément distribués. Ces œuvres prospèrent de nos jours; Dieu daigne les protéger et les bénir.

Cet édifice tout entier est comme un sanctuaire : ces jardins, ces cloîtres, ces classes, ces salles, et par-dessus tout cette église, rappellent Catherine Pauper; le souvenir de sa sainteté naissante y est vivant partout. Les jeunes filles, externes ou pensionnaires, voient en elle un modèle accompli; et les religieuses de Nevers, la perle de leur saint Institut; toutes, par la foi, contemplent en elle, dans le ciel, une puissante médiatrice auprès de Dieu.

DOCUMENT N° III,

Sur l'établissement des Sœurs de la Charité et de l'Instruction chrétienne de Nevers, à Saint-Saulge.

La petite ville de Saint-Saulge fut le modeste berceau de la Congréation des Sœurs de la Charité et de l'Instruction chrétienne de Nevers.

Les premiers essais de l'œuvre datent de 1680, époque à laquelle se réunirent les deux jeunes filles qui furent les colonnes de l'Institut naissant : Marie de Marchangy et Anne Le Geai, auxquelles se joignirent bientôt Jeanne Robert et Marie Regnault.

Peu de temps après, le siége de la Congrégation ayant été établi à Nevers, la maison de Saint-Saulge n'eut plus que le second rang.

Les sœurs de cette communauté s'employaient gratuitement aux soins des pauvres et des malades et à l'instruction des enfants. La ville de Saint-Saulge comprit bientôt l'utilité qu'elle pouvait retirer de leurs services. Des fonds furent alloués pour les pauvres; et, avec le concours de quelques particuliers, on fonda un hôpital. Le Père de Laveyne, fondateur de l'Institut, y sacrifia une partie de sa fortune; et la famille de Marchangy, à laquelle appartenait la fondatrice, y fit aussi un don. Plus tard, cet établissement reçut une existence légale, ainsi que le prouve la délibération dont suit la teneur :

« GÉNÉRALITÉ DE MOULINS.

» AVIS DES HABITANTS DE SAINT-SAULGE, POUR L'ÉTABLISSEMENT DES SOEURS DE LA CHARITÉ.

» Le 2 septembre 1708

» Ce jourd'hui, deuxième jour du mois de septembre mil sept cent huit, à l'issue de la messe paroissiale de cette ville de Saint-Saulge, par-devant nous, Guy Coquille, conseiller du Roi, maire perpétuel de cette dite ville, en l'hôtel commun de ce dit lieu, par ordre de Monseigneur l'Intendant de la généralité de Moulins, en date du dix-sept août dernier, sont comparus en leurs personnes : MM. Louis-Antoine de Marchangy, notaire royal, substitut du procureur du Roi, et M. François Ravisy, marchand, tous deux échevins de cette dite ville, qui nous ont dit avoir convoqué les habitants de ce lieu pour délibérer sur le placet ci-dessus daté, présenté à mon dit seigneur l'Intendant, à l'effet de donner des moyens pour l'établissement d'une communauté de Sœurs de la Charité et de l'Instruction chrétienne, dans cette dite ville et paroisse de Saint-Saulge, reconnaissant la grande utilité qu'ils ont reçue d'elles, depuis vingt-six ans, et l'importance qui leur est de les y retenir, afin qu'elles continuent à rendre au public les mêmes offices de charité, de tenir les petites écoles des enfants de leur sexe, d'enseigner aux jeunes filles et nouvelles converties, les vérités de notre sainte religion, les lettres humaines, et de secourir et assister les pauvres malades, panser et médicamenter les pauvres soldats que la maladie surprend et arrête sur la route, qui est, dans ce dit lieu, très-fréquentée, ce qui fait que leur établissement est très-avantageux aux habitants de ce dit lieu, qui est destitué de tout autre secours.

» Pour quoi, les dits sieurs échevins auraient eu conférence avec sœur Marie-Scholastique de Marchangy, Supérieure Générale des susdites Sœurs, établies en diverses provinces, demeurant à Nevers, laquelle a fait entendre que leur congrégation est approuvée et autorisée par Monseigneur l'Évêque, sous le bon plaisir du Roi, et qu'il leur est permis de s'établir, en communauté, dans telles villes et bourgs du diocèse qu'elles aviseront, sous le bon plaisir et consentement des dits seigneurs et habitants des lieux où elles résideront, ayant obtenu celui de Monseigneur le duc de Nevers, en date du 28 juillet 1708, signé : Mazariny-Manciny, représenté et retiré ensemble ; celui de dom Jean-Baptiste de Laveyne, sous-prieur du prieuré de Saint-Saulge, leur Supérieur aussi, et daté du dernier août dernier, représenté et retiré. A quoi sont comparus : M. Sane, subdélégué ; M. Antoine Daugy, conseiller du Roi, fabricien ; Étienne de La Venne, écuyer ; sieur Desperriers, fabricien ; M. Dominique Delaveyne, chirurgien ; Antoine Theveneau, sieur de Palmery ; Jean-Jacques Benier, sieur de Lornemire ; M. Pierre Pinette, chirurgien ; MM. Pierre Galle et Charles Vignault, procureurs ; M. Claude Paillard, chirurgien ; Jean Thévenin, sieur de Saint-André, et autres habitants, soussignés, composant la plus grande et principale partie des habitants de Saint-Saulge, lesquels, pour les causes et raisons ci-dessus proposées et vues, tous les conseillers y énoncés, ont dit qu'ils sont d'avis et consens, et désirent unanimement le dit établissement proposé. Et, en conséquence, donnent tout et tel consentement et pouvoir qu'à eux peut appartenir, en pareil cas, de donner à la dite sœur Marie-Scholastique et à sœur Jeanne de Laveyne, son Assistante, tant pour elles que pour les autres sœurs de la dite Congrégation de cette dite ville, et autres établissements de la même Congrégation, pour y vivre sous les règles et constitutions qui s'y observent, et y rendre aux jeunes filles et pauvres malades tous les secours charitables ci-dessus marqués; sans, néanmoins, que le dit établissement puisse être à charge à la dite ville et paroisse; reconnaissant qu'il ne l'a pas été par le passé, et qu'il est en état de subsister par lui-même à l'avenir; et, encore, à la charge de donner copie des dites lettres d'établissement et autres pièces, en vertu desquelles elles seront obtenues pour demeurer en notre greffe, pour y avoir recours quand besoin sera. Pour ce, de tout ce que dessus, nous avons fait acte; et ont, tous les ci-dessus nommés, signé avec nous et notre greffier; et sera, le présent acte, porté à Monseigneur l'Intendant.

» Coquille, *maire*; Sane, *subdélégué*; Delavenne, Desperriers, *fabriciens*; Ravisy, *échevin*; Marchangi, *échevin*; E. Roy, Camuset, Daugy, Galle, Vignault, Paillard, Louis Commaille, Pinette, de Laveyne, Theveneau de Palmery, Tornemin, Bidolet, Thévenin de Saint-André, D. de Laveyne, *supérieur*.

» Frachot. »

Ce fut dans la maison de Saint-Saulge, à la fin de l'année 1685, que Marcelline Pauper entra pour faire son postulat. A la page seizième de sa *Vie*, elle dit que ses supérieurs l'éloignèrent de quatorze lieues, à cause de la grande affection que son père lui portait.

En effet, dès l'origine de la Congrégation, on voit s'établir l'usage d'éloigner les aspirantes de leur pays natal, pour le premier essai des œuvres de la vie religieuse. Le postulat de Catherine Pauper dura environ trois mois. Elle les passa à Nevers, où se formait la maison de noviciat.

Quant à cette distance de quatorze lieues, qui nous semblerait une difficulté à résoudre, puisque, en réalité, on ne compte plus actuellement quatorze lieues entre Nevers et Saint-Saulge, nous l'expliquerons par le peu de communication qui existait, autrefois, entre les diverses localités d'une même province. Les chemins étaient difficiles, parfois impraticables et même dangereux. C'est ce que le manuscrit de Saint-Saulge constate, pour le pays dont il est question, au sujet d'un voyage de saint François de Sales dans le Nivernais, *où il fut tiré d'un mauvais pas* par un bourgeois de Saint-Saulge, lequel *défendit le bon saint*, par son épée, après l'avoir dégagé d'un passage *boueux et rompu*. Donc, par les sinuosités d'une voie mal tracée, et allongée par de nombreux détours, la route devait bien donner, en effet, ces quatorze petites lieues qu'on comptait, pour lors, dans le pays.

La petite ville de Saint-Saulge vit naître toutes les premières mères de l'institut. Toutes se distinguèrent par leur piété et par leur vertu. Après sœur Scholastique de Marchangy, fondatrice et première Supérieure Générale, et sœur Anne Le Geai, sa coadjutrice, on voit sœur Jeanne Robert, employée dans les premières fondations; sœur Marie Regnault, qui, dit le manuscrit de Saint-Saulge, *avait bien de la vertu et du mérite;* sœur Geneviève Regnault, sa cousine; sœur Jeanne de Laveyne, nièce du fondateur ; les deux sœurs Paillard, nièces de la fondatrice ; et dont l'aînée, sœur Marie-Scholastique, mourut en odeur de sainteté à Chelles ; les deux sœurs Fouquet, cousines des sœurs Regnault; sœur Placidie Pinault, nièce de M. Deparis, curé de Saint-Saulge et auteur du manuscrit; les deux sœurs Roy, qui furent des sujets marquants; sœur Paule Taupin, sœur Françoise Corbin, sœur Louise Moreau, *fille d'un grand mérite*, dit encore le manuscrit; les sœurs Daugy, etc., etc.

DOCUMENT N° IV,

Sur la fondation de la maison de Decize.

La maison de Decize est cette première fondation, dont la date précise se trouve relatée dans une brochure, écrite par M. Tresvaux de Bertheux, ancien maire de cette localité. La brochure contient des notes, fort intéressantes, extraites des annales de la ville, rédigées en forme de répertoire.

Nous y lisons :

« Le 11 avril 1691, sous les échevins : Jacques Rousseau et Claude Marinhier, procureurs du fait commun, les habitants, après avoir délibéré en assemblée générale, présentent une requête à l'évêque de Nevers, afin d'obtenir, de lui plusieurs sœurs du Saint-Sacrement, dites de la Charité, pour soigner les malades et instruire les petites filles. Le seigneur-évêque accorde cette demande. Les sœurs achètent une maison. Les échevins leur donnent une pension sur les revenus de la ville, et leur abandonnent ceux de l'hôpital.

Ces religieuses s'étaient d'abord établies à Saint-Saulge, puis à Nevers. »

On sait, par tradition, que les sœurs occupèrent successivement diverses habitations à Decize, petite ville ancienne et très-agréable, située à sept lieues de Nevers. La mémoire publique les désigne encore sous le nom de maisons des sœurs ; mais nul acte officiel n'a été retrouvé. Dans les archives de la communauté sont conservées les pièces authentiques concernant l'établissement de Decize. Elles sont écrites sur parchemin, avec l'orthographe du temps. On y voit, avec les noms de MM. Gabriel Godard, conseiller du Roi ; Claude Marinhier et Gilbert Breton, assesseurs, ceux de la mère Scholastique de Marchangy, Supérieure Générale, et de sœur Marie-Catherine Arnault, qui fut, après sœur Marcelline, supérieure de l'hôtel-Dieu, dont la direction fut confiée aux sœurs en 1700. Jusque-là, les premières sœurs, envoyées à Decize, avaient dû se borner à la visite des malades et à la tenue des petites écoles.

Sœur Catherine Arnault était native de Decize. Elle y possédait une maison et une petite vigne, qu'elle donna à la Congrégation, à condition que sa mère, veuve et âgée, resterait, sa vie durant, à la charge de la communauté.

Les sœurs se logèrent dans cette maison, l'hôtel-Dieu n'ayant pas d'appartements à leur fournir.

En suivant les notes contenues dans la brochure citée plus haut, nous trouvons la confirmation des documents personnels de la communauté de Nevers.

Nous citerons encore :

« Ce ne fut qu'en 1700, ajoute le texte, que la Supérieure Générale de la Congrégation se rendit aux vœux des habitants de Decize, pour l'acceptation définitive de leurs œuvres charitables. Il y avait douze ans que cette affaire était en suspens. Une requête des échevins et des notables est présentée à l'Intendant. Cette pièce est signée par les personnages les plus considérables et les plus influents du pays. On y trouve les noms de certaines familles, qui se sont perpétuées jusqu'à nos jours : telles que les de Cray, l'un notaire royal, l'autre prêtre, curé de Saint-Aré, et les seigneurs de Chevane et de La Planche, etc., etc.

» Une ordonnance de l'Intendant approuve la délibération, et invite les habitants à convoquer une assemblée générale. On vote cent livres pour la pension de chaque sœur, et cinquante livres pour les remèdes. »

En conséquence, une autre requête fut présentée au Roi, pour obtenir de Sa Majesté l'autorisation nécessaire à l'établissement légal des sœurs. Elles reçurent ces lettres patentes le 17 février 1711. Et, en 1713, avec une nouvelle autorisation de Monseigneur Édouard Bargédé, évêque de Nevers, intervint un nouveau traité entre la mère de Marchangy et Messieurs les Échevins, qui concèdèrent aux sœurs une rente, au capital de quatorze cents livres, due par le seigneur de Germancy.

Achevons cette courte analyse, en rappelant que la maison de Decize fut commencée dans le plus complet dénuement. Elle s'est maintenue jusqu'à nos jours dans l'amour et la pratique effective de la sainte pauvreté. Sœur Marcelline, la première, en souffrit avec bonheur les privations, et c'est là que Dieu, vrai dans ses paroles, aussi bien que magnifique dans ses dons, lui donna la jouissance du centuple, promis à celui qui a tout quitté pour son amour.

Cette œuvre, ainsi posée, ne fut interrompue qu'aux plus

mauvais jours de la Révolution. A cette époque de triste mémoire, les sœurs, ayant, alors, pour supérieure la vénérable mère Anastasie de Montméja, ancienne Supérieure Générale, furent incarcérées, et subirent, pendant onze mois, dans une dure réclusion, les déplorables conséquences de cette épouvantable perturbation.

La petite communauté y fut reconstituée en 1841. Depuis lors, elle a opéré le bien. Espérons qu'elle le continuera sous la bénédiction de Dieu, qu'appellera, pour elle, sa pieuse et dévouée fondatrice.

Sœur Marcelline, en quittant Decize, en 1694, fut nommée supérieure de la maison de Nevers. Elle avait alors trente ans.

Jusqu'en 1693, la Congrégation n'avait, à Nevers, que deux établissements : l'Hôpital, desservi par six sœurs, et la maison de la place Saint-Pierre, où le noviciat était établi. Les premières cérémonies de vêture et de profession, présidées par Monseigneur Édouard Vallot, avaient eu lieu dans la chapelle de l'hospice : précieux souvenir pour les sœurs qui l'habitent aujourd'hui !

Les sœurs avaient ouvert dans la maison du noviciat des classes payantes et des écoles gratuites. Dans le même local, elles recevaient aussi des pensionnaires.

C'est là que Marcelline Pauper et les premières Mères de l'Institut, donnèrent, au monde, l'édifiant spectacle des plus sublimes vertus. La charité et le dévouement qu'elles déployaient dans les œuvres de zèle, la simplicité, l'humilité qui se remarquait dans leur extérieur, les faisaient regarder comme des anges sur la terre. Mais leurs ressources matérielles étaient si minimes, qu'il ne fallut rien moins, aux sœurs, qu'un ardent amour pour la sainte pauvreté, et une austère mortification, pour que la communauté pût se suffire, sans être à charge à personne. Les mémoires de dépenses, gardés avec soin, dans les archives de cette époque, viennent à l'appui de cette assertion. Ils sont visés et signés par M. l'abbé Bolacre, Vicaire Général du diocèse de Nevers et alors, Supérieur de la Congrégation.

Dom de Laveyne, qui était le fondateur de l'Institut, laissait, par humilité, à M. Bolacre l'honneur de la haute direction de l'œuvre. Il ne se réservait, pour lui-même, que le simple titre de Supérieur de la communauté de Saint-Saulge. C'est ainsi que rivalisent les saints!

M. Bolacre, voyant bientôt que le local de la Maison-Mère n'était plus en rapport avec le personnel de la communauté, dont les œuvres prenaient une extension si rapide, acheta une partie de la maison, rue de la Parcheminerie, qui fut, dans la suite, agrandie par des acquisitions successives. Cette nouvelle habitation fut consacrée aux œuvres de charité, tandis que le noviciat et le siége principal de la Congrégation furent maintenus dans la maison de la place Saint-Pierre, comme le prouve un acte du 13 juin 1733.

M. Bolacre se montra toujours un protecteur zélé pour la Congrégation, et un père dévoué pour chacune des sœurs. Il prouva son affection à celles qu'il regardait comme ses filles, par des conseils pleins de sagesse et de bonté. Il n'épargna ni ses soins, ni ses peines pour les diverses fondations qu'il réalisa, de concert avec dom de Laveyne et la mère de Marchangy.

Cet éminent et vertueux ecclésiastique, que son amour pour les pauvres avait porté à se faire indigent pour eux et avec eux, et à partager leur asile, mourut à Nevers, en 1704. Nous trouvons son éloge dans une belle lettre-circulaire, adressée, le 1er octobre de cette même année, par le père de Laveyne, à la Congrégation, dont il reprit, dès-lors, toute la conduite.

Nous ne pouvons résister au désir de donner un extrait de ce pieux document. C'est un témoignage remarquable de reconnaissance et de profonde vénération, qui honore la mémoire de cet homme de bien.

« Après avoir rendu à notre très-cher défunt, M. Bolacre, les devoirs que m'imposent la piété, la charité et la religion, dont il a été si pénétré durant sa vie, j'ai songé aussitôt, mes chères Sœurs, à vous le proposer comme un merveilleux modèle de ces trois excellentes vertus. Il a été, en effet, un homme éminent en piété, un ecclésiastique irrépréhensible en religion et une vraie victime de la charité chrétienne, à qui il a consacré tout ce qu'il avait, et sacrifié tout ce qu'il était.

» A son exemple, il faut, mes chères Sœurs, que la piété vous attache à Dieu uniquement, que la religion vous unisse, entre vous, étroitement, et que la charité vous assujettisse au prochain universellement.

» Je vous promets, mes chères Sœurs, les mêmes assistances et sollicitudes que vous a rendues, pendant sa vie, notre très-cher Fondateur, qui m'a été d'un secours prodigieux, à votre égard, en prenant *tout* sur lui-même. Ne manquez point de demander à Dieu, chaque jour, le repos et la paix des justes pour son âme; pour moi, son esprit de sagesse, de conseil et d'humilité; et pour votre Congrégation, son esprit de sacrifice, de ferveur et d'unité. C'est là tout mon souhait; et que je sois, dans la vérité, ce que je dois être en Notre-Seigneur Jésus-Christ. »

M. Bolacre était d'une famille honorable et fort considérée dans le Nivernais. En 1475, un de ses ancêtres, Guillaume Bolacre, était échevin de Nevers. Plusieurs personnages de ce nom reparaissent dans les chroniques locales, sous ce même titre ou dans des circonstances qui les mettent en relief d'une manière pleine d'honneur.

DOCUMENT N° V,

Sur la fondation de la maison de Murat, en Auvergne.

La maison de Murat, en Auvergne, est la plus ancienne dont on ait pu découvrir la date de fondation dans les registres conservés aux archives de la Communauté de Nevers.

Murat, petite ville du Cantal, appartenant au diocèse de Saint-Flour, dépendait autrefois de la Généralité d'Auvergne. L'établissement en fut réalisé du consentement de la Supérieure Générale de la Congrégation, sous l'autorité de Monseigneur l'Évêque de Nevers, avec le Seigneur de ladite ville et les administrateurs de l'hôpital, par un acte du 22 août 1697.

Développons cette note certaine, mais trop concise; et, complétons-la par des renseignements fort exacts, recueillis dans le *Dictionnaire historique du département du Cantal*, par M. de Ribier du Châtelet, sur l'origine de l'hôpital de Murat, nommé hôtel-Dieu de Brezons, du nom de son fondateur.

M. François de Brezons, seigneur de Valuéjols, de Lescure, etc., n'ayant pas d'enfant de dame Marie Berthon de Crillon, son épouse, la fit son héritière universelle, par son testament en date de Décembre 1622. Il la chargea de faire bâtir et fournir du mobilier nécessaire, une chapelle et un corps de logis adossés au vieil hôpital, et de le doter pour y entretenir quelques malades.

Mme de Crillon, par un traité passé avec les consuls, s'engagea à payer quinze cents livres pour la construction de la chapelle, cinq cents livres de revenu pour l'entretien des malades, et à diverses autres charges de messes, de traitement pour les médecins, chirurgiens et pour les remèdes. Ces sommes affectées sur la terre de Lescure.

Comme cette bonne œuvre fut longtemps sans recevoir son exécution, haute et puissante dame Françoise de Brancas, duchesse d'Harcourt, héritière de Mme de Berthon, sa tante, transigea avec le corps municipal en 1699. Elle assura, sur la terre de Valuéjols, la rente annuelle de trois cents livres pour l'entretien de trois Sœurs de la Charité de la Congrégation de Nevers. Ces sœurs étaient chargées de prendre soin des pauvres de l'hôpital, d'en administrer les revenus, sous la direction des consuls. Elles devaient aussi instruire les jeunes filles de la ville dans une maison qui devait leur être fournie à cet effet, et sans qu'elles eussent droit à une rétribution pour leur entretien, soit sur les revenus de l'hospice, soit de la part des parents dont elles instruiraient les enfants.

Les constructions convenues devaient être faites suivant les plan et devis dressés par M. l'abbé Jacques Teillard, curé de Virargues, près Murat.

Mme la princesse d'Harcourt donna procuration à M. Chomette, avocat de Murat et juge de ses terres, pour les faire adjuger au rabais; mais, personne ne s'étant présenté pour les soumissionner, le curé de Virargues s'en chargea moyennant trois mille livres et deux cents corvées pour porter les matériaux.

La pierre angulaire et les fondements de la chapelle furent bénis par Jean-Baptiste de Bérald, chanoine, en Mars 1700. M. Chomette et la sœur Marcelline, Supérieure des sœurs de la Charité, venue à Murat pour fonder l'établissement de ces religieuses, furent le parrain et la marraine de cette chapelle.

Les administrateurs de l'hôpital de Murat, nommés par une délibération des consuls et du corps commun de la ville, étaient, en 1693, MM. Pierre Teillard, de Chabrier et Henri de Laroque qui, par amour pour les pauvres, voulurent bien accepter ces fonctions, et les continuer charitablement, pendant un demi-siècle environ.

L'hôpital resta dans cet établissement jusqu'à l'acquisition du couvent des Récollets. La destruction de cet édifice, consumé par le feu, fut, pour la ville, une perte immense. Les bâtiments étaient assurés pour une somme minime, et l'indemnité accordée fut insuffisante pour les rétablir.

Le seul inconvénient qu'avait cet établissement, était la distance où il se trouvait de la ville ; ce qui en rendait le service pénible.

Mais de combien d'avantages ne jouissait-il pas ? et, entre autres, l'abondance du laitage pour les malades et les enfants. Les bâtiments d'explcitation, entourés de prés et de communaux, pouvaient contenir un nombreux troupeau qui se nourrissait à peu de frais, et formait une vraie ressource pour la maison.

Les Sœurs de la Charité desservirent cet établissement jusqu'à l'époque de la Révolution.

Il est juste que nous fassions connaître plus amplement quelle était cette bonne princesse d'Harcourt, que les annales de Nevers signalent souvent au reconnaissant souvenir de la Congrégation.

Françoise de Brancas était fille de Charles, comte de Brancas, chevalier d'honneur de la reine Anne d'Autriche, et de Suzanne Garnier. Elle fut mariée, le 18 février 1667, à Charles de Lorraine, comte de Guise et prince d'Harcourt. Elle mourut le 13 avril 1715. Cette princesse charitable et d'une grande piété avait fondé, outre l'établissement de Murat, celui de Creil, petite ville du département de l'Oise. Les Sœurs de Nevers en avaient la direction. Elle prit aussi sous sa protection immédiate l'hôpital de Clermont, en Beauvoisis, situé dans le comté du même nom, dont elle portait le titre.

Son Altesse y avait établi trois sœurs, qui devaient résider à l'hospice pour prendre soin des pauvres et tenir des écoles. L'une d'elles devait être chargée spécialement de la visite et de l'assistance des malades, à domicile, dans toute l'étendue du comté, sous la direction particulière de la princesse.

C'est en 1705 que Mme d'Harcourt écrivait à dom de Laveyne, au sujet de la petite communauté de Clermont, ces paroles bien consolantes pour le cœur d'un fondateur et d'un père.

« Vos chères filles font des merveilles ; j'en suis très-contente, car elles sont fort utiles aux pauvres. C'est sur elles que roule la direction du nouvel établissement de notre hôpital. Vous en seriez vous-même édifié. »

La tradition a conservé sur l'arrivée des sœurs à Murat une particularité qui démontre par quel esprit de foi et d'humilité était conduite la petite colonie, envoyée pour asseoir cette nouvelle œuvre. Dans ce temps et dans ce pays, où la piété et la pensée de Dieu avaient conservé tout leur empire, les moindres événements étaient marqués d'un cachet religieux et solennel, qui en imprimait le souvenir d'une manière consolante au cœur, et durable pour l'esprit.

Or, quand on apprit, à Murat, la prochaine arrivée des sœurs, une procession fut aussitôt organisée pour aller à leur rencontre, et procéder à leur installation. Alors, la mère Marcelline mit pied à terre, avec ses compagnes (car leur voyage s'était fait à cheval); et, de la distance d'une croix, située à l'entrée de la ville, elles suivirent *à genoux* la procession qui les conduisit, tout d'abord, à l'église. Là, fut bénie et inaugurée leur mission de charité parmi ce bon peuple. La croix, qui désignait ce parcours, fut longtemps conservée. Quand elle eut disparu, la place qu'elle occupait ne fut point oubliée. On la montrait encore, après une longue suite d'années, et alors même que l'établissement de Murat avait passé en d'autres mains, par suite d'événements majeurs qui, ayant anéanti tant de souvenirs du passé, auraient dû effacer, aussi, jusqu'aux dernières traces du fait que nous signalons.

Quoi qu'il en soit, de nouvelles informations, prises en 1869, sur les lieux mêmes, ont donné l'assurance certaine, que des circonstances du plus haut intérêt avaient signalé le séjour de sœur Marcelline à Murat.

Au mois d'octobre de l'année 1697, sœur Marcelline, alors

âgée de trente-trois ans, se rendit à Vic, pour y traiter d'un établissement.

Vic-sur-Cère, petite ville de deux mille âmes environ, est située dans l'arrondissement d'Aurillac. La distance de Vic à Murat n'est pas très-considérable; mais le trajet qui devait se faire à cheval, dans un pays de montagnes, traversé par des torrents et de petites rivières, coupé même par des puys profonds, ne laissait pas que d'offrir des difficultés, et ménager de grandes fatigues aux voyageurs.

Sœur Marcelline n'a relaté de ce voyage qu'un seul incident, où le Seigneur se montra son protecteur par un insigne prodige. Il eut lieu le jour de la fête de saint Michel, le 29 septembre 1697, lorsqu'elle traversait, avec sa compagne, et le prêtre qui les dirigeait dans cette route inconnue, une rivière, petite mais profonde, et d'une grande rapidité, C'est, sans doute, le Cère dont Vic tire son surnom. Sœur Marcelline ajoute qu'elle y arriva en Octobre; ce qui suppose un trajet d'une assez longue durée, et d'autres projets de fondation, ailleurs qu'à Vic: circonstance qu'on peut inférer de la lecture de sa lettre du 15 Octobre, où elle parle, en général, de divers petits voyages qu'elle avait dû faire à cette époque.

On y voit aussi qu'elle arriva à Vic, au commencement d'Octobre. Mais il n'est resté aucune trace des négociations qui l'avaient appelée dans ce pays. Tout prouve que la démarche de sœur Marcelline, pour l'établissement proposé, n'aboutit pas; et que, dès-lors, tout projet fut abandonné.

Au reste, il paraîtrait que l'établissement, en question, n'eut jamais grande importance. C'était un hospice dont la fondation date de 1587.

Les informations faites en 1869, sur place même, ont fourni des renseignements où reparaît la lueur traditionnelle du voyage de la servante de Dieu. Un respectable ecclésiastique, curé à Vic, et la Supérieure actuelle de l'hôpital, qui donnèrent ces détails, assurèrent les tenir de la dernière religieuse bénédictine du couvent de Vic, lequel existait avant 1700.

Cette digne religieuse, qui est morte, fort âgée, à l'hôpital de Vic, se plaisait à raconter aux sœurs différents traits de la vie d'une religieuse nommée sœur Marcelline. Ces faits sont tous fort extraordinaires, et très-édifiants. Le récit de la chute dans la rivière dont sœur Marcelline fut retirée sans être mouillée, et de l'état extatique qui suivit cet accident, prouve combien l'événement avait fixé l'attention publique sur cette sainte fille, et le retentissement qu'il avait eu dans la contrée. La mémoire s'en perpétua et resta intacte dans les souvenirs pieux du pays.

Néanmoins, la relation n'en fut écrite que dans les précieuses archives de la Congrégation de Nevers, qui, on le comprend, les a soigneusement reproduites et conservées. Celles des Bénédictines de Vic, restées entre les mains de Mme de Brassac, la dernière religieuse survivante que nous venons de citer, et les registres de l'hôpital de Vic n'en font nulle mention.

Ajoutons que la bonne Supérieure de l'établissement a beaucoup regretté, en donnant les précédents détails, de ne pouvoir les compléter d'une manière plus explicite. Elle répétait que sa mémoire était restée bien saisie de beaucoup d'autres traits pieux et édifiants, qu'on lui avait souvent redits ; mais que, dans une matière aussi délicate, nulle assertion hasardée n'était permise; et que force lui était de se tenir dans une grande réserve, les détails échappant à son souvenir.

Au mois d'Août 1700, commença pour sœur Marcelline, une longue série de voyages, sur lesquels peu de détails ont été conservés. Ces courses, presque toujours faites à cheval, dans des pays montagneux, durent être, pour cette sainte fille, extrêmement pénibles et fatigants.

La bonne sœur avoue, en effet, qu'elle eut beaucoup à souffrir de la grande chaleur du mois d'Août. Ce qui sembla encore insuffisant à sa ferveur et à son amour pour la pénitence. Aussi, continuait-elle, dans les courts moments de repos ou de halte forcée, la plupart de ses pratiques habituelles de mortification, la macération de son corps, par une discipline quotidienne et l'usage de la ceinture, quelques heures par jour.

Dieu, non-seulement, soutint ses forces pendant ce long trajet de trois cents lieues; mais il la préserva, plusieurs fois, de grands périls, que sa modeste réserve couvre d'un voile impénétrable. Néanmoins, elle n'a pu taire que la Providence s'était rendue sensible dans la protection marquée qui avait entouré toutes ses voies. On en voit l'humble révélation dans quelques lettres de la servante de Dieu.

Pendant les cinq mois que dura son voyage, sœur Marcelline visita, probablement, quelques-unes des maisons du centre de la France, à l'aurore de leur création. La maison de Clermont, dont la mère Scholastique allait bientôt poser la pierre fondamentale, celles du refuge de Riom, de la Miséricorde d'Ennezat, en Auvergne, et plusieurs autres, en Bourbonnais, durent recevoir une bénédiction anticipée par sa présence dans ce pays. Il est à présumer qu'elle ouvrit des négociations avec les Seigneurs Évêques, ou les fondateurs séculiers et avec les administrations diverses, qui avaient proposé aux Supérieurs Généraux l'érection de nouvelles œuvres. De ce temps, dateraient les premières ouvertures pour les maisons de Brioude, de Monton, etc., qu'elle vit, sur sa route, lesquelles furent successivement acceptées, mais réalisées plusieurs années après.

DOCUMENT N° VI,

Sur la fondation de l'hôtel-Dieu de Bourg-Saint-Andéol.

Sœur Marcelline ne nomme pas cet établissement dans l'histoire de sa vie ; mais plusieurs de ses lettres en portent la suscription.

Bourg-Saint-Andéol, petite ville, ancienne et fort agréablement située sur le Rhône, est aujourd'hui chef-lieu de canton du département de l'Ardèche ; elle compte environ cinq mille habitants.

A l'époque de cette fondation, la contrée qui s'étend à l'est des Cévennes, nommées dans ce lieu : Monts du Vivarais, était le théâtre d'une guerre acharnée entre les catholiques et les protestants. Ceux-ci, révoltés contre Louis XIV, et exaspérés, depuis la révocation de l'édit de Nantes, se portaient aux plus criminels excès. Dans leur rage, ils allèrent jusqu'à massacrer les ministres des autels, à brûler les églises et à profaner sacrilégement les saintes espèces. On les connaît sous le nom de *Camisards*. Leur fanatisme était tel, qu'ils se croyaient inspirés et prophètes ; et, dans leur exaltation, ils couraient à la mort comme au martyre.

Plusieurs généraux échouèrent devant leur sanguinaire fureur, devant leur indomptable courage, qui eût été mieux employé à servir une bonne cause. Le maréchal de Villars étouffa, enfin, cette longue rébellion ; moins, cependant, par la force des armes, que par la clémence et par la persuasion (1704).

C'est à la fin de Novembre 1700, que sœur Marcelline arriva en Vivarais ; elle avait alors trente-cinq ans.

Les archives de l'hôpital de Bourg-Saint-Andéol ont consigné cette date certaine dans un registre de comptes-courants, par une simple note, ainsi conçue :

« Donné aux Sœurs de la Charité chrétienne, arrivées *en cette ville*, depuis quelques jours, la somme de cent livres, ce 29 Novembre 1700. »

La présence de sœur Marcelline est mentionnée deux fois, en ce même registre, comme il suit : « Aux Sœurs de la Charité, donné cent livres, par notre mandat du 25 Mars 1701, » au dos duquel est l'acquit de sœur Marcelline Pauper. Elle reparaît en Décembre 1701, pour le même objet. Il n'en est plus question depuis cette époque ; ce qui ferait croire qu'elle n'est restée au Bourg que fort peu de temps, et seulement pour y asseoir la fondation. Les annales historiques de l'établissement ne relatent absolument rien de la mission temporaire que la bonne sœur eut à y remplir. Elle avoue simplement, elle-même, que cette mission y fut, pour elle, d'un grand travail ; mais que le Seigneur daigna l'accompagner d'abondantes bénédictions.

Après sœur Marcelline, considérée à Bourg comme la première supérieure de l'établissement, on trouve une sœur Paule Fossé, qui exerce la même charge jusqu'en 1703. On la voit alors remplacée, au même titre, par sœur Jeanne Robert, l'une des quatre Mères fondatrices de la Congrégation, et native de Saint-Saulge (humble berceau de l'Institut), comme la Mère de Marchangy, première Supérieure Générale de l'Ordre, et sœur Anne Le Geai.

Sœur Jeanne Robert séjourna au Bourg-Saint-Andéol pendant cinq ans environ, de 1703 à 1708. Nous ferons remarquer, au sujet des établissements proposés à la Congrégation, que les sœurs faisaient toujours, avant de s'engager par un contrat définitif, l'essai des œuvres qui devaient leur être confiées.

Nous voyons l'essai de l'établissement de Bourg, commencé en Novembre 1700 par sœur Marcelline, se continuer d'une manière provisoire jusqu'en 1708.

Avant de quitter l'hôpital, sœur Jeanne voulut, suivant les intentions connues des Supérieurs Généraux, asseoir l'œuvre d'une manière stable, et régulariser enfin la position des sœurs.

Voici l'analyse des démarches qui en réalisèrent la fondation, dont l'historique a été conservé dans un acte public, en date du 16 Septembre 1708, passé devant Me Pierre Breton, notaire royal et apostolique du Bourg-Saint-Andéol.

Le fondateur de l'hôpital de Bourg-Saint-Andéol est M. Vallant, médecin ordinaire de S. A. R. Mme la duchesse de Guise. Par son testament, daté du 12 Juillet 1685, il institua pour ses légataires universels : Jean-André Girard, curé de Saint-Andéol, Henri Imbert, curé de Saint-Michel, et MM. Ymonier et Dubois, médecins-chirurgiens et consuls modernes de la ville, à la charge d'employer les revenus de ses biens pour secourir les pauvres, suivant ses intentions.

Les légataires, ayant examiné entre eux les moyens les plus efficaces d'user sagement des ressources de cette succession, n'en trouvèrent pas de plus avantageux que la création d'une maison de charité pour y recevoir les personnes invalides, les pauvres malades et les enfants orphelins de l'un et de l'autre sexe. Ils firent part de leur projet à Monseigneur l'Évêque de Viviers.

Le vénérable Prélat, non-seulement approuva cette résolution, mais il souhaita de la voir se réaliser au plus tôt. Dans ce but, il demanda trois sœurs de la Congrégation de la charité de Nevers pour soigner les pauvres dans le nouvel hôpital.

« Dès leur entrée en fonctions, les trois Sœurs (dit l'acte civil déjà cité) s'occupèrent à leurs emplois avec beaucoup de zèle et d'édification, au gré et contentement des directeurs de l'hôpital. Elles s'appliquaient non-seulement à servir les pauvres malades de l'intérieur de l'hospice, mais encore ceux de la ville, dans leur domicile, et même de la campagne, et cela avec tous les soins imaginables. »

Pendant plus de cinq ans, nous l'avons dit, les sœurs continuèrent leur service à titre d'essai ; mais ce provisoire n'était plus possible, vu leurs constitutions, fixées d'une manière précise, et approuvées par le Seigneur Evêque de Nevers, alors Supérieur Général de la Congrégation.

En 1708, sœur Jeanne Robert, supérieure locale du Bourg-Saint-Andéol, exposa respectueusement à l'administration de l'hospice, qu'elle avait reçu l'ordre de se retirer, ainsi que ses compagnes, si un traité définitif ne statuait pas leur établissement permanent et perpétuel dans l'hôpital, comme cela avait lieu pour toutes les maisons desservies par l'Institut.

En conséquence de cette communication, Messieurs les Administrateurs eurent l'honneur d'en référer à Monseigneur de Viviers, pour connaître ses intentions et recevoir ses ordres. Le digne prélat répondit aussitôt, et d'une manière très-satisfaisante. Non-seulement, il approuvait, de nouveau, ce projet et en désirait l'exécution immédiate; mais Sa Grandeur voulait encore contribuer à assurer l'existence durable de l'établissement, ajoutant qu'il fallait affecter pour la sûreté du traitement à payer aux sœurs pour leur nourriture et leur vestiaire, tous les biens, rentes et revenus, provenant de la succession de feu M. Vallant.

Par suite de cette bienveillante réponse, les directeurs tinrent une assemblée au palais épiscopal du Bourg, où les trois sœurs furent admises. M. l'abbé Pagès, nommé à l'évêché de Digne, et délégué par Monseigneur de Viviers, présida le conseil en sa qualité d'official et de vicaire général.

Il fut convenu que, entre autres conditions, les Sœurs recevraient, chacune, cent trente-cinq livres annuelles, payables par semestre, et qu'un traité interviendrait, sans retard, pour statuer à la perpétuité demandée. Cette délibération fut prise le 26 Février 1706; mais, par suite de quelque opposition secrète de l'administration, l'exécution de cette promesse fut ajournée. M. l'abbé Dupuis, le nouvel official de Monseigneur de Viviers, au nom de Sa Grandeur, combattit cet obstacle d'abord sans résultat. Enfin, il en triompha, au moyen d'une requête présentée à Monseigneur de Lamoignon, intendant du Languedoc. Mais ces difficultés ayant traîné l'affaire en longueur, elle ne reçut une solution définitive que deux ans après les premières ouvertures faites par les sœurs. L'ordonnance favorable à leur réclamation, est rendue par Monseigneur de Lamoignon, à Montpellier, en date du 10 Septembre 1708.

Le traité fut passé six jours après, aux clauses précédemment énoncées, et l'administration, en corps, le signa sans autre opposition. Sœur Jeanne Robert, supérieure, sœur Jeanne-Hélène Lescharnier et sœur Reyne Berthaud, qualifiées dans l'acte de : *très-dévotes sœurs*, agissant au nom et comme procuratrices de dom Jean-Baptiste de Laveyne, Supérieur de la Congrégation des filles de la Charité chrétienne de Nevers, acceptèrent aussi ce contrat, stipulant enfin, l'établissement, à titre perpétuel, des trois sœurs, et le signèrent aux conditions énoncées plus haut.

La direction de l'hôpital du Bourg-Saint-Andéol resta, en effet, sans interruption, entre les mains de l'Institut jusqu'aux jours néfastes de la Révolution.

A cette déplorable époque, les sœurs de Nevers, présentes alors dans la maison, eurent l'honneur de souffrir la persécution dirigée contre tout ce qu'il y avait en France de meilleur et de plus considéré.

Les annales de la Congrégation ont conservé précieusement les noms de sœur Claire Comte et de sœur Thècle Labessière de La Roquette, qui subirent l'incarcération avec les privations et les mauvais traitements qu'elle entraîne ; mais nous ne reviendrons pas sur cette lamentable histoire, sinon pour déplorer une fois encore, les maux qui y sont consignés. Puissent la foi et la vertu renaître dans notre chère patrie, s'y affermir de plus en plus ; c'est alors qu'on pourra y voir fleurir la sainteté, la justice et la paix.

Après le décès de sœur Thècle de La Roquette, qui avait servi les pauvres pendant plus de cinquante ans, la commission administrative du Bourg-Saint-Andéol adressa à la Supérieure Générale de Nevers, une demande pressante, afin d'obtenir que la desserte de l'hôpital rentrât sous la direction des membres de la Congrégation, et elle réclamait l'arrivée immédiate de trois sœurs.

Dans cette bienveillante lettre, en date du 18 Mars 1813, MM. les Administrateurs rappellent que le traité de 1708 a été, non-seulement, religieusement observé de part et d'autre, jusqu'à l'interrègne de force majeure ; mais ils constatent spécialement, que les sœurs y ont toujours rempli leurs pénibles fonctions avec autant de zèle que d'édification ; et ils témoignent, en conséquence, le désir de renouer des relations qui ont toujours été avantageuses à l'intérêt des pauvres.

La Supérieure Générale, dans sa réponse du 24 Mars, exprima sa vive reconnaissance à l'administration, et la pria d'agréer tous ses regrets de ne pouvoir donner suite à une réclamation qui lui était si honorable. Mais, qu'ayant eu à remplir de nombreux engagements, pour des établissements à rétablir, il lui était impossible d'en contracter de nouveaux, ses ressources étant, d'ailleurs, encore trop restreintes et tout à fait insuffisantes.

L'établissement de Bourg-Saint-Andéol est dirigé aujourd'hui par les bonnes religieuses Trinitaires de Valence.

(1701-1702.) En lisant les lettres de sœur Marcelline, datées de Bourg-Saint-Andéol, nous l'avons entendue souvent exprimer le désir d'un voyage qui l'amènerait à Nevers. Ce vœu fut exaucé par suite de quelques circonstances importantes, regardant les affaires de l'Institut, qui se consolidait de plus en plus : à l'intérieur, par la vigueur de ses constitutions et de ses statuts ; au dehors, par les fondations nombreuses qui se succédaient rapidement, ainsi que nous les voyons indiquées dans les années 1700, 1701 et suivantes. Il est sûr que la bonne Mère fit, alors, une apparition dans le Nivernais. Nous en avons la preuve dans une pièce originale et fort authentique, conservée pieusement dans les papiers précieux de la Maison-Mère. Nous voulons parler du compromis passé entre le Père de Laveyne et M. l'abbé Bolacre. Cet acte, dans lequel le pieux Bénédictin laisse à l'habile Grand Vicaire, la haute direction de l'Institut, l'honneur et la prééminence de la supériorité générale sur tout l'Ordre, ne se réservant que la modeste qualité de Supérieur de la maison de Saint-Saulge, établit divers règlements et conventions que ces hommes vénérables s'engagent à observer, de concert, pour l'administration temporelle et spirituelle de l'œuvre. Ce contrat peut être appelé un accord, où le mérite, les talents et la vertu semblèrent rivaliser, par une humilité plus profonde, pour effacer toute personnalité; afin d'étendre le bien que produisait déjà la Congrégation et d'en assurer la stabilité. Ces conventions, unanimement acceptées par les sœurs des communautés de Nevers et de Saint-Saulge, furent tenues religieusement de part et d'autre; et elles s'observent encore. Les sœurs, après les fondateurs, signèrent ce contrat, par ordre de maisons, en tête desquelles on trouve la communauté de l'hôpital de Nevers, qui était sous la direction immédiate de M. l'abbé Bolacre. Les sœurs y étaient en exercice, nous le savons d'une manière positive, par le traité administratif de 1691, au nombre de six seulement. Or, la signature de sœur Marcelline, apposée en interligne de ce personnel, au complet, nous prouve que la digne Mère se trouvait simplement de passage à Nevers; et que, par honneur pour la réputation de sainteté que sa vertu lui méritait, on l'avait invitée à donner son adhésion au compromis, qui la regardait, en outre, comme native de Saint-Saulge. La deuxième maison de Nevers comprenait onze sœurs : c'était celle du noviciat. La Mère Louise Moreau y a le titre de Supérieure, et sœur Anne-Marie de La Martinière signa, après elle, probablement en sa qualité d'Assistante. Les sœurs de la communauté de Saint-Saulge, au nombre de cinq, signèrent les dernières de la liste. La Mère de Marchangy y est en titre de Supérieure.

Sœur Marcelline resta peu de temps à Nevers, si l'on en juge par le court intervalle (signalé dans ses lettres) entre la fondation de Bourg-Saint-Andéol et l'œuvre de Saint-Etienne, d'où elle écrit, en date du 12 Octobre 1702. Un voyage de six semaines consécutives, avait précédé son arrivée dans cette ville. Pour s'y rendre, elle traversa, dit-elle, la haute et la basse Auvergne, le Vivarais et une partie du Forez. On peut inférer, par quelques mots, échappés comme malgré elle, que le Seigneur ne lui épargna, en cette circonstance, ni les fatigues, ni les contradictions. On comprend qu'elle visita les maisons placées sur sa route; et, en particulier, celles qui lui devaient leur création : spécialement l'hôtel-Dieu de Murat. Les stations de sœur Marcelline devaient porter le cachet du bien ; c'est pourquoi elle ne les atteignait pas sans trouver des difficultés à surmonter et des obstacles à vaincre. Mais Dieu soutenait son humble servante ; entendons-la répéter : « Je n'ai jamais mieux senti le besoin que j'ai de la grâce de mon Sauveur ; aussi, je n'y ai jamais eu recours avec plus de ferveur. Je suis venue à Saint-Etienne, en esprit de sacrifice et d'immolation, et je me regarde comme une victime, en ce lieu, où je ne trouve d'autre consolation que de m'y sentir appelée par l'ordre de Dieu. »

L'œuvre de Saint-Etienne, parait-il, était importante, mais pénible et difficile. Les lettres nombreuses et intéressantes de sœur Marcelline, nous édifient pleinement sur cette mission, où la vénérable Mère se dévoua avec tant d'abnégation, et qu'elle continua, pendant quatre années, avec des peines infinies, qui, humainement parlant, furent sans résultat. On se souvient qu'elle avait prévu et annoncé peu de durée à cet établissement. Elle s'en explique d'une manière claire et précise, au sujet des instances pressantes qu'un ecclésiastique, fortement désireux de l'œuvre, lui avait faites dans le but de vaincre ses appréhensions et d'activer l'essai de l'entreprise.

DOCUMENT N° VII,

Sur les établissements de Tulle.

La vénérable sœur Marcelline, après l'œuvre abandonnée de Saint-Etienne, et dès son retour à Nevers, eut à subir de nouvelles épreuves. Elle en fait mention dans sa vie, mais elle n'entre dans aucun détail à ce sujet. Son séjour à la Maison-Mère fut de quelques mois seulement.

Elle fit ensuite d'autres voyages, dont le dernier aboutit à Tulle, d'où elle écrit le 18. Janvier 1705. Elle était arrivée, dans cette ville, en compagnie de sœur Marie-Alexis Valeton, envoyée, comme elle, pour l'essai d'un nouvel établissement dont le double but était la visite des malades et la tenue d'une école gratuite de petites filles. C'est pour la première fois, que nous trouvons le nom d'une des compagnes de sœur Marcelline pour la fondation d'une œuvre. Mais ici, les archives nous fournissent des détails, sûrs et nombreux, qui nous donnent le plus grand jour sur celles qui furent créées à Tulle. Œuvres modestes, dans le principe, et pénibles dès le début; œuvres éprouvées dans leur développement, mais toujours singulièrement bénies, et, aujourd'hui, dans un état prospère. Telle est, en un mot, la marche que la divine Providence a suivie à l'égard de cette fondation, à laquelle tant d'éminents personnages contribuèrent de leurs deniers, et tant d'âmes pieuses, par leurs soins et par leurs travaux.

Les sœurs, arrivées à Tulle, en Janvier 1705, ainsi que le prouve la lettre du 18 de ce mois, déjà citée, commencèrent, dès le mois suivant, l'essai des nouvelles œuvres, confiées à leur zèle et à leur dévouement.

M. Dubal, curé de la paroisse Saint-Pierre, qui paraît les avoir appelées, signa, sous le bon plaisir de Monseigneur l'Evêque de Tulle, le contrat d'établissement pour trois sœurs. La mère Scholastique de Marchangy, en sa qualité de Supérieure Générale de la Congrégation, demeurant à Nevers, sur la paroisse Saint-Jean, accepta, conjointement avec sœur Catherine-Marcelline Pauper, ce dit contrat, qui fut passé par-devant les notaires royaux, au bailliage de Saint-Pierre-le-Moûtier. Mais, par suite de quelques difficultés dont la cause paraîtrait reposer sur le nombre des sœurs qu'on aurait voulu borner à deux seulement, tandis que les Supérieurs Généraux, aux termes des constitutions, tenaient à le voir porter à trois, cet acte souffrit quelque retard dans l'exécution, et finit par être résilié.

Sœur Marcelline laisse connaître quelque chose des contradictions que sa mission rencontra au début. Mais elle ajoute aussitôt : « Plus je voyais de dégoût et de repentir de la part de celui qui la devait soutenir, plus je me fortifiais moi-même, pour en soutenir les orages ; et Dieu me faisait de grandes miséricordes. » De si grandes, en effet, qu'après un essai de dix mois, l'œuvre avait acquis un appui et des appréciateurs éminents et charitables qui la posèrent, bientôt, dans les conditions les meilleures et les plus assurées.

Ainsi, plus l'ennemi de tout bien avait cherché, par sa

malice, à entraver et à compromettre cette œuvre, plus ses efforts impuissants tournèrent à sa propre honte et à sa confusion.

Monseigneur l'illustrissime et révérendissime André-Daniel de Beaupoil de Saint-Aulaire, Seigneur Évêque et vicomte de Tulle, fut le fondateur et l'appui de cet établissement dont l'historique, plein d'intérêt, nous a été communiqué.

En voici une courte, mais fidèle analyse :

« Le pieux évêque, ne voulant rien négliger, dit le texte, de tout ce qui peut procurer la gloire de Dieu et le salut des âmes, a cru que les principales voies pour y arriver sont l'éducation des jeunes filles et le secours donné à ceux dont les maux sollicitent, en leur faveur, la charité chrétienne.

» Ainsi, après avoir établi un nouveau cours, où les jeunes gens apprendraient, non moins, à pratiquer la vertu qu'à cultiver les sciences humaines ; et, après avoir engagé Messieurs du séminaire à y tenir deux docteurs de Sorbonne pour enseigner la théologie, à ceux qu'une vocation sainte appelle aux ordres sacrés, le Seigneur Évêque s'est aperçu qu'il manquerait quelque chose à son ouvrage, s'il ne formait un établissement pour instruire les jeunes filles et pour secourir les pauvres malades. Et, considérant que les Sœurs de la Charité chrétienne font, par leur Institut, profession de ces deux fonctions, le Prélat, après une sérieuse réflexion, a communiqué son dessein à Monseigneur le cardinal de Noailles, archevêque de Paris, qui l'y a affermi par une lettre très-encourageante. Ayant aussi pris l'avis de Monseigneur

Gilles de La Baume Le Blanc, ancien évêque de Nantes, du vénérable Chapitre de la cathédrale, de MM. les Curés de la ville et autres du diocèse, des principaux des corps de la ville ou autres personnages de distinction, tous ont applaudi à ce pieux projet, et ont cherché, d'un vœu unanime, les moyens de le faire réussir. Plusieurs même, pressés par le zèle de la gloire de Dieu, ont supplié le Seigneur Évêque de leur permettre de contribuer à cet établissement, si utile au public.

» En conséquence, toujours aux termes de l'acte de fondation, Monseigneur de Saint-Aulaire établit, dans la ville de Tulle, à perpétuité et à jamais, deux sœurs de la charité, pour instruire gratuitement les jeunes filles à la *piété et à la vertu*, leur apprendre à lire et à écrire, et pour visiter les malades de l'un et de l'autre sexe et les secourir des remèdes spirituels et temporels de tout leur pouvoir, jusqu'à concurrence du fonds qui sera mis entre leurs mains. Et, afin que cet établissement soit stable, il a été convenu qu'on suppliera instamment Sa Majesté de vouloir bien accorder ses lettres patentes pour en assurer la confirmation, et on les fera incessamment enregistrer au Parlement de Bordeaux.

» Et, quoique Monseigneur de Tulle voulût fournir, lui seul, le fonds nécessaire pour soutenir un établissement si avantageux, il n'a pu, néanmoins, refuser à Monseigneur l'ancien Évêque de Nantes, plus vénérable encore par sa vertu et par sa piété, que par son grand âge, qui, dans toutes les occasions, répand ses bienfaits sur cette ville de Tulle, et lui donne tous les jours de nouvelles marques de sa protection, et à d'autres personnes, ci-après nommées, de partager, avec Sa Grandeur, la gloire et le mérite de cette bonne œuvre.

» Il a donc été accordé à sœur Marcelline Pauper et à sœur Maris-Alexis Valeton, qui s'établiront dans cette ville, la somme de six mille six cents livres, ou un fonds produisant un revenu de trois cent cinq livres exempt de toutes charges.

» Sur cette somme, deux cent quarante livres étaient affectées pour la nourriture, les voyages et les ports de lettres des sœurs, cinquante livres pour le loyer annuel d'une maison, convenablement meublée, et les quinze livres, de surplus, avec les autres charités qui leur seront faites, aussi annuellement, seront employées à secourir les pauvres malades, et distribuées par l'avis du Seigneur Évêque. Ces charges seront supportées, à perpétuité, par les Sœurs, qui s'engagent également à tenir les conditions de la fondation, énumérées plus haut. »

Le contrat de fondation eut lieu le 9 Avril 1706, au palais épiscopal, en présence de Monseigneur l'Evêque de Tulle, assisté de Monseigneur Gilles de La Baume Le Blanc, ancien Évêque de Nantes, et de M. Louis de Brossard, vicaire général, official et doyen de la cathédrale, qui le signèrent, ainsi que les autres bienfaiteurs dont nous allons parler. L'acte fut accepté par sœur Catherine-Marcelline Pauper, agissant en son nom et en vertu de la procuration expresse de sœur Marie-Scholastique de Marchangy, Supérieure Générale des filles de la Charité chrétienne. Ce contrat fut passé par-devant Me Peschiel, notaire royal et apostolique de Tulle, province du Limousin.

Nous l'avons dit : cet acte statuait la fondation pour deux sœurs, seulement. Mais, deux jours après, onzième d'Avril, un second traité intervenait, stipulant, aux mêmes clauses et conditions, l'adjonction d'une troisième sœur, reconnue indispensable, « vu l'essai de dix mois, pendant lequel on a constaté que le travail est trop grand, et que deux sœurs ne peuvent y suffire. »

Nous donnons, ici, avec bonheur, les noms des prêtres vénérables et des personnes de distinction qui se rangèrent parmi les bienfaiteurs de l'œuvre.

C'était, d'abord, M. Jean Dubal, curé de la paroisse Saint-Pierre, qui, aussi humble que généreux s'opposa à ce que l'acte précédent fît mention des soins particuliers qu'il avait pris pour parvenir audit établissement, et auquel il a contribué par un don de quatre mille livres.

C'était, ensuite, M. Jean Melon, curé de la paroisse Saint-Julien, lequel, dans toutes les occasions, marque son zèle et sa charité ardente pour le secours des pauvres, et qui a contribué à l'œuvre par une rente perpétuelle de soixante livres.

C'était encore, M. Depris, vicaire général de Perpignan, à qui la ville de Tulle se glorifie d'avoir donné la naissance, et d'avoir produit un personnage aussi distingué par sa vertu et par sa science, que par les emplois honorables qu'il remplit si dignement dans l'Eglise et dans le conseil souverain du Roussillon.

Puis, venaient parmi les séculiers : Messire Martin de Fénis, commandeur, chevalier de Saint-Jean de Jérusalem ;

Messire Jean de Barrat, gentilhomme ordinaire de la maison du Roi, seigneur des Condamines, et gouverneur de la vicomté de Turenne ;

MM. Jean-Baptiste Trech, trésorier de la cathédrale, docteur en théologie; Léonard Darlue, etc., etc., et autres personnes charitables et distinguées, qui, de bon cœur, et spontanément, ont contribué, suivant leurs moyens respectifs, à assurer l'existence de la fondation.

A la suite de ces diverses signatures, sœur Marcelline Pauper et sœur Marie-Alexis Valeton, qui par leurs soins et par leur patience, avaient posé les premiers fondements de l'œuvre, signèrent aussi le traité. La troisième sœur, qui devait compléter le personnel de la petite communauté, n'était point encore arrivée à Tulle. C'est, sans doute, sœur Julitte Bernard, qui, plus tard, donna, de vive voix, tant de détails édifiants sur la servante de Dieu, qui fut, en religion, sa supérieure et sa mère.

Mais, disons encore, comment les choses se pratiquaient dans ces temps où la foi et la piété étaient si vives. On ne voulait pas alors se passer de Dieu, ni le mettre en dehors des institutions de bienfaisance. C'est que l'on savait bien, au contraire, la nécessité indispensable de la protection divine pour consolider les œuvres et en assurer la prospérité.

Voici comment les annales de la Congrégation ont relaté l'inauguration de la petite communauté :

« Après l'audition de la sainte messe, célébrée solennellement, pour attirer sur la nouvelle œuvre les bénédictions du ciel, les Sœurs, au son des grandes cloches, mises en branle, comme en un jour de fête, furent conduites processionnellement à leur demeure, et installées dans l'exercice de leurs humbles et saintes fonctions.

» Six mois après, au onzième de Novembre 1706, la ville ayant expérimenté le bien qui résultait de cet établissement, les protecteurs de l'œuvre firent convoquer une assemblée générale des notables, réunis encore, au son des grandes cloches, comme en des circonstances extraordinaires. Là, M. de Lacombe de Fénis, procureur du Roi, représenta : « pour le devoir de sa charge et pour l'intérêt public, qu'il était nécessaire de concourir, par un acte unanime, au pieux et efficace dessein du Seigneur-Evêque, qui recherche toutes les occasions de faire du bien à la ville, et qu'il est à propos, pour cet effet, que le conseil approuve le contenu des divers contrats pour l'établissement des Sœurs de la Charité chrétienne. » Il ajoute, que, « déjà, on a ressenti combien il est salutaire pour l'instruction des jeunes filles et pour le secours des pauvres malades ; et que, journellement, on voit le fruit de cette institution, qui ne tend qu'à la gloire de Dieu et à la charité envers le prochain. » Il requiert donc, pour la rendre solide et stable, que l'assemblée ratifie lesdits contrats de fondation, en date des 9 et 11 Avril précédent; et qu'elle prenne une délibération authentique d'après laquelle le Seigneur-Evêque sera supplié par MM. les Consuls, d'obtenir de Sa Majesté, qu'elle daigne accorder ses lettres patentes pour l'entière confirmation dudit établissement.

» Cette proposition fut favorablement accueillie et sanctionnée par un acte public. On remarque, avec plaisir, parmi les signataires de cette pièce, reproduite en substance, beaucoup de noms justement aimés et considérés à Tulle. Ce sont des familles amies du bien, amies des sœurs, parmi lesquelles on trouve : MM. de Lacombe de Fénis, procureur; Melon du Pradon, conseiller et assesseur ; Pauphile, consul ; de Meynard, président; de Lafagerdie ; de Brivezat, procureur du Roi ; Peschadour; de Lagarde et de Braquilanges, etc., etc.

» La plupart de ces familles ont encore leurs représentants de nos jours, et jouissent, dans le pays, d'une estime universelle.

» Les Sœurs occupèrent, d'abord, près le monastère des Révérends Pères Bernardins, dits les Feuillants, une maison dont elles payèrent le loyer, jusqu'en 1736. A cette époque, sœur Françoise-Marcelline Langlée, supérieure, en fit l'acquisition moyennant 2,000 livres, provenant du remboursement de la rente de M. Dubal, curé de Saint-Pierre. Vendue comme bien national, en 1793, et rachetée immédiatement par des sœurs membres de l'Institut (c'était la Mère Thècle Dutrieux, alors supérieure, qui la paya de ses deniers, et sœur Honorine Chadabec, qui fut le prête-nom), retirées alors dans leurs familles, cette maison est toujours restée, ainsi, la propriété de la Congrégation.

» Mais, après la Révolution, tous les biens et les revenus affectés primitivement à la fondation étant complétement perdus, les Sœurs, afin de pouvoir subsister, durent prélever une minime rétribution sur leurs classes, qui, jusque-là, avaient été gratuites. Un registre, commencé en 1796, a conservé les noms des élèves qui furent admises à douze sous par mois. »

C'est donc ce même local, humble et incommode, modifié à grand'peine depuis, que la vénérable servante de Dieu a habité et sanctifié par sa présence et par ses œuvres. C'est là, qu'elle a donné aux anges le spectacle de son amour pour Dieu, et de son immolation pour les pécheurs, par des actes de pénitence continuelle ; à ses sœurs, un modèle accompli de la vie contemplative la plus fervente, unie à la vie active la plus dévouée ; et, à tous, un rare exemple de générosité, de zèle, de patience et de charité.

La tradition a heureusement perpétué le souvenir de tant de vertus. Ce qui nous permet d'entrer dans quelques détails sur la vie pratique de sœur Marcelline, à Tulle. Ces notes, fidèlement recueillies de bouches vénérables et accréditées, sont conformes aux renseignements écrits que l'obéissance exigea de la bonne sœur ; ceux-ci furent, pour ainsi dire, arrachés à son humilité ; aussi un grand nombre d'actes édifiants sont restés inconnus. Nous le regrettons, car la révélation nous en serait fort profitable aujourd'hui. Admirons, du moins, sa réserve, et apprenons à couvrir nos faibles vertus du voile de la modestie et de la discrétion. Les compagnes de sœur Marcelline, entre autres, sœur Julitte Bernard, qui fut son inférieure à Tulle, et qui ne la quitta plus jusqu'à sa mort, ont transmis quelques faits, dont la mémoire s'est conservée, surtout parmi les sœurs de la Miséricorde. La maison, édifiée par ses soins, fondée sur ses vertus, sentait, en toute circonstance, les effets, comme palpables, de sa protection. Et, dans toutes les phases de peine, de vicissitudes, qu'elle eut à traverser, ce secours lui semblait visible, autant que continuel et permanent.

Ces notes, très-concises, sont rédigées fort simplement. Nous leur conservons ce caractère, qui en certifiera mieux la véracité. Elles ont été transcrites par une sœur qui avait entendu sa Supérieure redire, maintes fois, les mêmes détails, accompagnés de larmes d'attendrissement, et de réflexions, suscitées par une foi vive et une ardente charité. C'était la Mère Adelaïde Brunie, qui tenait les mêmes documents de la Mère Thècle, sa supérieure avant la Révolution ; et celle-ci les avait reçus de ses sœurs anciennes ou d'une fille pieuse, plus que centenaire, qui avait été témoin, plusieurs fois, des états extatiques de la bienheureuse, et des faits merveilleux dont la puissance divine les accompagnait souvent.

» Sœur Marcelline, comblée des grâces les plus extraordinaires, dans ses oraisons, en était comme enivrée dans la sainte communion, où on la voyait souvent ravie en extase. Non-seulement les sœurs, mais les personnes du monde, étaient les témoins de ces faveurs, parce que la petite communauté privée de chapelle, dans la maison, devait se rendre en corps, soit pour les exercices de règle, soit pour les offices publics de la religion, tantôt à l'église paroissiale, tantôt à celle des Feuillants, très-proche de la demeure des sœurs. C'est là, qu'il plaisait à Dieu de donner, à ces âmes pieuses, une fréquente preuve de ses tendresses pour celles qui lui ont tout sacrifié. C'est là, qu'après s'être uni au cœur généreux de son épouse, le divin Amour, agissant d'une manière visible, élevait ce corps mortel, qui le renfermait, jusqu'à une hauteur de vingt centimètres au-dessus de la terre. C'était le vendredi, surtout, que ces faveurs lui étaient accordées, en récompense de sa dévotion envers la Passion de notre divin Sauveur. On la vit, en un jour de Vendredi-Saint, étendue par terre, les bras en croix, et dans toutes les douleurs d'un crucifiement extatique dont la durée fut de six heures. Les médecins, appelés pour juger d'un état aussi extraordinaire, y découvrirent l'opération surnaturelle, et assurèrent que sœur Marcelline se relèverait sans aucun secours humain; ce qui arriva, en effet.

» La mortification de sœur Marcelline était extrême et habituelle. Outre les jeûnes de l'Église et ceux de la règle, qu'elle observait rigoureusement, on peut dire qu'elle jeûnait presque tous les jours de l'année, en particulier, les mercredis et les vendredis, où elle ne se nourrissait que de pain et d'eau. Pendant la semaine sainte, son abstinence était encore plus absolue ; mais le Jeudi-Saint, elle prenait un peu de nourriture, en l'honneur de l'institution du divin Sacrement de nos autels, objet de sa plus vive tendresse, de son ardent amour. Habituellement, elle ne buvait que de l'eau ; et, souvent, elle y mélangeait de l'absinthe, quelquefois même elle y ajoutait de la suie, affreux breuvage qui révoltait tout son être, et lui causait tant de souffrances qu'elle se crut obligée de n'en plus faire usage.

» Elle portait presque continuellement un rude cilice et la ceinture de fer, hérissée de pointes; et toujours en l'honneur de la Passion de Notre-Seigneur Jésus-Christ, dont elle voulait partager les douleurs, elle s'adonnait à tous les genres de macérations dont le détail est bien connu.

» Elle avait obtenu, de ses Supérieurs, la permission d'abréger son sommeil, et ne dormait environ que pendant quatre heures, couchée tantôt sur des ais, tantôt sur des portes, couvertes de têtes de clous ; et le reste de la nuit se passait en prières, ou en divers exercices de pénitence, surtout en de longues flagellations. Elle a avoué que le besoin de sommeil était la nécessité qui lui coûtait le plus à vaincre ; et l'on s'étonnerait, justement, qu'avec un travail pénible et assidu comme celui dont elle était chargée, elle eût pu en soutenir long-temps la privation, si l'on ne connaissait le secours surnaturel que Dieu se plaît souvent à accorder aux personnes les plus faibles qui veulent s'immoler comme des victimes d'expiation et d'amour. Dieu en agit ainsi pour sœur Marcelline, qu'il soutint encore dans les fréquentes attaques qu'elle eut à subir de la part de l'esprit de malice. Souvent, en effet, le démon lui apparaissait sous des formes d'animaux dont elle avait naturellement une grande crainte. Il cherchait à l'effrayer par des menaces, par des sifflements ou des rugissements étranges ; ou à lui nuire par des chutes qu'il provoquait en entravant ses pas. Une fois, entre autres, ce méchant esprit, sous la figure d'un porc, l'ayant tirée avec violence par ses vêtements, la fit tomber à la renverse dans la cave, où il la frappa rudement, joignant aux coups mille reproches sur les pénitences extraordinaires qu'elle s'infligeait, selon lui, par esprit d'orgueil.

» A nous, ses filles en religion, qui aujourd'hui retrouvons à chaque pas les traces de notre mère, de notre protectrice et de notre modèle, de suivre, avec ardeur, la voie qui nous est ouverte et qu'elle a tenue si courageusement. Ne faiblissons pas dans la pratique des vertus qu'elle nous a enseignées par ses leçons, et qu'elle nous a rendues plus faciles en les observant avant nous ! »

Les divers prodiges dont le public avait été témoin, acquirent à la bonne sœur une estime et une confiance universelles parmi les habitants de Tulle. Aussi, un an s'était à peine écoulé depuis la fondation de la Miséricorde, que l'on songea à lui confier la direction d'un autre établissement, en exercice depuis longtemps déjà, et non moins utile, ni moins important pour l'humanité souffrante, pour les déshérités de la fortune, pour tous ceux que la douleur ou l'épreuve a marqués de son sceau; en un mot, pour les pauvres de Jésus-Christ, pour les amis de Dieu, qui leur ouvre un asile dans sa maison qu'on nomme, à juste titre : hôtel-Dieu, ou simplement hôpital.

(1707.) La fondation de l'hôpital-général de Tulle remonte à l'année 1670. Cet établissement occupait l'ancien monastère des religieuses bénédictines de Bonne-Saigne.

En 1684, il était desservi par des dames ou demoiselles, portant le titre de sœurs. Ailleurs, comme à Nevers, on les nommait : *Données* ou *Rendues*. Elles furent d'abord, à l'hospice de Tulle, au nombre de deux, puis de six, chargées du service des pauvres et des malades, sous la surveillance et l'obéissance de M. le Chapelain, qui, membre de la commission, référait de tout au Bureau.

Ces sœurs devaient, alternativement, de quinze en quinze jours, « avoir soin des malades, acheter la viande, faire les portions, donner du pain blanc, fournir le linge propre et les remèdes indiqués par le médecin, faire la prière du matin et du soir, veiller à ce que les malades reçussent les sacrements, et leur donner tout ce qu'elles jugeraient nécessaire sans être obligées d'en rendre compte qu'à MM. les Directeurs seulement. »

Ces personnes étaient tenues fort rigoureusement à l'hospice. En 1694, on ne leur permettait de sortir qu'une seule, par dimanche ou jour de fête, pour aller faire leurs dévotions. On paraissait, du reste, assez mécontent de leurs services ; et, pour stimuler leur zèle, on proposa de les en récompenser par une subvention de soixante livres, au bout de cinq années de travail. Cette proposition paraîtrait avoir assimilé les sœurs à des filles de peine, alors que, dans le principe, c'étaient des personnes distinguées et charitables, qui remplissaient une œuvre de miséricorde, avec bonne volonté et désintéressement.

Enfin, en 1701, une demoiselle de Clozanges est remplacée par Mlle Marye Jubert, fille d'un ancien notaire royal du bourg de Laguenne, qui promit de servir les pauvres, sans aucune rétribution, même pour son entretien ; mais à la charge et condition, qu'au cas de maladie ou d'infirmité, elle serait servie, nourrie et fournie de médicaments dans ledit hôpital.

Cependant, MM. les Administrateurs reconnurent, bientôt, la nécessité de confier la direction de cet établissement à une

Congrégation religieuse solidement établie. Celle de Nevers ayant fixé leur choix, ils s'adressèrent, en Février 1707, à sœur Marcelline, supérieure de la maison de la ville, dite de la Miséricorde, afin qu'elle ouvrît les premières négociations auprès des Supérieurs Généraux. Ceux-ci, ayant accepté les propositions qui leur étaient faites, les sœurs entrèrent dans les nouvelles fonctions de leur charge, dès le 1er Mars suivant. Ces conditions étaient minimes : l'hospice devait couvrir les simples frais de nourriture et d'entretien, et la communauté supporter les autres dépenses de voyages, ports, etc., charge encore lourde pour une société naissante. Mais cette Congrégation désintéressée, dès le principe, comme elle l'est encore aujourd'hui, trouva, dans son amour pour les pauvres, la compensation de son sacrifice.

En conséquence, dès le 11 Avril qui suivit l'entrée des sœurs à l'hôpital, le bureau d'administration, réuni sous la présidence de Monseigneur de Beaupoil de Saint-Aulaire, évêque de Tulle; MM. du Myrat de La Tour, gouverneur de la ville ; Laselue et Rivière, conseillers ; Dubal et Melon, curés de Saint-Pierre et de Saint-Julien ; Céaux, chanoine de la cathédrale, représentèrent, par l'organe de M. Melon du Verdier, trésorier, qu'il était à propos de rédiger, par écrit, la délibération prise de vive voix, en Février dernier, pour la réception des sœurs de la Charité audit hôpital. Alors l'assemblée déclare avoir reçu, unanimement, lesdites Sœurs ; et, séance tenante, reconnaît sœur Marcelline Pauper, en qualité de supérieure de l'établissement, et sœur Julitte Bernard pour économe. Elle enjoint encore, par le même acte, aux anciennes sœurs, que, les conditions du traité, si avantageux pour l'hospice, avaient permis d'y conserver au nombre de trois, de ne point troubler les religieuses, mais de leur obéir en tout ce qui est de leurs fonctions. Enfin, elle donne pouvoir à la nouvelle Supérieure de changer leurs charges et offices, chaque année, le jour de Sainte-Croix de Septembre, de concert, pourtant, avec ledit Bureau, qui, en outre, a déchargé la demoiselle de Dussol, ancienne économe, laquelle a remis l'état, et les choses qui y sont comprises, dont elle avait la dispensation.

Il paraît que ces bonnes filles donnèrent quelque exercice à la vertu des Sœurs ; cependant, la bonne harmonie n'en fut pas troublée, ni le bien moral diminué ou compromis.

Nous ne connaissons pas les détails intimes de la vie de sœur Marcelline au point de vue de son administration à l'hospice. Mais il paraît que le travail excessif qu'elle eut à y soutenir, altéra bientôt et profondément sa santé. Son état devint même si grave qu'il fut impossible à la bonne Mère de continuer ses soins à ses chers pauvres. Les médecins jugèrent alors indispensable qu'elle allât prendre l'air de la campagne, « pour essayer, disaient-ils, de rétablir sa santé ruinée ».

En conséquence de cet avis si formel, MM. les Administrateurs, en date du 9 Août 1707, prirent une délibération par laquelle ils donnèrent à l'excellente Supérieure, *un congé de santé*. Ils tenaient singulièrement à la conserver ; aussi voulurent-ils, aux termes de cette délibération, « non-seulement lui permettre de se retirer pendant le temps qui lui serait nécessaire, pour suivre un traitement convenable, » mais ils l'engagèrent vivement à faire tout ce qu'elle trouverait à propos pour son entier rétablissement.

De plus, l'administration nomme, de concert avec sœur Marcelline, regardée toujours comme Supérieure à l'hospice, de nouvelles demoiselles aux différents emplois de la maison, et établit, comme un service provisoire, afin d'obvier aux inconvénients qui pourraient résulter de son absence ; mais, en tout, ils prennent son avis : preuve assurée de leur estime à son égard, et de la sagesse qu'ils avaient reconnue dans son administration.

On croit que la malade fut soignée quelque temps, non loin de Tulle, à la campagne. Mais il paraît plus sûr qu'elle alla respirer son air natal, qui était, en même temps, au point de vue spirituel, une atmosphère bienfaisante pour son âme. Là, à Saint-Saulge, était le berceau de son enfance, dont les charmes, subsistants pour tous les âges, s'évanouissent, pourtant, devant ceux qui se retrouvent, toujours plus vifs et plus doux, au berceau de la vie religieuse.

Sœur Marcelline, plus qu'une autre, dut savourer les douceurs attachées à cette source mystérieuse, qui tranforme la vie en la faisant passer du sensible au surnaturel, du transitoire au permanent, de l'apparent au réel.

On ne sait pas combien de temps dura l'absence de sœur Marcelline; on sait seulement qu'elle revint à Tulle, et qu'elle rentra dans la maison de la Miséricorde, sa première œuvre et sa plus chère, sans doute, puisqu'elle lui avait coûté plus de labeurs.

C'est là, qu'elle rendit sa belle âme à Dieu, le 25 Juin 1708, dans la quarante-cinquième année de son âge, et dans la vingt-troisième de sa profession religieuse.

On l'a vue, avec admiration, pendant toute son existence, joindre l'exercice d'un travail laborieux et assidu, pour le prochain malheureux, à toutes les pratiques de l'amour pénitent et crucifié, pour le prochain coupable. En union avec Jésus, le divin exemplaire de la vie mixte, elle avait agi, elle s'était immolée ! Avec Jésus, anéanti et souffrant, elle s'était humiliée, elle avait souffert ! avec Jésus, glorieux et triomphant, elle était entrée dans la gloire !

Les détails sur la mort de sœur Marcelline manquent absolument. On voit, par la lettre-circulaire du vénérable Fondateur de l'Institut, adressée à toutes les maisons de la Congrégation, après le décès de la bienheureuse, que ces détails lui avaient été envoyés par M. Michel, vicaire général de Monseigneur l'Évêque de Tulle. Ce prêtre éminent en piété et en doctrine, était supérieur du grand séminaire, dirigé depuis 1681, par des membres de la congrégation de Saint-Sulpice. C'était le directeur de sœur Marcelline, et son conseiller, comme son soutien dans toutes ses épreuves. Il avait été choisi, en 1700, pour faire partie de la commission administrative des hospices de Tulle. « On ne pouvait, disait le Bureau, trouver un directeur qui eût plus d'intégrité, de lumière, de zèle et de charité envers les pauvres, » et on le suppliait, avec instance, d'accepter cette mission. Autrefois, on le sait, les personnes les plus distinguées tenaient à honneur de la remplir. Mais, tout en exprimant sa tendresse pour les pauvres, M. Michel refusa, avec beaucoup d'honnêteté, à cause des nombreuses et importantes obligations des charges qu'il remplissait dans le diocèse.

Le témoignage de ce vertueux ecclésiastique, celui de MM. les Curés de la ville, qui avaient, eux-mêmes, écrit au Père de Laveyne, Supérieur de la Congrégation des Sœurs de la Charité, leurs regrets et leurs éloges ; enfin, et surtout, la relation de tout ce que Monseigneur l'Évêque de Tulle avait cru devoir faire, après la mort de sœur Marcelline, pour honorer ses vertus et sa mémoire, tous ces documents, dis-je, si précieux, si religieusement conservés, avec les autres papiers importants de la communauté de Nevers, furent malheureusement perdus à l'époque de la Révolution. On regrette, vivement, cette lacune à laquelle rien ne peut suppléer. Cependant, quelques mots, insérés dans une délibération de l'hospice de Tulle, donnent une idée de l'opinion publique, qui, dans une circonstance semblable, peut être justement nommée la voix de Dieu. En effet, après la mort, la vérité se fait jour. Elle n'est plus obscurcie par des considérations personnelles, elle n'est plus altérée par des interprétations arbitraires, ni affaiblie par les passions de la pauvre humanité, tantôt jalouse ou enthousiaste, tantôt téméraire ou précipitée. Cet éloge, simple, mais véridique, est consigné dans les archives de l'hospice de Tulle, d'où nous l'avons extrait.

Du 25 Juin, jour du décès, au 1er Août suivant, l'émotion publique, excitée par la nouvelle de la mort de la servante de Dieu et par le concours de ses funérailles, avait dû se calmer. Mais le souvenir de ses vertus, de sa bonne administration à l'hospice de Tulle, d'où elle était cependant absente depuis plus d'un an, restait vivant et inaltérable dans cet asile.

Voici, en substance, de quelle manière l'honorable administration témoignait ses regrets et ceux des pauvres sur une perte si douloureuse pour l'hospice.

Monseigneur l'Évêque de Tulle, ayant convoqué, dans son palais épiscopal, une assemblée extraordinairement tenue, composée des membres les plus considérés parmi les notables, où Sa Grandeur a présidé, « il a été rappelé d'abord, tous les grands avantages qu'a tirés l'hôpital, d'avoir eu, pour supérieure, feue sœur Marcelline Pauper, décédée, depuis peu, en la présente ville, *en odeur de sainteté*, et dont la piété éminente et l'excellent zèle pour le bien des pauvres, doivent être d'une mémoire éternelle. Ensuite, on y a exprimé qu'il était de la dernière importance, pour l'intérêt de l'hôpital, de mettre à la tête de l'établissement, quelque autre sœur de la Charité et de l'Instruction chrétienne, que l'expérience de sœur Marcelline faisait connaître comme étant extrêmement propre pour cet emploi ; ainsi qu'il a été exposé, dans plusieurs bureaux précédents, depuis la perte de la bonne Sœur, et où il a été résolu de prendre des mesures convenables pour obtenir une autre sœur capable de le gouverner. »

Ce précis n'a pas besoin de commentaire ! Nous le compléterons, cependant, en ce qui concerne l'historique de la communauté des Sœurs de Nevers, qui furent rétablies, à cette époque, pour la direction de l'hôpital de Tulle, à titre perpétuel et aux mêmes conditions des autres établissements de ce genre, desservis, en ce temps-là, par ladite Congrégation.

« Or, il était arrivé que la Mère Scholastique de Marchangy, Supérieure Générale de l'Ordre dans tout le royaume, se trouvait en cours de visites, et était, depuis quelques jours, de présence à Tulle, pour établir une Supérieure dans sa communauté de la ville.

» L'administration profitant, alors, de cette circonstance, délibéra, d'une voix unanime, qu'il serait envoyé à la bonne Mère une députation pour lui porter les propositions et le vœu du Bureau, la priant de s'y rendre dès qu'elle aurait pris sa résolution. La Mère Scholastique, après en avoir conféré avec les sœurs de sa communauté, se rendit, effectivement, à l'assemblée, dont elle accepta les conditions, sous le bon plaisir de son Supérieur, à qui elle promit d'en référer incessamment. Et, encore, séance tenante, il fut convenu que le Seigneur-Evêque et MM. les Administrateurs donnaient, *pour toujours*, à la Mère Scholastique, en sa qualité de Supérieure Générale, contractante, le gouvernement et la conduite intérieure de l'hôpital, de la manufacture et du refuge, pour y faire régir et gouverner les pauvres, valides ou malades, les ouvriers et ouvrières, suivant les réglements conformes aux lettres patentes de Sa Majesté. »

Les conditions primitives furent modifiées : l'hôpital devait supporter les dépenses de la nourriture, et donner une modique somme de cinquante livres pour l'entretien personnel des sœurs et pour les autres frais. Deux sœurs furent immédiatement promises (nombre consenti à titre provisoire et augmenté peu après). Les autres clauses du traité furent presque semblables à celles dont nous voyons la teneur dans les contrats actuels.

Pendant son séjour à Tulle, la Mère Scholastique installa, en qualité de Supérieure à l'hôpital, sœur Jeanne-Térèse Houdon, native d'Etampes, et précédemment Supérieure de la communauté de Saint-Saulge.

L'administration l'investit, à son tour, de toute autorité sur les filles pieuses, conservées encore, temporairement, à l'hospice, et qui devaient lui être pleinement soumises et dépendantes.

La Mère de Marchangy et la nouvelle Supérieure locale, conjointement avec l'honorable administration, signèrent le contrat, qui fut observé fidèlement, de part et d'autre, jusqu'aux jours nébuleux de la Révolution. Mais les excellents rapports qui avaient toujours existé entre les hommes distingués, amis du bien, protecteurs des pauvres, et celles qui s'en nomment les *Mères*, furent à peine interrompus. Ils se renouèrent bientôt, pour n'être plus altérés ; et, depuis, ces rapports, toujours plus bienveillants, produisant une entente parfaite entre l'administration actuelle et les Sœurs, le bien s'opère de plus en plus, pour la prospérité des œuvres et pour le soulagement de tous ceux qui composent le personnel de l'établissement dont l'importance grandit chaque jour.

Comme on l'a vu plus haut, les obsèques de la vénérable Mère Marcelline se firent avec de grands honneurs et un concours extraordinaire de peuple, attiré par la réputation de sainteté que les vertus et les œuvres de sœur Marcelline lui avaient acquise, aussi bien que par les faits merveilleux dont le Seigneur s'était plu à marquer ses voies.

Elle fut inhumée dans l'église paroissiale de Saint-Julien, située à côté de la cathédrale, qui était alors réservée exclusivement à l'Evêque et aux chanoines vivant en communauté.

Cette église fut détruite en 1793, pendant la Terreur. Lorsque la paix fut rendue à la France, la ville de Tulle fit procéder au nivellement des terres de cet emplacement, et l'on transporta au cimetière actuel les ossements qui se trouvaient dans le caveau de l'église et dans le petit cimetière qui l'entourait. C'est alors que les Sœurs, sachant parfaitement où avait été déposé le corps de sœur Marcelline, firent des démarches pour découvrir ses restes vénérés; et qu'elles purent s'emparer de son chef, dont l'authenticité ne peut être révoquée en doute, à cause de la marque du trépan qu'on se souvient de lui avoir vu subir.

Malheureusement, nul procès-verbal ne fut dressé alors, afin, assurément, de ne point éveiller l'attention sur ce pieux larcin. Mais ce crâne, conservé avec respect à la Miséricorde, parut souvent être sa sauvegarde ; en particulier, dans plusieurs cas d'incendie, dont la maison fut préservée comme nous le dirons bientôt.

D'autre part, la mémoire de sœur Marcelline, à laquelle était uni le souvenir de sa sainteté, se conservait et se perpétuait à Tulle. On savait, dans la ville, que son chef était entre les mains des Sœurs ; et, une dame, aujourd'hui fort âgée, se rappelle et assure que, dans son enfance, on le lui avait fait vénérer ; et qu'on disait alors : « Montrez-nous la tête de la sainte. »

En 1821, la mère Adelaïde Brunie, ayant auprès d'elle plusieurs aspirantes à préparer pour la Congrégation de Nevers, vaincue, un jour, par leurs pressantes instances, avait accordé à ces jeunes personnes et à quelques pensionnaires raisonnables, la faveur de voir et de baiser cette précieuse tête. Elle la baisa, elle-même, avec une grande ferveur ; et dit, alors, que c'était sur l'invocation de cette sainte Mère que lors de l'incendie du quartier d'Alverge, à Tulle, le feu s'était immédiatement arrêté.

Les annales de la communauté racontent ainsi ce prodigieux événement, auquel ne serait-il pas permis de donner le nom de miracle ?

« Un violent incendie avait éclaté dans le quartier d'Alverge, le plus pauvre et le plus mal bâti de Tulle. Cette ville, placée en amphithéâtre sur les deux rives de la Corrèze, et presque toute construite en torchis, donnait alors une immense prise aux flammes. Il y avait peu d'espoir d'en arrêter l'invasion, ni d'en comprimer la violence. Le danger était imminent. On avait à redouter d'épouvantables désastres ! Mais, à peine eut-on invoqué le nom de sœur Marcelline, qu'on vit les flammes de cet effroyable incendie s'abaisser et le feu s'éteindre instantanément ! »

Le souvenir de ce fait extraordinaire s'est propagé dans l'Institut. Il s'y conserve comme une pieuse tradition.

Voici quelques autres traits particuliers d'assistance surnaturelle due à l'intercession de sœur Marcelline :

En 1794, lorsque la mère Brunie et sœur Séraphine Larthe de La Villate, sorties de prison, après une captivité de quatorze mois, rentrèrent dans leur ancienne demeure, elles se trouvèrent réduites au plus complet dénûment. Il ne restait, dans la bourse commune, que la minime somme de soixante-quinze centimes. Elles s'en servirent pour acheter quelques menus et indispensables ustensiles de ménage ; puis, elles restèrent longtemps manquant de tout. Mais ce qui les peinait le plus, ce n'étaient pas leurs privations personnelles, c'était l'impossibilité de venir au secours des pauvres, qui n'avaient point oublié le chemin de la Miséricorde, où ils trouvaient, naguère, assistance pour tous leurs besoins. Alors les sœurs, émues de compassion, s'adressèrent, en secret, à leur sainte devancière dans les œuvres de charité ; et, à la fin d'une fervente neuvaine, un personnage inconnu leur porta une somme considérable avec laquelle les malheureux, dont elles s'étaient chargées volontairement, purent être secourus pendant une année entière.

Dans une autre occasion, les mêmes sœurs eurent encore recours à leur protectrice et ne l'invoquèrent pas en vain ! Le feu avait été mis, par maladresse, à la communauté ; mais il s'éteignit dès qu'on eut réclamé le secours de sœur Marcelline. L'appartement, où l'incendie s'était manifesté, fut laissé, plusieurs années, sans réparation, afin de perpétuer la mémoire de ce prodige. Les personnes du dehors, accourues, pour conjurer le sinistre, en parlaient avec admiration ; car, assurait-on, nul mouvement n'avait été fait pour arrêter le feu, qui avait cédé instantanément.

Dans une autre circonstance, Dieu manifesta de nouveau sa bonté en faveur d'une femme atteinte d'un affreux cancer. Cette pauvre malade, remplie de foi, ayant eu connaissance des prodiges accordés par l'intercession de sœur Marcelline, avait demandé, avec une grande confiance, sa guérison à la servante de Dieu. Son espérance ne fut pas trompée ! A la fin de sa neuvaine, le terrible mal qui l'affligeait avait complétement disparu.

Un autre jour, un enfant étant tombé dans le feu, sa mère, qui était occupée, hors de la chambre, l'entendant crier, accourut promptement pour le secourir ; et, après l'avoir recommandé à sœur Marcelline, elle le retira du feu sans aucun mal.

Tous ces faits ont été transmis par la tradition des Sœurs, et, notamment, par la Mère Adélaïde Brunie, qui en avait reçu la relation, ainsi qu'il a été remarqué, déjà, de la Mère Thècle Dutrieux, sa respectable supérieure.

La digne mère Brunie avait, elle-même, fréquemment recours à la puissance, si souvent reconnue, de la vénérable sœur Marcelline auprès de Dieu. Elle assurait n'en avoir jamais éprouvé de refus. Bien au contraire, elle obtenait promptement toutes les grâces qu'elle réclamait, soit pour elle-même, soit pour les œuvres qui lui étaient confiées.

La foi et la piété de la mère Adélaïde, si généralement connues et admirées à Tulle, rendent son témoignage irrécusable et non suspect.

Néanmoins, nul de ces faits miraculeux n'a été consigné dans les archives de la communauté de Tulle.

Depuis qu'il a été question de publier la sainte *Vie* donnée aujourd'hui au public, plusieurs personnes ont obtenu de grandes faveurs temporelles; mais beaucoup plus encore ont assuré avoir reçu des faveurs spirituelles qu'elles sollicitaient en vain, depuis long-temps, et qui leur ont été enfin accordées par l'intercession de Marcelline Pauper.

Le crâne de la vénérable religieuse, envoyé de Tulle le 26 Août 1869, est, aujourd'hui, précieusement gardé à la Maison-Mère des Sœurs de la Charité et de l'Instruction chrétienne de Nevers.

FIN

DES DOCUMENTS HISTORIQUES.

COUP D'ŒIL HISTORIQUE

SUR

LA CONGRÉGATION DES SŒURS DE NEVERS.

COUP D'ŒIL HISTORIQUE

SUR

LA CONGRÉGATION DES SŒURS DE LA CHARITÉ

ET DE

L'INSTRUCTION CHRÉTIENNE DE NEVERS.

Élève de la Compagnie de Jésus, comme saint François de Sales, fondateur de la Visitation, et comme le bienheureux Pierre Fourrier, fondateur de l'Institut de Notre-Dame, le futur fondateur de la Congrégation des Sœurs de la Charité et de l'Instruction chrétienne de Nevers, Jean-Baptiste de Laveyne, entra, à la fleur de l'âge, dans l'ordre des Bénédictins (1). Issu d'une des familles les plus honorables de Saint-Saulge, dans le Nivernais, et fils unique, il quitta tout, et, par de si magnanimes adieux au monde, il prit rang parmi ceux à qui le divin Maître a dit : « Vous qui avez tout quitté et qui m'avez suivi, vous aurez le centuple en ce monde et la vie éternelle dans l'autre. »

Jean-Baptiste de Laveyne fait son noviciat à Autun. A peine âgé de vingt-deux ans, on le juge assez ferme dans la vertu

---

(1) Il était né le 11 septembre 1653.

pour l'élever, par dispense, à la dignité du sacerdoce, et pour lui conférer le bénéfice de sous-prieur et de sacriste de l'église paroissiale de Saint-Sauge, qui était un prieuré.

Dans cette nouvelle position, sa ferveur se ralentit ; mais un an à peine écoulé, elle se rallume plus grande que jamais. Un jour, en entrant chez lui, un ecclésiastique, frappé de l'élégance de ses ameublements, lui dit : « En vérité, saint Benoît n'était pas ainsi logé à *Sublacum*. »

Cette parole est un trait de lumière qui pénètre jusqu'au fond de son âme. Sa vocation de Bénédictin lui apparaît dans toute sa sainteté. Il est confondu, terrassé ; il se relève entièrement changé, et ce cri, désormais sa devise, s'échappe de son âme : Dieu seul !

Sachant que la grâce du Saint-Esprit ignore les retards, à l'instant même, il revole au noviciat des Bénédictins à Autun ; et, dans cette solitude, où tout lui redit sa première ferveur, il jette, en méditant les années éternelles, les fondements de cette sainteté à laquelle il devait s'élever.

Il reparaît à Saint-Saulge, mais ce n'est plus le même homme ; c'est le prêtre modèle, c'est le religieux, vrai fils de saint Benoît, qui est entré dans les voies de la sainteté[1], et qui ne cessera d'y marcher toute sa vie.

A l'exemple de tous les saints, il commence par soumettre la chair à l'esprit ; il fait à Dieu un holocauste de son corps. Le travail, les veilles, les jeûnes, les cilices, les chaînes de fer et les autres inventions de la pénitence, c'est le moyen qu'il emploie pour faire régner l'esprit, et tenir les sens dans l'esclavage.

L'étude de l'écriture sainte, qu'il lit à genoux, par respect, l'étude de la théologie, des Pères et des Maîtres de la vie spirituelle entrent pour une large part dans son nouveau plan de vie. L'oraison en est l'âme : c'est elle qui a la fleur et les plus belles heures de la journée. C'est là que s'allume en lui ce zèle apostolique qui ne cessera de l'embraser de plus en plus jusqu'au dernier soupir, et qui rendra ses prédications si éloquentes.

Dans toute sa conduite l'on voit l'homme de Dieu, le saint prêtre; aussi l'élite des âmes de la contrée s'empresse de se mettre sous la direction du jeune religieux, qui, dès sa vingt-troisième année, possède la maturité et la sagesse des vieillards.

Il entrait dans les desseins de Dieu, à cette époque, où le jansénisme desséchait les âmes, et où l'impiété du dix-huitième siècle se préparait de loin à régner en souveraine, de doter la France d'un institut de vierges, éminentes par leur piété, profondément soumises à l'Eglise, et vouées à la double fonction du soin des pauvres et de l'instruction des jeunes filles. Mais il voulait asseoir ce nouvel institut sur les bases de la sainteté, et lui donner des fondements d'autant plus inébranlables, qu'il allait avoir des temps plus orageux à traverser. Une petite ville du Nivernais, Saint-Saulge, était le lieu qu'il avait marqué pour en être le berceau, et l'homme que, de toute éternité, il avait choisi pour en être le fondateur, était dom Jean-Baptiste de Laveyne.

C'est une loi de Dieu, dit saint Bernardin de Sienne, quand il destine quelqu'un à quelque haute mission dans son

Eglise, de lui donner avec largesse et munificence toutes les qualités, les aptitudes et les grâces nécessaires pour remplir avec fruit cette mission. Cette loi, perpétuellement visible dans les saints et les grands personnages de l'Eglise, va se vérifier avec éclat dans le fondateur des sœurs de la Charité et de l'Instruction chrétienne de Nevers.

Il y avait déjà quatre ans qu'il était, par la sainteté de sa vie, le flambeau de la ville de Saint-Saulge, et qu'il dirigeait l'élite des âmes dans les voies de la perfection, lorsqu'il plut à Dieu de lui faire connaître la mission qu'il lui destinait.

Au milieu des vertus dont il était orné, sa charité envers Dieu et envers le prochain resplendissait d'un éclat particulier. On peut dire que la miséricorde était née avec lui. Il était le père des pauvres, il les visitait, il leur prodiguait ses soins, ses aumônes, il pansait leurs plaies, il les évangélisait, il leur faisait comprendre le prix de leurs souffrances, il les gagnait à Dieu. Il eût voulu les soigner tous de ses mains, se faire l'esclave de tous, pour les gagner tous à Jésus-Christ, tant la charité de Jésus-Christ le pressait.

Un jour, jetant un regard sur la France, il voit quel vaste champ est encore ouvert à la charité, malgré toutes les œuvres qui existent. A ce tableau de tant de pauvres sans secours, de tant de malheureux sans consolation, de tant de femmes et de jeunes filles sans instruction chrétienne, cet homme apostolique, ouvrant son âme à la grâce privilégiée que Dieu lui tenait en réserve, et tout-à-coup illuminé de sa sainte lumière, conçoit un institut de vierges entièrement vouées à la gloire de Dieu, embrassant toutes les œuvres de charité qu'il leur est permis d'exercer, et se consacrant, en même temps, au ministère plus élevé de l'instruction des jeunes filles. Dans la conception qui se présente à lui, il ne sépare point l'un de l'autre, n'estimant pas la charité complète, si elle ne soigne en même temps les âmes et les corps. Il voit la nécessité d'un pareil institut non-seulement dans le Nivernais, mais encore dans les autres provinces de la France; mais il comprend que l'institut de vierges destiné à remplir une si belle mission dans l'Eglise, doit être fondé sur la sainteté. Et connaissant, par la vive lumière qui éclaire alors son âme, que Dieu l'appelle à réaliser le plan qu'il vient de lui montrer, il se met à l'œuvre sans retard.

Tout était providentiellement préparé.

Parmi les vierges que dirige le Père de Laveyne, il en est deux, en qui Dieu a mis avec complaisance les trésors de sa grâce, et qui seront deux inébranlables colonnes de l'édifice spirituel. La première est Marie de Marchangy, à peine âgée de dix-sept ans, ange d'innocence, douée de tous les dons de la nature, ornée de toutes les vertus chrétiennes, admirée dans Saint-Saulge par sa tendre charité envers les pauvres; âme grande, intelligence élevée, noble cœur ne respirant que les intérêts de la gloire de Dieu; et, dans la fleur de la jeunesse, faisant entrevoir déjà la femme forte, capable des plus héroïques dévouements de la charité. C'est cette épouse privilégiée du Christ qui gouvernera la Congrégation naissante.

La seconde est Anne Le Geay, âme également céleste, toute à Dieu dès sa plus tendre enfance, douée de toutes les qualités pour remplir la mission que l'Époux des vierges lui destine, et n'ayant qu'une ambition, celle de le glorifier au prix de toutes les immolations et de tous les sacrifices.

Le Père de Laveyne, qui les connaît, leur propose l'œuvre de Dieu. Elles acceptent avec transport. Car, elles comprennent toutes deux que devenir épouses du Christ et servantes des pauvres est pour elles un comble de gloire, devant laquelle toutes les couronnes de la terre ne sont que néant. Elles se réunissent donc sans délai dans une modeste habitation et commencent leur noviciat. C'était en 1680.

Aussitôt, afin de les former au soin des pauvres et des malades, le Père de Laveyne demande deux sœurs à la Congrégation du Montoire, récemment établie dans le diocèse du Mans. Elle envoie successivement deux de ses sujets les plus distingués : Marianne de Guillet et Marthe de Lavalette. Elles initient à la science de la miséricorde non-seulement Marie de Marchangy, Anne Le Geay et leurs compagnes de Saint-Saulge, mais encore celles de leurs sœurs qui vont occuper la maison de Nevers. Leur mission remplie, les deux religieuses retournent au Montoire ; mais ces rapports entre deux congrégations naissantes établissent entre elles un lien intime de charité que deux siècles n'ont fait que resserrer.

En 1682, après deux années d'épreuves, le saint fondateur admet Marie de Marchangy et Anne Le Geay à la profession, mais sans solennité.

C'est un grand jour que celui où ces deux vierges, inaugurant un saint Institut, engagent leur foi à Jésus-Christ, et lui font serment, en présence de toute la cour céleste, de le servir jusqu'au dernier jour de leur vie, dans la personne des pauvres en les soignant, et dans la personne des jeunes filles en les instruisant de la science du salut. Ces serments sont écrits dans le Livre de Vie, et seront la gloire éternelle de ces deux vierges. Si elles fussent restées dans le siècle, elles n'auraient laissé qu'un nom ignoré. Elles foulent le siècle sous les pieds, et elles laissent un nom immortel dans nos saintes annales. Par leur sacrifice, elles montrent avec éclat au monde combien la virginité est féconde dans l'Eglise. Elles ne sont que deux lorsque, s'enchaînant pour l'éternité à l'Epoux des vierges, elles lèvent la bannière de la charité ; et deux siècles seront à peine écoulés, que du haut du ciel elles verront plus de deux mille vierges, émules de leur courage, militer saintement sous la bannière qu'elles ont arborée.

Saint-Saulge, que Dieu avait destiné à être le berceau de la Congrégation, possède une élite de vierges chrétiennes. Elles se sentent appelées d'en haut, et fidèles à la grâce, elles quittent tout pour servir Jésus-Christ avec Marie de Marchangy et Anne Le Geay. Loin de mettre obstacle à leur vocation, leurs familles s'estiment heureuses de les voir entrer dans le nouvel Institut. Parmi ces vierges est Marcelline Pauper, en qui la grâce de Dieu opérera de si éclatantes merveilles.

Dans le plan providentiel, Saint-Saulge ne devait être que le berceau de la Congrégation : son centre et la Maison-Mère devaient être à Nevers. Dès 1685, ce plan était exécuté. Et c'est de cette ville que Marie-Scholastique de Marchangy, en sa qualité de Supérieure Générale, gouvernait la Congrégation. Mais déjà, dès l'année 1683, Monseigneur Vallot approuvait de vive voix le nouvel Institut, et donnait le saint habit aux premières religieuses, dont les engagements jusque-là n'avaient pas eu de solennité.

A Nevers, Dieu avait préparé au Père de Laveyne un coopérateur de son œuvre, tel qu'il pouvait le souhaiter, et, si l'on peut s'exprimer ainsi, un autre lui-même. Cet homme, appelé à partager la mission du Fondateur, est M. Bolacre, dont un auteur contemporain nous trace ainsi le portrait : « M. l'abbé Bolacre, que l'on a dit tant de fois mériter la crosse et la mitre, dont la famille a si dignement rempli les premières charges de la robe pendant près de trois cents ans, à Nevers et à Moulins en Bourbonnais, s'étant fait prêtre, vint faire sa résidence dans l'hôpital général de cette première ville, y vivre avec les pauvres, et leur faire part de ses biens. Là, quelque soin qu'il prit de se cacher, il ne tarda pas à être connu et apprécié de Monseigneur Vallot, qui le fit vicaire général de son diocèse. Et aussitôt les Carmélites le choisirent pour être leur visiteur général. »

Le Père de Laveyne peut se reposer sur un homme d'un tel mérite, de tout ce qui regarde la conduite et le gouvernement de sa Congrégation. Pendant plus de vingt ans, en effet, ce fidèle coopérateur travaillera à l'affermir et à l'étendre. Et, à la mort de ce grand serviteur de Dieu, le Père de Laveyne, avec cette ravissante humilité ou cette noble courtoisie qui caractérise les saints, s'effaçant lui-même pour exalter celui qu'il pleure, ira jusqu'à lui décerner le titre de Fondateur, reconnaissant ainsi les incomparables services qu'il avait rendus à la Congrégation.

A partir de 1685, cinq années s'écoulent sans de nouveaux établissements. Le Fondateur s'occupe à consolider la maison de Saint-Saulge, le noviciat, et l'hôpital général de Nevers que la ville, par contrat solennel, a confié à perpétuité aux Sœurs de la Charité et de l'Instruction chrétienne. Le Père de Laveyne veut que ces maisons, destinées à être les mères des autres, soient des types accomplis. C'est pourquoi il travaille à leur imprimer cette forme de perfection que Dieu lui a montrée, quand il lui a donné l'idée de l'Institut.

On peut dire que ces cinq années sont les plus précieuses et les plus fécondes de la Congrégation, parce que le Fondateur travaille incessamment à affermir les âmes dans la sainteté, et prépare ainsi des fondatrices qui, formées de sa main et à loisir, porteront le véritable esprit de l'Institut dans les diverses maisons qu'elles établiront en France.

Pendant ce temps d'arrêt, il forme et il instruit Marie-Scholastique de Marchangy, à laquelle il vient de confier le gouvernement de la Congrégation. A l'école du Fondateur, la première Supérieure Générale puise de telles lumières, que son gouvernement servira de modèle à toutes celles qui, dans la suite des temps, lui succéderont dans cette charge; et elle s'affermit tellement dans les vertus de son saint état, que bientôt, par son amour extraordinaire des pauvres, par l'héroïsme de sa charité, par la sainteté de sa vie, par les preuves manifestes de son crédit auprès de Dieu, elle excitera l'admiration non-seulement du peuple, mais encore des plus grands personnages du royaume.

Le Père de Laveyne cultive en même temps Marcelline

Pauper, qu'il dirige depuis la treizième année de son âge, et déjà arrivée, à cette époque, à une éminente sainteté. Il seconde en elle les opérations du Saint-Esprit. Et comme il sait que cette vierge héroïque, par un vœu éternel, s'est consacrée à Jésus-Christ crucifié, en qualité d'épouse crucifiée, il la soutient et l'encourage dans une voie si extraordinaire. Par sa direction, il élève cette épouse privilégiée du Christ, à cette hauteur de sainteté qui, nous l'espérons, la fera placer sur les autels.

De plus, pendant ces cinq années, le Père de Laveyne perfectionne les règlements et les Constitutions qu'il a donnés à ses filles en Jésus-Christ. Il écrit alors ces *Explications* ou *Commentaires pratiques* de la Règle, plus connus sous le nom d'*Avis*, qui portent l'empreinte de la plus haute sagesse, et le cachet de l'onction du Saint-Esprit.

Cet admirable *Directoire* est tel, qu'il suffirait non-seulement pour sanctifier les vierges de l'Institut de Nevers, mais encore toutes les vierges et les femmes chrétiennes qui se dévouent au soin et au service des pauvres. Inspiré par la sagesse du Saint-Esprit, le Père de Laveyne unit dans son Institut tous les exercices de la vie contemplative aux exercices de la vie active, en sorte qu'il veut que ses filles soient Marie et Marthe tout ensemble. Voici comment il s'en explique dans le prologue de son *Directoire* :

« Considérez, mes chères Sœurs, dans les règles que l'on vous donne, deux formes de vie que vous avez à observer : l'une est celle de Marthe, et l'autre, celle de Marie. Marthe est l'image de la vie active, occupée au service du prochain par la nécessité de la charité; et Marie est l'image de la vie contemplative, uniquement appliquée à Dieu par l'amour de la vérité.

» La vie de Marthe vous occupe envers le prochain, et la vie de Marie vous remet dans le repos de la contemplation. Vous devez aimer ces deux sortes de vies, et les réunir en vous comme deux sœurs, demandant, de tout votre cœur, la grâce à Dieu d'accomplir fidèlement ce double exercice de la piété et de la charité, qui contient tout le fond, tout l'esprit et toute l'essence de la religion.

» Vous avez, pour la vie contemplative, l'oraison mentale, la prière, les examens de conscience, la fréquentation des sacrements, les lectures, le silence, les jeûnes, l'exercice de la présence de Dieu, les mortifications, et les autres exercices spirituels que vous pratiquez.

» Pour la vie active, vous avez la visite des pauvres et des malades, l'instruction des enfants, le travail, les sorties en ville, les conversations et d'autres actions extérieures. »

Ce n'est pas sans un dessein profond que le Fondateur impose le nom de Scholastique à la première Supérieure Générale de l'Institut. Par ce nouveau nom, il lui déclare, ainsi qu'à ses filles, que, tout en s'immolant jusqu'au dernier soupir aux ministères extérieurs de la charité envers le prochain, elles doivent, comme la sœur du patriarche des moines d'Occident, vivre de la vie contemplative, et tendre de toutes les puissances de leur âme à imiter cette vierge dans ses exercices de l'amour de Dieu, exercices qui l'élèvent à un si haut degré de sainteté, qu'au moment où elle expire, saint Benoît voit sa belle âme monter au ciel sous la forme d'une colombe.

Ainsi, l'Institut fondé par le Père de Laveyne répond admirablement aux vœux de ces nobles et courageuses vierges, en qui Dieu a allumé la flamme de la charité envers le prochain, qui souhaitent dévouer leur vie à soigner les membres souffrants de Jésus-Christ, et à instruire les âmes de la science du salut ; mais qui désirent en même temps vivre de la vie intérieure, aimer Dieu sans mesure, travailler à leur sainteté, et qui demandent pour cela un Institut voué aux œuvres de charité, dans lequel elles trouvent toutes les sécurités et les secours spirituels des Ordres contemplatifs.

En 1690, l'Institut ne comptait que dix ans d'existence, et déjà l'édifice spirituel reposait sur des bases inébranlables. Ce que Dieu avait montré à l'esprit du Fondateur se trouvait réalisé. C'était une étroite alliance de la vie active et de la vie intérieure, de l'action et de la contemplation. Dans le dessein de Dieu, les vierges de cet Institut devaient trouver le désert de Jean et le carmel d'Elie au milieu des plus grands accablements des travaux de la vie active, être en quelque sorte toujours au milieu du monde, au service du prochain, et ne jamais sortir de la retraite intérieure où elles conversaient avec l'invisible Témoin de toutes leurs actions.

Pendant ces dix années, Dieu avait répandu avec une abondance extraordinaire ses dons et ses faveurs sur le nouvel Institut. Il lui avait communiqué une sève spirituelle si riche, que non-seulement il ne devait rien perdre en traversant les temps les plus mauvais, mais qu'il devait alors plus que jamais faire part aux âmes des trésors de vie dont il était le fidèle dépositaire.

Dieu, dès ces premières années, montrait de la manière la plus éclatante qu'il mettait ses complaisances dans ce nouvel Institut, par le choix des vierges qu'il y réunissait. Sans doute Marcelline Pauper brille comme un soleil de sainteté au milieu de ses compagnes; mais toutes ces premières vierges vivent et meurent en renom de très-haute piété, et elles laissent une mémoire bénie. Ce témoignage leur est solennellement rendu par les auteurs contemporains.

Ainsi, à côté de Marie-Scholastique de Marchangy et de Marcelline Pauper, figurent avec honneur : Anne Le Geay, Marie Régnault, Jeanne Robert, Catherine Arnault, Charlotte de Richemont, Charlotte Moreau, Assistante Générale, Louise Moreau, sa sœur, Anne-Marie de La Martinière, seconde Supérieure Générale, Paule Taupin, Jeanne de La Croix-Sohier, Madeleine de La Croix-Balhan, qui succéda à Anne-Marie de La Martinière dans le gouvernement de l'Institut, Paule de La Cour, Supérieure de la maison de Paris à l'âge de vingt-sept ans; et plus tard à la tête de la Congrégation. Marie-Scholastique Paillard, nièce de la Fondatrice, et Marguerite Paillard, sa sœur, Elisabeth Roy et Marie-Anne Roy, Jeanne de Laveyne et Geneviève de Laveyne, nièces du saint Fondateur.

La première que l'Institut donne au ciel, Marie Régnault, à peine âgée de vingt-deux ans, meurt en odeur de sainteté, à Saint-Saulge, ainsi que l'attestent des documents authentiques de cette ville, conservés jusqu'à nos jours ; et moins de quatre années de vie religieuse ont suffi à cette âme embrasée de l'amour de Jésus-Christ, pour emporter de ce monde une si riche moisson de mérites.

L'Institut est affermi ; il peut désormais se répandre sans crainte que l'esprit qui l'anime, dégénère jamais. Les fondations commencent. Decize, dans le Nivernais, est la première. Voulant que cette fondation soit le modèle de toutes celles qui doivent suivre, le Père de Laveyne choisit pour cette œuvre Marcelline Pauper, la perle de la Congrégation. A peine paraît-elle à Decize, qu'elle y est révérée comme un ange de Dieu ; elle gagne le cœur de tous les habitants par les tendres soins qu'elle prodigue aux pauvres, et par la profonde piété qu'elle inspire aux jeunes filles en les instruisant. Dieu verse les plus abondantes bénédictions sur ce double ministère de charité, parce qu'il veut ainsi récompenser la sainteté de sa servante, et les héroïques privations auxquelles elle se dévoue pour l'amour de lui, dans les commencements de cette fondation. Elle nous en raconte quelque chose au chapitre V de sa *Vie*.

La fondation de Decize ne laissant plus rien à désirer, le Père de Laveyne veut que Marcelline gouverne pendant deux ans la Maison-Mère de Nevers, afin qu'elle soit la lumière de ses sœurs, et qu'elle laisse à jamais parmi les premières religieuses de la Congrégation le souvenir de ses vertus et le parfum de sa sainteté. Elle reprendra ensuite le cours de ses fondations, auxquelles elle consacrera le reste de sa vie.

Bientôt la Supérieure Générale, Marie-Scholastique de Marchangy, entre elle-même dans la carrière des fondations. Dans cette œuvre apostolique, elle se voit admirablement secondée par Marcelline Pauper, Charlotte de Richemont, Louise Moreau, Anne-Marie de la Martinière, Madeleine de la Croix-Balhan, Catherine Arnault, Elisabeth Roy, Marie-Anne Roy, sa sœur, et Jeanne de La Croix-Sohier.

La réputation de sainteté du nouvel Institut fait qu'il se propage rapidement en France. Les princes, les plus grands seigneurs du royaume, les évêques, les villes demandent à l'envi ces admirables servantes des pauvres et ces saintes institutrices de la jeunesse.

La princesse d'Harcourt, plus grande encore par sa foi que par son illustre naissance, est la première qui les établit dans ses domaines. Elle fonde d'abord la maison de Murat, en Auvergne, et c'est Marcelline Pauper qu'elle a le bonheur de voir à la tête de cette maison. Elle fonde ensuite les maisons de Clermont-en-Beauvoisis et de Creil. Le marquis et la marquise d'Antin les établissent dans la seigneurie de Bellegarde. Le duc de Penthièvre leur confie l'hôpital de Damville. Le prince de Ligny les appelle dans la seigneurie du Charmel et à Courtenay. L'hospice de Beaumont-sur-Oise, placé sous la protection du prince de Conti, leur est confié, à la grande joie de l'administration et de toute la ville. Mme Louise-Adelaïde d'Orléans les établit à Chelles, près de sa royale abbaye. M. de Lévy, duc de Mirepoix, maréchal de France et ambassadeur d'Autriche, leur fait bâtir une maison à Lurcy-Lévy, en Bourbonnais. Ce sont là quelques-uns des établissements fondés par la foi et la munificence des princes et des grands seigneurs.

Parmi les évêques de France, celui de Tulle, Mgr Beaupoil de Saint-Aulaire, est le premier qui appelle les religieuses de la Charité et de l'Instruction chrétienne et qui les établit dans sa ville épiscopale. Les évêques de Viviers et de Digne ne tardent pas à suivre son exemple. Peu d'années après, le cardinal de Fleury devient un des plus insignes protecteurs du nouvel Institut. Mais il est ici de la gloire de Dieu et du devoir de l'histoire, de révéler la cause d'une si haute faveur.

Dieu, pour autoriser le nouvel Institut, se plaît à faire éclater la sainteté de ses fidèles servantes et leur crédit auprès de lui. Dans le centre de la France, Marcelline Pauper apparaît visiblement investie de la puissance des miracles. Le contact de ses mains virginales et ses prières guérissent les malades désespérés et abandonnés des médecins et des chirurgiens. Dans le nord du royaume, c'est la Supérieure Générale de la Congrégation, Marie-Scholastique de Marchangy, qui partage le privilège et le pouvoir de Marcelline Pauper. Citons un trait de la foi et de la charité héroïque de cette vierge. Dieu, qui veut la glorifier, la conduit, comme par la main, auprès du cardinal de Fleury, à Saint-Maur, dans un moment solennel. Le prélat est menacé dans sa vie par une plaie effrayante qu'il a à la jambe. Déjà la Faculté de Paris s'est prononcée sur la nécessité de l'amputation. C'est après cet arrêt, que le prélat demande à la servante de Dieu si elle a soigné des maux de ce genre. Marie de Marchangy répond qu'elle a traité et guéri des plaies, mais qu'elle n'oserait rien entreprendre, le prélat étant entre les mains d'une si savante Faculté. Les hommes de l'art sont convoqués de nouveau, et ils sont encore unanimes sur la nécessité de l'amputation. « Ma sœur, dit alors le cardinal à Marie de Marchangy, après Dieu, je me remets entre vos mains. » Aussitôt, l'humble vierge tombe à genoux; elle baise d'abord la plaie, ce qu'elle avait coutume de faire, disent les Annales de l'Institut, surtout lorsque l'aspect des plaies était renversant pour la nature; elle applique ensuite un remède, et passe la nuit en prières. Le lendemain, la plaie est vermeille, le danger a disparu et bientôt toute trace du mal. La Faculté s'incline devant la servante de Dieu; le miracle de la guérison est connu de la cour, et le nom de Marie de Marchangy est partout prononcé comme celui d'une sainte. Le prélat bénit Dieu et sa libératrice; et, dès ce moment, il prend le nouvel Institut sous sa protection. Non content de l'établir dans les villes de son diocèse, il veut, pour éterniser sa reconnaissance, que les religieuses de Nevers occupent à perpétuité, à Lodève, la maison où il est né. Un si noble vœu est exaucé; et de nos jours encore les filles de Marie de Marchangy occupent cette maison, devenue une des plus florissantes de l'Institut.

Avant de suivre le développement de l'Institut, nous devons, pour le faire connaître dans ce qu'il a de plus intime, révéler ici le secret de l'acte héroïque de Marie-Scholastique de Marchangy, et de cette sublime immolation de ses filles en Jésus-Christ au service des pauvres.

Ce secret est dans ces paroles de Jésus-Christ : « Ce que vous avez fait pour le plus petit de mes frères, c'est à moi-même que vous l'avez fait. » C'est cette parole qui a créé les serviteurs et les servantes des pauvres. A cette parole, tout ce qu'il y a eu de plus grand, de plus saint dans le christianisme s'est enflammé, s'est passionné pour servir les membres souffrants de Jésus-Christ. Cette parole a produit des miracles de charité dans toute la suite des siècles chrétiens, et en produira jusqu'au dernier jour du monde. Papes, cardinaux, évêques, rois, reines, princesses, vierges, chrétiens de tous les rangs, ont servi les pauvres de leurs mains, les ont traités avec respect et avec amour. Cette parole « *Mihi fecistis* : C'est à moi que vous l'avez fait, » a transfiguré le pauvre. On a vu Jésus-Christ en lui ; et on l'a accueilli, logé, servi, honoré, aimé en Dieu. La demeure du pauvre a eu une appellation unique par sa majesté. Il y a eu un HÔTEL-DIEU pour lui sur la terre. Jamais on n'a donné ce titre à la demeure des rois. Au frontispice de ces HÔTELS-DIEU, la foi a gravé cette inscription : « *Christo in pauperibus* : Au Christ dans les pauvres. » Dès-lors, les plus saints Pontifes de l'Eglise, les plus grands rois, les saint Louis, les saint Etienne, les saint Henry, les saint Edouard, les saint Ferdinand, les plus illustres reines, sainte Marguerite d'Ecosse, sainte Elisabeth de Thuringe, sainte Elisabeth du Portugal, les vierges les plus magnanimes, les plus saintes femmes, ont fait des prodiges pour honorer et servir Jésus-Christ dans les pauvres. A genoux, ils leur ont lavé les pieds, ils les ont baisés, ils les ont essuyés. Ils les ont traités comme les princes de la cour céleste. A travers les haillons, à travers les plaies, à travers la lèpre, à travers tous les maux, ils ont vu Jésus-Christ dans les pauvres : ils les ont serrés dans leurs bras, la charité créant dans leur cœur toute la tendresse d'une mère. De la vue de Jésus-Christ en eux sont partis ces témoignages de charité, incompréhensibles en dehors de l'Eglise catholique : fléchir les genoux devant eux ; avant de panser leurs plaies, les baiser avec un saint respect, et rendre à Jésus-Christ cet honneur dans la personne de ses membres souffrants.

Qu'un hôtel-Dieu parle éloquemment à qui a la foi ! que ces salles peuplées par les pauvres sont autrement belles que celles des plus beaux palais ! Là, le Christ est dans ses pauvres. On peut non-seulement toucher la frange de son habit, mais on peut le soigner dans ses membres souffrants; on peut lui dévouer sa vie, on peut mourir pour lui. Les vierges qui lui ont engagé leur foi peuvent lui dire : Vous me nourrissez dans l'Eucharistie, je vous nourris dans les pauvres. Dans le sacrement de la Pénitence et du pardon, vous cicatrisez toutes les blessures de mon âme ; dans les pauvres, je verse l'huile et le vin sur toutes vos plaies. Dans votre tabernacle et à l'oratoire, vous êtes pour moi un soleil de charité et de consolation ; dans les pauvres, je suis pour vous un soleil de charité et de consolation. Sur votre croix, vous vous sacrifiez pour moi ; dans les pauvres, je me sacrifie pour vous. La croix est la suprême manifestation de votre amour pour moi ; les pauvres sont la suprême manifestation de mon amour pour vous : la croix a reçu votre dernier soupir pour moi ; les pauvres recevront mon dernier soupir pour vous.

Le Christ dans les pauvres récompense en Dieu les vierges qui ont tout quitté pour lui. Il acquitte une dette personnelle.

« Ce que vous avez fait pour le plus petit des miens, c'est à ma personne même que vous l'avez fait. » Dès-lors, il paye les services avec la munificence d'un Dieu. Mais, dans ces servantes des pauvres, il a à récompenser des épouses. Ces vierges lui ont engagé leur foi, lui ont donné leur cœur en don absolu et pour l'éternité. Il déploie donc à leur égard la munificence d'un époux qui est Dieu. Sa solde, à lui, pour ces héroïnes de la charité, pour ces épouses fidèles, c'est un débordement de grâces divines qui, par un cours incessant, vont de son cœur droit à leurs âmes. Et une de ces grâces vaut plus que l'univers tout entier.

En traitant ainsi ces vierges, servantes des pauvres et ses épouses, il veut leur montrer, et déclarer à la face de l'Église, qu'elles lui sont aussi chères que celles qui, pour le servir dans la solitude, mettent entre elles et le monde un éternel mur de séparation. Il veut qu'elles sachent que c'est lui qui fait les vocations, qui les différencie, qui, parmi les vierges, appelle les unes à la solitude, et les autres à la vie active ; mais que, dans la distribution de ses trésors, il est aussi magnifique et aussi prodigue envers les unes qu'envers les autres. Il veut qu'elles voient qu'il n'y a rien dans la vie active, dès qu'on y est appelé par lui, qui soit un obstacle à sa grâce, à ses plus grandes faveurs, à la plus haute sainteté. Sainte Catherine de Gênes, au milieu de son hôpital, est tout aussi consumée de feux séraphiques que sainte Madeleine de Pazzi dans la solitude de son couvent. Et Marcelline Pauper, soignant les pauvres et les malades, instruisant les femmes ignorantes et les cunes filles, est élevée à la dignité d'épouse crucifiée de Jésus-

Christ crucifié, et dans cet état, où elle porte dans son corps les stigmates de la croix, elle se voit honorée des grâces et des faveurs dont Jésus-Christ honore ses épouses les plus privilégiées.

Madeleine, la contemplative par excellence, répand sur la tête du Sauveur un vase de parfum exquis, symbole de la charité la plus tendre et la plus magnanime, et dont l'odeur remplit toute la maison. Ce que Madeleine fit une fois, le divin Maître veut que ses épouses, les servantes des pauvres, les Marthe de l'Église catholique, le renouvellent à tout moment et pendant la durée des siècles, répandant sur sa tête et sur ses membres souffrants le parfum inénarrablement précieux de la charité, en sorte que toute la maison, c'est-à-dire toute l'Église, soit perpétuellement remplie de l'odeur de ce parfum.

Le Christ dans les pauvres nous explique non-seulement l'acte héroïque de Marie-Scholastique de Marchangy, et le dévouement de ses filles, mais encore toutes les merveilles de la charité catholique.

Le nouvel Institut continue de se propager. Partout les Sœurs de la Charité et de l'Instruction chrétienne de Nevers répandent la bonne odeur de Jésus-Christ. Leur charité sans bornes pour les pauvres, leur zèle tout apostolique pour instruire les jeunes filles, les font admirer et vénérer tout ensemble.

La princesse d'Harcourt s'exprime ainsi sur leur compte, en écrivant au Père de Laveyne :

« Je ne saurais dignement rendre hommage à mes pauvres

filles qui font des merveilles. C'est sur elles que roule le nouvel établissement de notre hôpital de Clermont-en-Beauvoisis. Ma joie est au comble de voir ce qu'elles font pour les pauvres ; vous en seriez édifié vous-même. »

L'évêque de Tulle ne peut assez témoigner sa reconnaissance au pieux Fondateur. « Je conserverai chèrement, lui écrit-il, les filles que vous nous avez envoyées pour notre hôpital, qui ne saurait être entre de meilleures mains. Je souhaite que vous veniez les voir, et me donner vos conseils pour elles et pour moi, qui serai toujours avec une vénération extrême, etc. »

Les évêques de Viviers et de Digne ne s'expliquent pas en des termes moins expressifs : « On ne peut, dit le premier, être plus édifié que je le suis de la conduite des Sœurs que vous nous avez envoyées. Vous pouvez compter que je les soutiendrai, et que je me ferai un plaisir de les prévenir en tout ce qu'elles pourront souhaiter de moi, etc. » Le second de ces prélats dit dans une de ses lettres : « Ne doutez pas que je ne conserve pour vos chères filles les sentiments d'estime et de paternelle affection qu'elles méritent. »

La marquise d'Antin, écrivant au Fondateur, leur rend cet honorable témoignage : « Elles m'enseignent le chemin du ciel par leur piété exemplaire. Elles vivent comme des religieuses régulières, dans un exercice perpétuel de leur ministère : retraite, silence, etc. Je ne finirais jamais, si je racontais tout le bien qu'on en peut dire. »

Parmi les vierges qui secondent Marie-Scholastique de Marchangy dans l'œuvre des fondations, Marcelline Pauper, comme nous l'avons dit, tient le premier rang. Elle fonde les maisons de Decize, de Murat, de Bourg-Saint-Andéol, de Saint-Étienne et de Tulle. Elle en prépare et en visite un grand nombre d'autres. Le divin Maître semble dire pour elle, comme pour l'Apôtre des nations : « Je lui montrerai tout ce qu'il lui faudra souffrir pour mon nom. » Le Sauveur se plaît à montrer dans Marcelline jusqu'où une vierge peut se dévouer, peut souffrir pour son nom ; il la montre au monde comme un miracle de courage.

D'abord, dès sa dix-neuvième année, elle s'est offerte à Jésus-Christ crucifié pour lui être conforme en qualité d'épouse crucifiée. Il faut lire dans sa *Vie écrite par elle-même* jusqu'à quel point elle a participé au calvaire et aux ineffables douleurs de son divin Époux crucifié.

Pour étendre son Institut, c'est-à-dire pour sauver des âmes, il n'est point de fatigues, de périls, de privations, de sacrifices auxquels elle ne se dévoue. Pour n'en citer qu'un seul trait en preuve, elle entreprend un voyage à cheval de plus de trois cents lieues dans les pays les plus difficiles de la France, vivant d'un peu de pain, n'ayant en quelque sorte pour tunique intérieure que ses cilices et ses intruments de pénitence, ne diminuant rien de ses flagellations accoutumées, ni des exercices de la vie intérieure, et comptant tout cela pour peu, parce qu'elle voyage pour aller créer des hôtels-Dieu et des écoles pour le salut éternel des âmes rachetées par le sang de Jésus-Christ.

Mais sa soif de souffrir pour Jésus-Christ n'est pas encore satisfaite par ces courses apostoliques, par les travaux des fondations, par le sacrifice quotidien de la charité envers les pauvres. Elle veut imiter autant qu'il est en elle, par l'immolation de son propre corps, l'immolation du Sauveur répandant son sang du haut de la croix pour le salut du monde. C'est là que Marcelline Pauper déploie un courage qui fait pâlir tous les courages humains. Le guerrier, il est vrai, aux rares jours de bataille, affronte la mort, et, s'il est blessé, voit couler son sang avec bonheur pour sa patrie. Mais quel est le guerrier qui, chaque jour ou presque chaque jour, jaloux d'imprimer en lui les stigmates de la croix et d'imiter le Dieu flagellé à la colonne, a la main assez vaillante pour faire subir à son corps, jusqu'au sang et jusqu'aux plaies, le supplice des verges? Or, ce courage n'a jamais abandonné la vierge nivernaise. Marcelline Pauper a presque quotidiennement versé ainsi son sang; elle est allée jusqu'à briser les verges sur son corps virginal, et cela pour imiter son Époux attaché à la croix, et pour lui sauver des âmes. Son courage est allé plus loin. Consumée du désir de rendre à Jésus-Christ vie pour vie, par le martyre, elle a tressailli de bonheur quand elle a pu espérer qu'elle touchait à la palme. A Saint-Andéol, entourée par les hérétiques des Cévennes, elle s'avançait seule au milieu des campagnes, cherchant les pauvres et leur portant des secours, la croix sur la poitrine et le chapelet à la main, pour déclarer aux ennemis de la foi qu'elle était fille de l'Église catholique et prête à mourir pour elle. Mais Jésus-Christ, content de son désir, la soustrait au glaive, afin de lui réserver ce long martyre de l'immolation quotidienne, et afin de multiplier ainsi ses palmes.

Ainsi se consume la vie tout apostolique de l'héroïne du Nivernais. Tulle, sa dernière fondation, reçoit son dernier soupir. Le 25 juin 1708, Marcelline Pauper va se joindre au chœur des vierges dans le ciel. L'évêque, le clergé, la ville tout entière, rendent un éclatant hommage à sa sainteté. Le Père de Laveyne écrit à toute la Congrégation une lettre admirable, où il trace le portrait de cette nouvelle Catherine de Sienne.

Un an après la mort de Marcelline Pauper, l'évêque de Tulle monte dans la chaire de la cathédrale; et, en présence du clergé et du peuple, il rend hommage de nouveau à la sainteté de la servante de Dieu, il publie des guérisons miraculeuses obtenues par son crédit, et il constate le fait de la conservation de son corps virginal sans la moindre atteinte de corruption.

Vers la même époque, dans un acte authentique conservé jusqu'à nos jours, l'évêque de Tulle et les plus honorables représentants de la ville, déclarent que « Marcelline Pauper est morte en odeur de sainteté »; et ils ajoutent, par une inspiration venue d'en haut : que « sa grande piété et son zèle admirable pour le bien des pauvres doivent être d'une mémoire éternelle ».

Ces paroles prophétiques vont se vérifier de nos jours. Marcelline Pauper, par sa *Vie* imprimée, va reparaître dans Tulle, sa cité de prédilection, témoin des dernières années de son apostolat, et embaumée des derniers parfums de sa sainteté. Là, nous pouvons l'espérer, *son tombeau sera glorieux*, et *ses ossements prophétiseront*. C'est au sein de cette cité catholique que Marcelline Pauper fera sentir, avec une maternelle bonté, son crédit auprès de Dieu.

La Providence a placé sur le siége épiscopal de cette ville un pontife à souhait pour faire accueil à la vierge qui vient reprendre, à Tulle, son droit de cité, à la manière des saints. Par son inimitable éloquence, par la profondeur de son savoir, par la pureté de ses doctrines, par le courage de son dévouement au Saint-Siége, ce pontife a illustré l'Église de Tulle. Bien que les accents de sa parole à Rome, entendus du monde entier, semblent être la limite de l'éloquence, il trouvera encore, dans l'inépuisable fécondité de son génie et dans sa grande âme d'évêque, des accents non moins sublimes pour cette vierge dont la sainteté va l'éblouir, et dont les pages écrites à la dérobée, après les soins aux pauvres et les leçons aux jeunes filles, vont le jeter dans l'admiration. Nous pouvons attendre du nouvel Ambroise des louanges dignes de la nouvelle Marcelline. Que cette illustre épouse du Christ, par son salut en rentrant à Tulle, porte la joie dans l'âme du saint évêque ! Qu'elle soit la couronne de sa vieillesse, comme la lumière et l'éternelle défense de la cité !

En 1719, le Fondateur de la Congrégation voit arriver le terme de sa carrière. Sa mission est saintement remplie ; la couronne de justice l'attend. Son Institut est affermi ; il prospère ; il est partout la bonne odeur de Jésus-Christ. Les vierges qui le composent, unissent à l'action de Marthe la contemplation de Marie. Servantes des pauvres et des malades, elles les gagnent à Dieu, en les soignant ; institutrices des jeunes filles et des femmes ignorantes, elles leur enseignent la science des sciences, Jésus-Christ, *la voie, la vérité et la vie*. Ce saint apostolat de la charité, commencé par ces vierges, va se continuer et se développer de siècle en siècle.

Ainsi, tout porte la consolation dans l'âme de ce grand serviteur de Dieu. Il reçoit les sacrements de l'Eglise avec cette foi admirable qui avait éclaté en lui toute sa vie. Marie-Scholastique de Marchangy et ses compagnes sont à genoux, entourant leur Père. Tandis qu'elles prient pour lui et que leurs sœurs dispersées en France prient avec elles, toutes les sœurs qui sont au ciel, Marcelline Pauper à leur tête, offrent à Dieu leurs supplications filiales pour leur Fondateur et leur Père. Les âmes des pauvres et des jeunes filles, introduites au ciel, depuis quarante ans, par les religieuses de l'Institut, intercèdent auprès de Dieu pour leur bienfaiteur et leur consolateur. Les maîtres qui sanctifièrent son adolescence et sa jeunesse, intercèdent pour lui. Mais tous ces intercesseurs se rangent autour de celui qui intercède avec le titre de Père, autour du grand saint Benoît, qui, avec son innombrable famille et avec toutes les âmes à qui son Ordre a ouvert le ciel, intercède pour ce religieux qui s'achemine vers la céleste patrie. La Mère de Dieu, dont il a propagé le culte, dont il a allumé l'amour dans les âmes, et à laquelle il a dédié la première église de son Institut, sous le vocable de Marie-Immaculée, couronne toutes ces intercessions par la sienne. Cédant à tant de prières et au mouvement de son amour, l'adorable Trinité ouvre le sein de sa clémence infinie; Jésus-Christ tend les bras à son serviteur; saint Benoît et sainte Scholastique invitent un fils et un frère. Alors, Jean-Baptiste de Laveyne entre dans ce recueillement mystérieux des patriarches au moment où ils allaient bénir leur postérité. Le saint Fondateur voit à genoux devant lui sa première fille spirituelle, Marie-Scholastique de Marchangy, et quelques compagnes, qui représentent la Congrégation tout entière. Du fond de son âme, il supplie Dieu de bénir et de garder cette chère Congrégation ; et ensuite, élevant la main, il la bénit lui-même au nom de Dieu, le conjurant de lui être toujours Père et de la combler de ses plus paternelles bénédictions.

Si, au moment où, en sa qualité de Fondateur, et à la manière des patriarches, il bénissait sa postérité spirituelle, il plut à Dieu, qui, déjà, comme on peut le croire, lui avait accordé concernant Marcelline Pauper des lumières prophétiques, de soulever pour lui le voile de l'avenir, il put voir avec un transport de bonheur son Institut, traversant une révolution impie, s'enracinant au milieu même de la tempête, reparaissant plus plein de vie que jamais au commencement du dix-neuvième siècle, béni à Nevers par la main de Pie VII, ne cessant de se répandre en France, et, à l'époque la plus célèbre des temps modernes, durant l'année même de la célébration du Concile œcuménique du Vatican, les constitutions de cet Institut bénies, confirmées et approuvées par un des plus grands Papes qui aient gouverné l'Église. Il put voir, en même temps, Marcelline Pauper, qu'il avait fiancée à Jésus-Christ, apparaître dans l'éclat de sa sainteté ; sa *Vie*, qu'il lui avait donné ordre d'écrire, présentée à l'Église maîtresse de toutes les Églises, et lui faisant décerner les honneurs du culte public. En saluant cet avenir, il dut ressentir une des plus grandes joies qui puissent faire tressaillir le cœur de l'homme en ce monde.

Après cette bénédiction du Fondateur donnée à ses filles en Jésus-Christ, et après les joies et les lumières dont son âme est inondée, le Père de Laveyne n'aspire plus qu'au suprême bonheur de la vision intuitive. Dieu l'appelle; et sa belle âme, prenant son essor, va pour jamais se réunir à lui.

Ainsi meurt, le 5 juin 1719, en odeur de sainteté, à Saint-Saulge, sa ville natale, ce religieux, ce serviteur de Jésus-Christ, qui honore le Nivernais, la France, l'ordre de Saint-Benoît, l'Eglise catholique; qui vivra à jamais par ses vertus, par sa sainteté, par son Institut, par les lois qu'il lui a données, par ses écrits, et par le bien spirituel que feront ses filles jusqu'à la fin des temps.

En 1726, Marie-Scholastique Paillard, nièce de la Fondatrice, à peine âgée de trente-deux ans, moissonne la palme du martyre de la charité. Connaissant son rare mérite, la princesse Louise-Adélaïde d'Orléans l'avait demandée pour la maison qu'elle fondait à Chelles. Elle était depuis quatre ans à la tête de cette maison, lorsqu'une épidémie se déclare. La courageuse vierge se dévoue, avec un transport de bonheur. Jour et nuit auprès des mourants, elle les soigne avec la tendresse d'une mère, elle leur fait recevoir les sacrements de l'Église, et elle recueille leur dernier soupir. C'est quand elle a ouvert le ciel à cette légion d'âmes, que, frappée elle-même, elle rend sa belle âme à Dieu.

La princesse est inconsolable de cette perte. Pour adoucir ses regrets et pour ne pas se séparer de la servante de Dieu, elle veut que sa dépouille virginale repose dans l'église de l'abbaye, dans la chapelle même de Saint-Benoît, afin que, de son tombeau, l'épouse de Jésus-Christ continue de parler à toutes les habitantes de la royale abbaye. Non contente d'honorer ainsi ses restes mortels, elle veut qu'un interprète de ses sentiments les exprime à la Supérieure Générale et à la Congrégation tout entière. Voici cette touchante lettre qui lègue à la postérité le fidèle portrait de Marie-Scholastique Paillard :

« Dieu couronne, souvent, un mérite consommé dans un âge peu avancé. C'est ce qui est arrivé dans la personne de votre chère sœur Marie-Scholastique, âgée de trente-un ans, et dont je vous apprends la mort avec la plus vive douleur; douleur que je ne peux adoucir, mes très-chères Sœurs, qu'en venant la partager avec vous.

» Elevée sous les yeux de votre Révérende Mère, sa tante, cultivée par ses soins religieux et attentifs, fidèle aux leçons de sagesse qu'elle avait reçues, elle fit, dès-lors, la joie de votre Congrégation ; et, par ses grands talents, devint toute son espérance.

» Le Seigneur l'avait prévenue de ses bénédictions les plus précieuses en lui donnant un esprit vif, pénétrant, judicieux ; un cœur noble, compatissant, ferme; les sentiments de la piété la plus exacte ; une modestie sans affectation ; une charité tendre et agissante; un zèle éclairé et infatigable. Dès l'âge de seize ans, elle fut jugée digne d'être employée à l'instruction de la jeunesse, qu'elle forma, en différents lieux, également à la vertu et à la piété.

» Elle n'avait que vingt-sept ans quand l'auguste princesse et abbesse la demanda pour supérieure de l'établissement qu'elle voulut faire à Chelles. C'est là que, placée sur le chandelier, elle a éclairé un grand nombre d'âmes; et que, comme un olivier planté dans la maison du Seigneur, elle a répandu l'odeur de ses vertus. Elle a rempli toutes les fonctions de son état avec une édification si rare et si universellement répandue, que sa mémoire et son nom seront éternellement en bénédiction.

» Votre vocation, qui vous apprend à mettre votre gloire dans l'humiliation, nous impose le silence sur ses actions particulières; nous craindrions de louer une vierge, épouse de l'Homme-Dieu, qui imposait silence à ceux mêmes dont la reconnaissance voulait publier sa grandeur et sa puissance. Si nous en parlons, ce n'est que dans la vue de vous engager à reconnaître, avec nous, le don de Dieu, qui fait part de ses faveurs à qui il lui plaît; et, aussi, pour animer, par un exemple si admirable, votre esprit et votre cœur à l'amour de vos devoirs et à la perfection de votre état.

» Le nombre des malades a été grand à Chelles, depuis quatre ou cinq mois, nos très-chères Sœurs. Loin de se troubler à la vue de ce qu'elle avait à faire ou à souffrir, sœur Marie-Scholastique sentit, dès-lors, qu'elle ne pouvait mieux montrer son amour à Jésus-Christ qu'en prenant soin de ses frères. *Augmentez en moi*, disait-elle à Notre-Seigneur, *les lumières de votre esprit et le zèle d'une pure charité, afin que je puisse contribuer au salut de ceux dont j'aurai le soin dans leurs maladies: trop heureuse si, en sacrifiant ma vie, je peux contribuer à votre gloire, et si je trouve dans un exercice pénible, mais qui ne peut être long, l'assurance d'une éternelle félicité.*

» Dans ces dispositions, que n'a-t-elle pas fait ? Visiter les malades pendant le jour, prier pendant la nuit, préparer les remèdes, consoler les affligés, exhorter les faibles, animer à la patience les cœurs abattus, préparer les moribonds à recevoir dignement les sacrements, être toute à tous sans exception, mériter la confiance de chacun d'eux : voilà comment elle s'est disposée à mourir. C'est le 14 de ce mois de Septembre qu'elle a expiré, munie des sacrements de l'Eglise.

» Elle a eu la consolation de remplir en peu d'années une grande carrière. Si cette carrière a été courte par le nombre de ses jours, on peut dire que, par l'ardeur et par l'étendue de sa charité, elle n'a point eu de bornes.

» Quelle consolation aussi pour vous, mes très-chères Sœurs, de voir une grande princesse attendrie sur la mort de celle que nous pleurons ! de la voir regrettée par toute son illustre communauté, qui, non-seulement, comme marque de son estime, mais encore pour avoir sous les yeux l'exemple de ses vertus, a voulu avoir son corps dans son église !

» Quelle consolation encore, mes chères Sœurs, d'entendre un peuple nombreux gémir de sa perte, et s'écrier dans l'amertume de sa douleur : *Ah ! Seigneur, pourquoi nous avez-vous enlevé cette tendre mère si attentive à nos besoins et toujours prête à nous secourir* (1) ? »

---

(1) Sœur Marie-Scholastique Paillard, nièce de la Mère de Marchangy, était fille de Claude Paillard et d'Anne de Marchangy. On sait

Dix ans après la mort du Père de Laveyne, Marie-Scholastique de Marchangy va recevoir au ciel la couronne de ses vertus.

Pendant un demi-siècle, elle a saintement gouverné la Congrégation. Femme vraiment apostolique, elle s'est dévouée à d'immenses travaux pour Jésus-Christ. Soixante-quinze maisons de l'Institut ont été fondées sous son généralat. Elle meurt en odeur de sainteté à Nevers, le 30 décembre 1729. Ses funérailles sont un triomphe. Pendant deux jours, sa dépouille virginale est exposée ; la ville tout entière lui prodigue les témoignages de sa vénération et de sa piété filiale. D'après le vœu unanime du clergé et du peuple, ses restes mortels sont inhumés dans l'église de Saint-Pierre.

La Mère Anne-Marie de La Martinière, qui lui succède dans le gouvernement de la Congrégation, écrit une lettre-circulaire où elle rend hommage aux éminentes vertus et à la sainteté de la première Supérieure Générale de l'Institut. Nous reproduisons ce monument de famille :

« Je ne puis mieux, mes très-chères Sœurs, vous annoncer la nouvelle année, et vous souhaiter les bénédictions du ciel, qu'en vous proposant l'exemple de notre très-révérende Mère Scholastique de Marchangy, que le Seigneur vient d'appeler à

---

qu'elle était née à Saint-Saulge, vers l'année 1694. Sa sœur entra aussi dans la Congrégation, et mourut à Saint-Saulge en 1785. Elle portait, en religion, le nom de sœur Marguerite.

lui, comme une épouse depuis long-temps préparée à entrer dans la salle du festin de l'Agneau.

» Vous savez, mes très-chères Sœurs, que notre chère défunte a été la première Supérieure Générale de notre Congrégation ; mais ce serait peu de chose, si la sainteté de sa vie n'avait soutenu le poids respectable de ce précieux fardeau.

» Elevée, dès son enfance, dans la modestie et dans la piété, par les soins d'une famille chrétienne, elle fut destinée de Dieu pour jeter les premiers fondements de notre Institut. Elle entra fort jeune dans le berceau de notre Congrégation. Elle commença d'abord par s'établir dans une profonde humilité ; mais plus elle prit soin de se cacher, plus on connut en elle le trésor de grâces dont Dieu l'avait favorisée.

» Notre vénérable Fondateur, dont elle suivait les exemples d'humilité et de charité, s'aperçut bientôt qu'il était temps de lever le boisseau pour placer cette lampe sur le chandelier, afin qu'elle pût éclairer la nouvelle Jérusalem. Il la choisit donc pour conduire les épouses de l'Agneau ; et les grandes vertus qui parurent en elle, furent des témoignages assurés du sage discernement de notre pieux Fondateur.

» A peine, en effet, fut-elle élevée à cette première place, qu'elle mit toute son occupation à se regarder comme la dernière de ses sœurs, et on ne la connaissait pour Supérieure que par l'exemple qu'elle donnait de l'humilité la plus profonde.

» Ornée d'un esprit supérieur, et du don de conduire les autres, elle cacha ses talents sous le voile de la simplicité chrétienne, et d'une vie pénitente, mortifiée, intérieure ; elle s'efforça d'en dérober la connaissance par un air enjoué, facile, doux, affable et prévenant.

» Pénétrée d'amour pour son état, toute son ambition fut de former des sujets pour les nombreux établissements qu'elle a fondés, et pour la prospérité desquels elle n'a rien épargné. La fatigue des voyages, les sollicitations auprès des grands, les rebuts des mondains, les disgrâces des pauvres abandonnés, ne furent jamais capables de ralentir son zèle, ni son courage.

» Vous avez bien des fois éprouvé, mes très-chères Sœurs, le zèle de sa charité et de sa douceur envers vous, et envers les pauvres : ce fut là le propre caractère de sa vocation. Combien de fois l'avez-vous vue au milieu de vous et environnée de pauvres, comme une mère qui, suivant l'expression de saint Augustin, prend soin de ses enfants, donnant aux uns le lait de son amour, rompant aux autres le pain de la parole de Dieu ? Ici, elle reprend avec bonté ; là, elle console avec une charité compatissante ; tantôt elle relève le courage abattu des âmes faibles et pusillanimes ; tantôt elle abat, par l'empire de sa charité, les hauteurs et les indocilités des esprits revêches ; mais, partout, sa douceur et son amour dominent et gagnent les cœurs.

» Après quarante ans de supériorité, le Seigneur la visita d'une attaque d'apoplexie, et parut vouloir nous l'enlever ; mais, s'étant souvenu de sa miséricorde dans le jour même de l'épreuve, que nous avions sans doute attirée, il nous la laissa encore, pendant cinq années, pour être notre conseil et notre modèle ; et c'est pendant ces jours d'infirmités habituelles que nous avons été édifiées de sa patience et de son égalité d'esprit, au milieu de ses vives douleurs.

» Enfin, ayant rempli sa carrière, ayant conservé le dépôt de la foi, et ayant combattu généreusement, elle est entrée dans la salle du festin de l'Agneau le 30 Décembre dernier, par la participation des sacrements des fidèles, et elle est morte d'abord après, dans le saint baiser du Seigneur. »

Depuis la mort de la Fondatrice jusqu'à la fin du premier siècle de la Congrégation, c'est-à-dire depuis 1680 jusqu'en l'année 1780, le gouvernement est successivement confié aux mères Anne-Marie de La Martinière, Madeleine de La Croix-Balhan, Paule de La Cour (de Soissons), Pétronille Vavoque (de Paris), Eustoquie Lavastrou (de Saint-Céré), Anastasie de Montméja (de Sarlat.) Ces Mères, marchant sur les traces de Marie-Scholastique de Marchangy, transmettent fidèlement l'esprit de l'Institut.

Sous leur gouvernement les fondations continuent. Les grandes familles du royaume confient au zèle et à la charité des sœurs le soin des pauvres et l'instruction des jeunes filles. Adrien-Maurice de Noailles, maréchal de France, les appelle à Nogent-sur-Seine, et bientôt après à Nogent-le-Roi. Le duc de Larochefoucauld les établit à Liancourt; la comtesse de Rupelmonde dans sa terre de Saint-Cirgues, en Auvergne. La famille d'Hautefort leur confie une maison. Le seigneur de Marigny les fixe dans ses domaines. Le duc Léon de Montmorency et la duchesse, sa femme, Anne-Françoise-Charlotte de Montmorency-Luxembourg, les établissent à perpétuité dans leur terre de Seignelay. Le duc de Mouchy, Philippe de Noailles, célèbre par sa bravoure dans les guerres du règne de Louis XV, plus célèbre encore par son attachement à Louis XVI, et qui doit avoir la gloire de mourir sur l'échafaud, martyr de sa fidélité à Dieu et à son roi, joint à tant de titres celui de père des pauvres et des orphelins, et il fonde pour eux à Mouchy une maison qu'il dote avec munificence et qu'il confie aux servantes de Dieu. Le cardinal de Luynes les appelle à Melun et, peu de temps après, à Sens.

Durant cette période de temps, les sœurs de la Charité et de l'Instruction chrétienne de Nevers sont appelées par les administrations des hospices d'un grand nombre de villes du royaume.

Jusqu'à la fin du premier siècle de la Congrégation, il règne une parfaite union entre les religieuses ; précieux cachet que l'Institut aura la gloire de conserver intact.

Pendant ce premier siècle, les religieuses ajoutaient aux trois vœux de pauvreté, de chasteté et d'obéissance, celui de stabilité dans la Congrégation, selon que le Fondateur l'avait établi, dès le principe.

Voici, relativement à ce vœu de stabilité, les termes mêmes de la formule de leurs engagements :

« Je, sœur N... m'oblige et promets à mon Dieu de garder les engagements des vœux de pauvreté, chasteté, obéissance et charité, dans la manière qu'ils sont expliqués dans la Règle des sœurs, et même celui de stabilité pour le reste de mes jours. »

Au commencement du second siècle de la Congrégation, c'est-à-dire en 1780, l'évêque de Nevers, Mgr Tinseau, en face de la révolution impie qui s'avance à grands pas, introduit une modification fondamentale dans les engagements des religieuses, changeant les vœux en simples promesses, révocables à volonté. Mais cette modification, imposée par le malheur des temps, n'altère en rien l'esprit de l'Institut, qui traverse, intact et pur, la tempête révolutionnaire.

Ce qui démontre tout ce qu'il y avait de sève de sainteté dans l'Institut des Sœurs de la Charité et de l'Instruction chrétienne de Nevers, c'est la conduite des religieuses pendant la Révolution française.

Mais ici nous sommes heureux de pouvoir faire entendre une parole plus autorisée que la nôtre, celle du courageux et éminent prélat qui a eu l'honneur de présenter à Pie IX, au prisonnier du Vatican, la députation des catholiques de France. Dans sa lettre pastorale datée du 8 septembre 1871, et placée en tête des Constitutions des Sœurs de la Charité et de l'Instruction chrétienne, approuvées par le Saint-Siége, Mgr Forcade, évêque de Nevers, établit et démontre que cette insigne faveur de l'approbation de l'Institut par le successeur de saint Pierre est la récompense de deux siècles de ferveur et de fidélité. Arrivé à l'époque de la Révolution, il s'exprime ainsi :

« Quand les temples de Dieu furent fermés, tous les ordres religieux détruits, et que l'impiété régna en souveraine dans le royaume très-chrétien, les Sœurs de la Charité de Nevers se montrèrent, malgré la persécution, malgré les chaînes, malgré l'échafaud dont on les menaçait, les fidèles épouses du Christ, et les tendres mères des pauvres. Tous les biens des hôpitaux étaient pillés ; les pauvres allaient mourir de faim, mourir sans les consolations de la religion : leurs mères ne les abandonnèrent point. Elles mendiaient pour eux le pain de chaque jour ; elles veillaient au chevet de ceux qui étaient malades ; elles pansaient leurs plaies ; elles élevaient leurs âmes vers Dieu au moment de la mort, leur présentaient la croix, et leur montraient ainsi le chemin du ciel.

» Les annales de la Congrégation sont remplies, à cette époque, de traits admirables de courage, de dévouement et de toutes les vertus. Devant ces anges de charité, souvent les hommes de la Terreur étaient eux-mêmes saisis d'un sentiment involontaire de respect.

» On les avait forcées à quitter leur saint habit; mais ce qu'on n'avait pu leur arracher, c'était la charité que Jésus-Christ avait imprimée dans leur cœur : cette charité enfantait chaque jour des prodiges.

» L'impiété ne pouvait pardonner à ces héroïques mères des pauvres la foi qui en faisait les filles soumises de la sainte Église catholique. Pour la leur faire abjurer, on les menace de la prison, du dernier supplice ; elles demeurent inébranlables. On veut les contraindre à prêter serment à la constitution civile du clergé : plutôt que de prêter ce serment sacrilège, et de communiquer avec les prêtres parjures, elles déclarent qu'elles sont résolues à mourir. Elles sont alors traînées dans les prisons, et la sentence de mort est lancée contre plusieurs de ces vierges invincibles ; le martyre leur apparaît comme la couronne suprême ; elles appellent de toute l'ardeur de leurs désirs le bonheur et la gloire de répandre leur sang pour Jésus-Christ.

» La Maison-Mère de Nevers devait l'exemple aux autres. Les religieuses étaient au nombre de vingt-huit. Elles sont sommées, au nom de la République, d'apostasier et de prêter le serment sacrilége. « Jamais ! » fut la réponse de toutes. « Nous sommes prêtes à mourir. » Sur cette courageuse réponse, elles sont, toutes ensemble, jetées dans un cachot, où elles n'ont pour lit que la terre nue, et pour nourriture qu'un morceau de mauvais pain. Mais, dans les fers et au sein des plus dures privations, les consolations des martyrs de la primitive Église inondent leurs âmes ; Jésus-Christ est au milieu de cette fidèle légion de vierges, et la prison est pour elles un ciel anticipé. Bientôt cependant les mariniers de la Loire, les hommes du peuple, les pauvres font entendre ce cri : « Rendez-nous nos mères ! » Le Directoire cède, et elles sont reconduites en triomphe dans leur maison.

» Si le divin Maître délivra miraculeusement ses servantes emprisonnées pour sa cause, c'est qu'il leur réservait une grande mission. Il voulait se servir de ces vierges qui avaient été ses témoins, qui avaient confessé la foi, pour ressusciter et faire refleurir en France leur sainte Congrégation, devenue plus chère que jamais à son cœur.

» Dès qu'un rayon de liberté brilla pour l'Église, elles se mirent à l'œuvre. Elles inaugurèrent de nouveau leur Institut ; et Dieu le bénit comme à sa première origine. On ne vit pas plus tôt à la tête de la Congrégation et des maisons qui lui étaient confiées ces vénérables et saintes religieuses, qui avaient soutenu avec tant de gloire le combat de la foi, que de jeunes vierges, sentant l'appel de Dieu, vinrent de toutes parts leur demander à partager leur genre de vie.

» Formées par de telles maîtresses, elles puisèrent, à sa source la plus pure, l'esprit de leur état. Grâce à cette formation si visiblement providentielle, elles reçurent de leurs saintes mères, et elles transmirent, à leur tour, l'esprit primitif de l'Institut dans toute sa pureté et toute sa vigueur. »

Les deux Supérieures Générales qui gouvernent la Congrégation à la fin du dix-huitième siècle, les Mères Anastasie de Montméja et Pélagie de Molènes, et les deux premières qui la gouvernent au commencement du dix-neuvième siècle, les Mères Victoire Albouys et Ursule Bastit, ont eu la gloire de marcher en tête des Sœurs si nombreuses de l'Institut qui ont confessé la foi et porté les chaînes de Jésus-Christ.

Aussi, au moment où cet Institut, si fidèle à l'Église, reparaît en France après la tempête révolutionnaire, Dieu le protége d'une manière visible.

En 1804, Pie VII, passant à Nevers pour se rendre à Paris, accueille avec une indicible bonté la Supérieure Générale de la Congrégation, Anastasie de Montméja, qui lui présente non-seulement ses religieuses, mais encore les élèves, les pauvres et les orphelins. Le Pontife bénit les religieuses avec la famille que la charité leur a donnée, et dans la personne de la Générale il bénit toute la Congrégation. Les plus tendres bénédictions des Pontifes romains seront toujours pour ceux qui restent fidèles à Dieu et à l'Église, en face des persécuteurs. A peine arrivé à Paris, Pie VII, voulant donner un gage de son amour à une Congrégation dont la Supérieure Générale et les religieuses avaient confessé la foi avec tant de courage, envoie à la Maison-Mère de Nevers un précieux reliquaire de la vraie croix.

Lorsque Pie VII, retournant à Rome, passe par Troyes, il bénit encore la Congrégation dans la personne d'une des religieuses qui l'ont le plus illustrée : c'était la Mère Émilienne Pelras, alors Supérieure de la maison de Sens et plus tard Supérieure Générale. Elle avait montré un courage invincible pendant la Révolution, et n'avait cessé de prodiguer ses soins aux pauvres. Elle était sœur de Térèse Pelras, autre gloire de l'Institut. Celle-ci avait été condamnée à mort, jetée en prison, et miraculeusement délivrée au moment où on allait la conduire à l'échafaud. Mais Henriette Pelras, la sainte sœur de ces deux vierges, et une des carmélites de Compiègne, était allée à l'échafaud en chantant, avec ses immortelles compagnes, des hymnes à la Mère de Dieu, et avait versé, avec elles, son sang pour Jésus-Christ. Pie VII, attendri en voyant agenouillée devant lui la digne sœur d'une vierge martyre, la bénit avec effusion ; il lui met les deux mains sur la tête, lui disant : « Bonne, bonne religieuse, je vous bénis ; portez ma bénédiction à votre Congrégation, à votre communauté et à vos élèves. »

Cette bénédiction du successeur de saint Pierre, donnée au commencement du dix-neuvième siècle à la Société des Sœurs de Nevers, est tellement féconde, qu'à l'époque du Concile œcuménique du Vatican, l'Institut comptera près de trois cents maisons et plus de deux mille religieuses.

Les Supérieures Générales qui, à partir de 1804, se succèdent dans le gouvernement de la Congrégation, se montrent les héritières de l'esprit de Marie-Scholastique de Marchangy. Ce sont les mères Anastasie de Montméja, Victoire Albouys, Ursule Bastit, Émilienne Pelras, Élisabeth Brugèles, Éléonore Salgues, Philippine Juin-Lamiraudie, Louise Ferrand, Joséphine Imbert.

Comme au siècle précédent, l'Institut des Sœurs de Nevers est l'objet de l'estime et de la bienveillance d'un grand nombre d'anciennes et nobles familles. Nous ne pouvons citer que quelques noms : les Damas-d'Hautefort, les d'Hunolstein-Montmorency-Luxembourg, le duc de Béarn, le duc de Périgord, le duc de Mirepoix, le marquis de Tourzel, la comtesse de La Châtre, les familles de Chabanes, d'Oillamson, de Pracomtal, du Clerroy, de Laboulaye, de Chiseuil, de Solages, etc., etc.; enfin, les de Laveyne, nom d'autant plus cher à la Congrégation, qu'il lui rappelle le nom de son Fondateur.

Quant aux administrations des hospices et des divers établissements de charité, elles appellent avec plus d'ardeur encore qu'au siècle précédent les sœurs de Nevers, et elles les comblent des témoignages de leur estime.

Mais ce sont surtout les pauvres et les malades que les sœurs visitent, qu'elles soignent, qu'elles instruisent, dans les villes et dans les campagnes, qui ne peuvent donner assez de bénédictions à ces anges de la charité.

Au commencement du dix-neuvième siècle, c'est l'évêque d'Autun qui administre le diocèse de Nevers, et qui, à ce titre, est Supérieur Général de la Congrégation. Il députe successivement deux de ses vicaires généraux, l'abbé de Montrichard et l'abbé Groult d'Arcis, pour la gouverner à sa place. L'un et l'autre secondent admirablement la Supérieure Générale, la Mère de Montméja, dans son œuvre de reconstruction. Mais le premier, l'abbé de Montrichard, après deux ans, est enlevé à son poste par la faiblesse de sa santé. Le second, l'abbé Groult d'Arcis, montre pendant quarante ans le dévouement le plus paternel à l'Institut béni par Pie VII.

En 1823, le siége de Nevers ayant été rétabli, les nouveaux évêques, comme leurs prédécesseurs, entourent l'Institut des Sœurs de toute leur sollicitude pastorale.

Mgr Dufêtre se sert de toute son autorité d'évêque et de Supérieur Général pour maintenir la ferveur dans la Congrégation, et pour accroître le nombre de ses établissements. Il y travaille avec une infatigable ardeur jusqu'à sa mort; et, dans son testament, il écrit ces lignes :

« Toutes les communautés religieuses m'ont témoigné une respectueuse affection, mais aucune n'a pu en multiplier les témoignages comme la Congrégation des Sœurs de la Charité. Il est vrai que c'était là par excellence ma famille spirituelle ; celle que j'avais adoptée tout spécialement, et à laquelle je prodiguais mes soins paternels. J'avais cru trouver en elle le moyen de continuer le vaste et consolant ministère que je remplissais avant mon épiscopat, et j'aime à espérer que j'aurai quelque part devant Dieu aux mérites immenses qu'amasse tous les jours cette belle et sainte Congrégation. J'ose la recommander à mes successeurs, comme la joie, l'espérance et l'appui de leur épiscopat. »

Toutefois, sous le gouvernement de Mgr Dufêtre, la Congrégation ne reposait encore que sur une approbation épiscopale ; et la modification fondamentale, apportée aux engagements des Sœurs par Mgr Tinseau, en 1780, subsistait encore.

Dieu réservait à Mgr Forcade non-seulement de mettre un terme à cette modification, et de faire revivre dans toute sa pureté l'Institut fondé par le Père de Laveyne, mais encore de réaliser un des plus ardents désirs des dernières Supérieures Générales et des religieuses, celui de voir leurs Constitutions sanctionnées et approuvées par le Saint-Siège.

Le 26 Mai 1870, le jour de l'Ascension, à six heures du soir, Mgr Forcade, évêque de Nevers, la Supérieure Générale de la Congrégation, la Mère Joséphine Imbert, et la sœur Éléonore Cassagnes, sa secrétaire, étaient aux pieds de Pie IX. L'Évêque et la Générale expriment leur désir et leur espérance. Pie IX, par les plus bienveillantes paroles, témoigne qu'il est favorable à un si légitime désir. Et sachant que les religieuses de cet Institut se sont montrées invincibles dans la foi pendant la Révolution française, qu'elles ont confessé Jésus-Christ, que, pour lui, elles ont enduré les prisons et les chaînes ; sachant que, pour ce motif, son prédécesseur Pie VII les a bénies en France, il veut à son tour bénir, à Rome, une Congrégation qui a si bien mérité de l'Église. Levant alors les yeux au ciel pour faire descendre la bénédiction du cœur même de Celui qui y est monté en ce jour, Pie IX bénit l'Institut, dans la personne de l'Évêque qui en est le Supérieur, de la Mère Générale et de sa compagne.

Les effets de cette bénédiction sont aussi prompts que merveilleux.

Malgré les grands travaux du Concile, la Sacrée Congrégation des Évêques et des Réguliers s'occupe de l'examen des Constitutions des Sœurs de Nevers. Les archevêques et évêques de France qui ont des maisons de ces religieuses dans leurs diocèses, le cardinal de Bonnechose et le cardinal Donnet en tête, sollicitent avec l'évêque de Nevers l'approbation de l'Institut, et leur suffrage est du plus grand poids auprès des membres de la Sacrée Congrégation. Le docteur Dominique Bouix, qui se trouve à Rome en qualité de théologien de l'évêque de Montauban, et qui a trois sœurs dans l'Institut de Nevers, prête son concours à Mgr Forcade et à la Mère Générale. Et, ainsi que nous l'avons dit dans l'*Introduction de la Vie de Marcelline Pauper*, le cachet du théologien et du canoniste mis par lui dans certains documents à présenter, ne contribue pas peu à simplifier et à accélérer le travail de la Sacrée Congrégation des Évêques et des Réguliers.

Le 22 Juillet 1870, les Constitutions des Sœurs de Nevers sont présentées à Pie IX, qui les approuve de vive voix ; et le 20 Août de la même année, il signe le décret où il les approuve et confirme de nouveau.

Cet acte du Saint-Siége comble tous les vœux des Sœurs de

la Charité et de l'Instruction chrétienne de Nevers. En vertu de cet acte, leurs Constitutions ne relèvent désormais que de Rome; et leur Institut est élevé au rang des Congrégations religieuses proprement dites.

L'évêque de Nevers se prépare à promulguer ces nouvelles Constitutions, quand tout-à-coup la guerre éclate et le force à différer. Mais, au milieu des désastres de la France, la bénédiction donnée par Pie IX à la Congrégation des Sœurs de Nevers, lui est une sauvegarde et un rempart. Cette bénédiction se montre d'une manière manifeste en tout ce qui regarde la Congrégation. Chose admirable! c'est au milieu des tristes nouvelles de la guerre, que le docteur Dominique Bouix, dans sa solitude de Montech, prépare la publication de la *Vie* et des *Lettres* de Marcelline Pauper, et qu'il écrit l'admirable *Introduction* qui les précède. Il lègue à la postérité ces écrits qui, comme ceux de la vierge d'Avila, vont de siècle en siècle embraser les âmes de l'amour de Dieu et du désir du ciel. Ce livre est son testament, les adieux de l'auteur du *Traité du Pape* à l'Eglise militante. C'est un lis que, de sa propre main, il plante sur sa tombe avant de mourir, et qui l'inondera de sa blancheur et de ses parfums. Marcelline Pauper mise *in tuto*, ce vaillant défenseur de l'Eglise va, le jour même de saint Etienne, premier martyr de Jésus-Christ, le 26 Décembre 1870, recevoir au ciel la palme de ses combats.

L'état de la France ne permet plus aux Sœurs de Nevers que de se dévouer, à l'exemple des vierges de tant d'autres Congrégations, au soin des blessés, des malades, des mourants. Comme les vierges de ces divers Instituts, glorieusement si nombreux en France, elles déploient dans les ambulances et dans les hôpitaux un courage surnaturel que la charité de Jésus-Christ peut seule inspirer.

La Maison-Mère de Nevers est transformée en ambulance. Il en est de même de plusieurs de leurs pensionnats.

A Paris, les Sœurs des quatre maisons restent à leur poste, durant les deux siéges. Elles ont demandé à la Supérieure Générale cette faveur, comme la plus grande qu'elle pût leur accorder. Ce qui les anime, c'est l'espérance de verser leur sang pour Dieu, ou du moins de mourir martyres de la charité. S'oubliant donc elles-mêmes, jour et nuit elles se dévouent. Elles pansent les blessés ; elles sont au chevet des malades ; elles consolent les mourants, leur parlent de Dieu, de Jésus-Christ, mort pour notre salut. L'accent de leur foi, le dévouement de leur charité les persuadent; ils meurent en chrétiens. Ce qu'elles font à Paris, elles le font dans toute la France. Et Dieu les protége partout d'une manière visible.

Plusieurs d'entre elles ont le bonheur de succomber en servant les soldats atteints de la variole et du typhus, et elles moissonnent ainsi la palme tant désirée du martyre de la charité. Ce sont autant de médiatrices qui vont au ciel intercéder pour la France.

Enfin, la guerre cesse. La Congrégation des Sœurs de Nevers va jouir du bienfait insigne que le Saint-Siège lui a accordé. Le 25 Août 1871, les nouvelles Constitutions approuvées par Pie IX sont imprimées. Le 1er Septembre suivant, les Supérieures de trois cents maisons sont réunies à la Maison-Mère de Nevers pour la retraite qui doit précéder la promulgation des

Constitutions. Le 8 Septembre, Mgr Forcade, évêque de Nevers, célébrant pontificalement la messe, lit la lettre pastorale où il promulgue, au nom de Pie IX, les Constitutions approuvées par Sa Sainteté dans son décret du 20 Août 1870. La promulgation ainsi faite dans les formes canoniques, les trois cents Supérieures prononcent ensemble les vœux, selon la formule des nouvelles Constitutions, et elles reçoivent ensuite la communion de la main de l'Évêque. C'est le plus grand jour de l'Institut depuis sa fondation, et une des scènes les plus touchantes que la religion catholique ait présentées, au dix-neuvième siècle.

Mais ici, c'est Mgr Forcade lui-même qu'il faut entendre.

Après avoir tiré la conclusion de la thèse qu'il vient de démontrer dans sa *Lettre pastorale*, le Prélat nous dit les démarches faites à Rome pour l'approbation des Constitutions, et il nous fait ensuite assister à la scène imposante de la promulgation de ces Constitutions approuvées par le Saint-Siège.

« Par ce simple coup d'œil sur votre passé, ne devient-il pas évident pour vous comme pour nous, nos très-chères Filles, que l'approbation donnée à vos Constitutions par le Saint-Siége est bien, comme nous l'avons dit, la récompense de deux siècles de ferveur et de fidélité?

» Dans les desseins de son éternelle sagesse, Dieu, pour vous accorder cet insigne bienfait et vous donner cet éclatant témoignage de son amour, a voulu choisir l'époque du dernier Concile œcuménique. Ce Concile, qui devait être pour toute l'Église une ère de grâce et de régénération, le devient ainsi d'une manière toute particulière pour votre pieux Institut.

» Ce fut donc au moment même où les évêques de la catholicité étaient réunis à Rome que, par nos soins et le dévouement de votre Supérieure Générale, vos Constitutions furent soumises à la Sacrée Congrégation des Évêques et des Réguliers, à l'effet d'obtenir pour elles la sanction et l'approbation du Saint-Siége. Ces Constitutions furent l'objet d'un examen approfondi. On constata que les Règles données par le pieux Fondateur, le Père de Laveyne, étaient empreintes de l'esprit de Dieu, et le fond n'en fut pas modifié. Mais on ne put se dispenser de réformer entièrement les Constitutions données, en 1780, par Mgr Tinseau, pour tout ce qui concerne la matière des vœux, qu'avaient remplacés de simples promesses révocables à volonté. Les trois vœux de religion, tels que l'Église et les docteurs les entendent, furent rétablis. Pour le reste, les membres de la Sacrée Congrégation des Évêques et des Réguliers ajoutèrent les améliorations ou les perfectionnements qui leur semblèrent le mieux servir les intérêts d'un Institut qui, depuis deux siècles, avait si bien mérité de l'Église.

» Vos Constitutions, ainsi examinées, ainsi ramenées à l'esprit du Fondateur, et ainsi complétées, furent présentées, le 22 juillet 1870, à notre très-saint Père le Pape Pie IX, qui, le même jour, daigna les approuver et les confirmer de vive voix.

» Le décret par lequel Sa Sainteté les approuve et les confirme de nouveau est daté du 20 août de la même année.

» Tel est donc, nos très-chères Filles, l'acte du Saint-Siége, qui approuve et confirme vos Constitutions : Constitutions que nous, votre Évêque, agissant au nom de l'Église, venons aujourd'hui promulguer solennellement, et remettre entre vos mains. Nous vous en donnons, à la suite de cette *Lettre*, le texte authentique, tel qu'à la date du 20 août 1870, il a été envoyé de Rome par la Sacrée Congrégation des Évêques et des Réguliers, à la très-révérende mère Joséphine Imbert, Supérieure Générale des Sœurs de la Charité et de l'Instruction chrétienne de Nevers.

» Maintenant, nos très-chères Filles, il ne nous reste plus qu'à vous souhaiter les bénédictions de Notre-Seigneur dans la voie des conseils évangéliques, que lui-même vient d'ouvrir devant vous. Cette voie sera pour vous le véritable chemin du ciel et le gage assuré des récompenses éternelles.

» Donné à Nevers, en la Maison-Mère des Sœurs de la Charité et de l'Instruction chrétienne, sous notre seing, le sceau de nos armes et le contre-seing du Chancelier de notre Évêché, en la fête de la Nativité de la très-sainte Vierge, le 8 septembre 1871.

† AUGUSTIN Év. de Nevers. »

TABLE DES MATIÈRES.

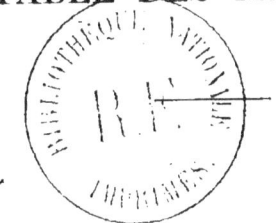

APPROBATION DE L'ORDINAIRE.

                                                          Pages.

INTRODUCTION. I

DÉCLARATION XLV

CHAPITRE PREMIER.

C'est pour obéir au Père de Laveyne, son guide spirituel, que Marcelline Pauper entreprend d'écrire sa propre vie. — Née en 1663, à Saint-Saulge, dans le Nivernais, elle reçoit, à l'âge de six ans, la première grâce surnaturelle. — En 1671, à huit ans, elle est placée au couvent des Ursulines de Moulins-Engilbert. — A neuf ans, elle se lie à Dieu par le vœu de chasteté perpétuelle. 1

CHAPITRE II.

En 1675, à douze ans, elle quitte le couvent des Ursulines, et revient à Saint-Saulge. — C'était cinq ans avant la fondation de l'Institut des sœurs de la Charité de Nevers. Le Père de Laveyne, sous-prieur du prieuré de Saint-Saulge, était déjà en réputation

462   TABLE DES MATIÈRES.

Pages.

de sainteté, et dirigeait l'élite des âmes de la contrée. Il s'occupait du futur Institut; il étudiait les sujets qui en pourraient être les premières colonnes. — Catherine Pauper, qui devait s'élever à une si haute sainteté dans le nouvel Institut, se met sous la direction du Père de Laveyne. Vie qu'elle mène jusqu'à dix-sept ans. Elle s'applique à méditer la passion et la mort de Notre-Seigneur. Son guide spirituel lui permet de communier deux fois par semaine. — A dix-sept ans, elle penche un peu vers le monde; le divin Maître, pour la sauvegarder, lui envoie une maladie de deux ans. — A peine convalescente, elle a encore quelques rapports avec le monde. — Seconde grâce miraculeuse: En 1682 (1), un dimanche au soir, dans l'octave des Rois, Jésus-Christ l'éclaire et opère un changement soudain dans son âme.   5

CHAPITRE III.

Nouvelle vie à partir de sa dix-neuvième année: veilles, jeûnes, disciplines, vœu de chasteté perpétuelle renouvelé. — Attrait plus puissant pour la méditation des souffrances et de la mort de Notre-Seigneur. — Le divin Maître lui propose, si elle veut, en qualité d'épouse, être conforme à son Dieu crucifié: Catherine Pauper accepte avec un transport de bonheur. — Ses pénitences extraordinaires pour se rendre semblable à Jésus-Christ crucifié. — Le Père de Laveyne la seconde dans cette voie de mortification et de crucifiement. — Trois années s'écoulent de la sorte..   10

CHAPITRE IV.

Attrait de Catherine Pauper pour la solitude et la vie cachée. — Le Père de Laveyne, son guide, qui entrevoit les desseins de

---

(1) Page 5, au lieu de: 1685, lisez: 1682.

TABLE DES MATIÈRES. 463

Pages.

Dieu sur elle, combat cet attrait, et l'éclaire sur sa vocation. — En 1685, Catherine, âgée de vingt-deux ans, embrasse l'Institut des Sœurs de Nevers, fondé cinq ans auparavant par le Père de Laveyne, à Saint-Saulge. — Elle est envoyée à Nevers pour y faire son postulat. — Les trois mois de postulat écoulés, elle revient à Saint-Saulge pour y faire son noviciat. — Ses grandes épreuves et son héroïque fidélité. — A vingt-quatre ans, elle fait profession et change son nom de Catherine en celui de Marcelline, qu'elle portera désormais dans la vie religieuse. . 15

CHAPITRE V.

En 1691, la troisième année de sa profession, elle va fonder une maison à Decize : c'est le premier établissement de la Congrégation des Sœurs de Nevers. — Sa joie au milieu d'une pauvreté extrême. — Séjour de trois ans à Decize ; son oraison, ses veilles, ses pénitences. — Elle commence à souffrir d'un violent mal de tête, qui lui dure sept ans. — Tortures que les médecins lui font endurer. Ni son travail extérieur, ni son oraison n'en souffrent. — En 1694, elle est nommée supérieure de la maison de Nevers, qu'elle gouverne pendant deux ans. — Son directeur lui permet de communier presque tous les jours. 22

CHAPITRE VI.

En 1696, elle va fonder une maison à Murat, en Auvergne. — Elle est miraculeusement guérie de son grand mal de tête. — Ses travaux et ses pénitences. — Ses ravissements. — Guerre du démon ; protection du divin Maître. — En 1697, le 3 du mois d'août, Notre-Seigneur se montre à elle dans l'état où il était au sortir du Prétoire, et lui dit : *Voici l'homme.* — Effets de cette vision. — Son désir d'être conforme à Jésus-Christ crucifié. — Nouvelle faveur du divin Maître : il éclaire sa servante sur la grandeur de son amour et sur le mystère de sa croix. — Il l'élève à la contemplation. 25

CHAPITRE VII.

Pages.

Voyage à Vic, en 1697. — Elle tombe dans une rivière et elle est miraculeusement sauvée. — Ses héroïques pénitences pour une âme qui lui était chère, et dont le salut était en danger. — A Murat, la nuit de Noël, après avoir reçu la communion, elle demeure ravie pendant plus de trois heures. — Revenue à elle, elle se sent embrasée du désir de communier. — Manière extraordinaire dont Notre-Seigneur se donne à elle. — Tentations qui suivent cette faveur; comment elle en triomphe. 33

CHAPITRE VIII.

Faveur insigne qu'elle reçoit du divin Maître, en l'année 1699 : les deux mots CROIX et AMOUR sont gravés comme un cachet sur son cœur. — Effets de cette grâce. — Jeûne qu'elle garde pendant le Carême. — Grave maladie. — Dieu la comble de miséricordes durant toute cette année 1699. — Hiver de 1700, pénitences héroïques pour sauver une âme en danger de se perdre. — Faveur qu'elle reçoit en communiant. — Durant les mois d'août, septembre et octobre de cette même année 1700 elle est toujours en voyage pour les intérêts de la Congrégation; elle fait plus de trois cents lieues à cheval, sans rien perdre de son recueillement, et sans rien diminuer de ses pénitences. . . . 39

CHAPITRE IX.

Retraite faite à Murat le 25 décembre 1699, avant son départ pour le Vivarais. — Sujet de sa retraite : les trois naissances de Jésus-Christ. — Dans sa première oraison, elle reçoit de vives lumières sur le mystère de la sainte Trinité. — Extase qui dure sept heures. — Seconde oraison : les instructions qui lui sont données sur le mystère de l'Incarnation. — Sa consolation de pouvoir glorifier Dieu par l'imitation de la vie et des souf-

TABLE DES MATIÈRES.

Pages.

frances de Jésus-Christ. — Elle est reprise de sa sensibilité d'esprit. — Elle voit, dans sa troisième oraison, la faveur accordée à saint Jean, pendant la Cène. — Jésus-Christ l'invite à voir, dans son cœur, ses sentiments pour la souffrance. — Elle s'offre pour participer aux souffrances de son Sauveur. — Elle voit les complaisances que Dieu prend dans les satisfactions de Jésus-Christ, et comment les vrais pénitents satisfont à la divine justice par Jésus-Christ.. 45

CHAPITRE X.

En novembre de l'année 1700, elle arrive en Vivarais, et fonde une maison au Bourg-Saint-Andéol. — Travaux auxquels elle se livre. — Présence de Dieu qui la tient dans une adoration perpétuelle. — Ses ravissements. — Le 1er mai de l'an 1701, Notre-Seigneur lui apparaît avec sainte Catherine de Sienne, et lui dit : *Je te la donne pour modèle.* Paroles de la sainte à Marcelline. — Effets de cette vision. — Marcelline entreprend d'imiter sa sainte patronne. — Ce qu'elle fait pour se crucifier avec Jésus-Christ. — Faveurs et extases au milieu de cette vie de crucifiement 53

CHAPITRE XI.

Ravissement extraordinaire, la veille de saint André de l'an 1701. — Elle entre dans le sein de la Divinité. — Elle entend ces paroles : *Maître, où demeurez-vous ?* Et celles-ci : *Venez et voyez.* — Lumières que Notre-Seigneur lui donne. — Paroles qu'il lui adresse. — Fruit de ce ravissement. 58

CHAPITRE XII.

Le 26 avril de l'année 1702, Notre-Seigneur lui propose si elle veut expier un outrage sacrilège contre le sacrement de son amour : Marcelline accepte ; et, pendant trois heures, elle est

Pages.

attachée à la croix et endure les douleurs du crucifiement. — Après ce martyre, Notre-Seigneur lui propose si elle veut rester encore autant de temps crucifiée pour les pécheurs, et la servante de Dieu accepte. — État de son corps et de son âme pendant ces six heures. — A l'exemple de sainte Catherine de Sienne, sa patronne, elle prie Notre-Seigneur d'effacer les blessures des mains et des pieds, et de lui en laisser la douleur; sa prière est exaucée; et, à partir de là, elle éprouve toujours une douleur au côté. 62

CHAPITRE XIII.

Nouvel état où Notre-Seigneur la fait entrer vers la fin de l'année 1702. — Réduite à l'extrémité, par une complication de maux, elle demande le Saint-Viatique, suppliant le divin Maître de lui être un viatique de salut. — Il lui dit : *Oui, ma fille, je serai ton viatique, non pour mourir, il n'est pas encore temps, mais pour la pure souffrance.* — Vérification de ces paroles ; terribles souffrances dans son corps. — Martyre de son âme : elle se croit réprouvée. — Souffrance pure, sans aucune consolation. — Elle est, en outre, noircie par la calomnie. — Ses pénitences pour fléchir Dieu ; touchantes paroles qu'elle lui adresse. — Cette épreuve dure près de deux ans 69

CHAPITRE XIV.

Son désir du martyre, au milieu des hérétiques des Cévennes. — A Saint-Etienne, vœu du plus parfait. — Elle va fonder une maison à Tulle 77

CHAPITRE XV.

Sentiments éprouvés par la servante de Dieu, pendant la retraite qu'elle fit à Tulle, en 1705. — Sujet de ses méditations, la sainte Eucharistie. — Premier jour. — Exemples donnés par Jésus-

TABLE DES MATIÈRES.

Pages.

Christ dans la sainte Eucharistie. — Marcelline prend la résolution de s'y conformer. — Ravissement. — Jésus-Christ lui montre son cœur; paroles du divin Maître. — Elle médite sur les souffrances de Notre-Seigneur pendant la nuit qu'il passa chez Caïphe; lumières qu'elle reçoit. 85

CHAPITRE XVI.

Second jour de sa retraite à Tulle, en 1705. — Solitude de Jésus-Christ dans le Très-Saint-Sacrement. — Le divin Maître invite Marcelline à l'imiter dans cette solitude, et l'instruit sur la manière de le faire. — Elle médite de nouveau sur la nuit passée par le divin Sauveur dans la maison de Caïphe, et elle s'unit à ses souffrances par une sanglante discipline. 91

CHAPITRE XVII.

Troisième jour de sa retraite à Tulle, en 1705. — Elle considère Jésus-Christ dans la sainte Eucharistie, comme dans un état de mort. — Paroles que le divin Maître lui adresse; lumières qu'il lui donne. — Sa résolution d imiter Jésus-Christ dans cet état de mort, autant que ses forces pourront le lui permettre. — Grâces dont elle se sent comblée. — Etroite union de Jésus-Christ avec les saintes espèces dans l'Eucharistie. — Il dit à sa servante comment elle doit imiter cette union. 95

CHAPITRE XVIII.

Quatrième jour de sa retraite à Tulle, en 1705. — Union de l'âme avec Jésus-Christ dans l'Eucharistie. — Pureté que cette union demande. — C'est cette union de la foi que Jésus-Christ s'est proposée, en instituant ce divin mystère. — A la vue de tant d'amour, Marcelline voudrait s'élancer vers son Dieu, mais la vue de ses infidélités la retient. — Le combat cesse, et elle communie; ses sentiments après la communion. — Dans son oraison

Pages.

du soir, elle considère Dieu comme souverain Bien. — Elle entre dans un profond ravissement. — Elevée jusqu'au sein de la Divinité, elle voit comment Dieu est le seul Être, infini, éternel, et comment tous les êtres ne sont qu'un écoulement de lui. — Effets de ce ravissement. 100

CHAPITRE XIX.

Cinquième et sixième jour de sa retraite à Tulle, en 1705. — Elle considère l'obligation où elle est de ne plus vivre que pour Dieu, à cause de ses fréquentes communions. — Elle voit le droit que chaque communion donne à Dieu sur son âme, et comment, par la donation de Jésus-Christ à l'âme et de l'âme à Jésus-Christ, le divin Maître peut continuer les divers états de sa vie, dans les âmes, jusqu'à la fin du monde. — Transport de reconnaissance et d'amour à la vue de ce droit de Jésus-Christ sur son âme. — Oraison du soir, sur la présence de Dieu. — Admirables lumières communiquées à son âme. — Sixième jour. — Elle médite sur ces paroles : *L'amour est fort comme la mort*. 107

CHAPITRE XX.

Maladie de Marcelline, en 1707. — Le 8 Mai, fête de l'apparition de l'archange saint Michel, elle est comme hors d'elle-même, en méditant ces paroles : *Qui est semblable à Dieu?* — Elle communie, et entre dans un profond ravissement. — Dans cet état, ne tirant aucun secours de son âme pour soutenir le corps, elle tombe, et se blesse la tête contre le pavé. — Malgré la chute et la blessure, elle reste encore ravie. — Revenue à elle-même, son premier soin est d'aller servir les pauvres. — Sa soif ardente de souffrir. — Le divin Maître lui montrant tout ce qu'il avait souffert pour elle, lui dit : *L'amour rend les amants égaux*. — Effet de cette parole. — Son bonheur de pouvoir suivre Jésus-Christ crucifié 113

CHAPITRE XXI.

Pages.

Traits de feu lancés à son cœur, blessure. — Paroles du divin Maître pour l'encourager. — Elle demande et reçoit le viatique. — Transport d'amour, soif de partager la croix de Jésus-Christ. — Le divin Maître lui annonce qu'elle va entrer en lice pour souffrir. — Les médecins se préparent à lui faire l'opération du trépan ; son courage pendant l'opération. — Tandis qu'elle est martyrisée par les hommes, elle s'abime devant la sainteté infinie de Dieu, lui offrant ses souffrances en hommage. — Dans les défaillances de la nature, elle s'unit à l'âme de Jésus-Christ au jardin des Oliviers. — Grâces dont Notre-Seigneur la comble durant les huit premiers jours de sa maladie.. 122

CHAPITRE XXII.

Elle reçoit la sainte communion ; calme qu'elle éprouve en son âme. — Son abandon entier au bon plaisir de Dieu. — Le divin Maître lui dit pourquoi il veut qu'elle souffre à la tête, et lui annonce de grandes douleurs dans tout son corps. — A neuf heures du soir, elle se sent étendue sur la croix. — Elle supplie Notre-Seigneur de dérober cette opération de sa grâce aux yeux des assistants ; ce qu'il lui accorde. Cet état de crucifiement dure depuis neuf heures du soir jusqu'à quatre heures du matin. — Ses lumières et ses douleurs. — Craintes qui lui viennent ensuite, et qu'elle soumet à son directeur. 130

CHAPITRE XXIII.

ÉCRIT DE MARCELLINE PAUPER SUR LA NAISSANCE DU VERBE INCARNÉ.

Les saints devoirs à rendre à l'Enfant-Jésus dans la crèche, pendant les quarante jours qu'il y demeure, en union d'intention aux intentions de Marie et de Joseph, des anges, des rois mages et des pasteurs, selon les mouvements reçus de Dieu par son Esprit divin. 138

PREMIER CHAPITRE SUPPLÉMENTAIRE.

Pages.

Lettre-circulaire du Père de Laveyne, adressée aux sœurs de la Charité et de l'Instruction chrétienne de Nevers, sur la mort de Marcelline Pauper 142

SECOND CHAPITRE SUPPLÉMENTAIRE.

Le jour des funérailles de Marcelline Pauper, l'évêque de Tulle publie sa sainteté. Un an après sa mort, il constate les guérisons obtenues par son intercession, et la conservation miraculeuse de son corps. — Importants témoignages de quelques autres contemporains 154

LETTRES DE MARCELLINE PAUPER.

I. MARCELLINE PAUPER AU TRÈS-RÉVÉREND PÈRE DOM JEAN-BAPTISTE DE LAVEYNE, RELIGIEUX BÉNÉDICTIN, FONDATEUR DE LA CONGRÉGATION DES SŒURS DE LA CHARITÉ ET DE L'INSTRUCTION CHRÉTIENNE DE NEVERS. — Elle lui rend compte de ses nouvelles fonctions de charité à Murat, et des instructions qu'elle fait les dimanches. — Elle regrette ses maux de tête. — Elle demande de nouvelles pénitences ; et se plaint de trouver en Dieu trop de consolation. 167

II. MARCELLINE PAUPER AU PÈRE DE LAVEYNE. — Son union avec Dieu. — Communion quotidienne. — Ses sentiments de reconnaissance au sujet de sa guérison. — Nouvelle demande de pénitences. — Mortification intérieure. 171

III. MARCELLINE PAUPER AU PÈRE DE LAVEYNE. — Elle triomphe de ses répugnances pour la vie active. — Grandes grâces qu'elle y reçoit : solitude et repos de son âme. — Protestation d'obéissance à son directeur. 174

Pages.

IV. MARCELLINE PAUPER AU PÈRE DE LAVEYNE. — Elle lui renouvelle son vœu d'obéissance. — Elle exalte les miséricordes du Seigneur. — Elle s'offre pour accomplir la sainte volonté de Dieu pendant la nouvelle année. 177

V. MARCELLINE PAUPER AU PÈRE DE LAVEYNE. — Frayeur que lui cause le démon, qui veut détruire ses instruments de pénitence. 179

VI. MARCELLINE PAUPER AU PÈRE DE LAVEYNE. — Dieu se cache à elle de temps en temps. — Elle rend compte de ses dispositions en cet état d'obscurité, qu'elle accepte. — Ses occupations multipliées sont une nouvelle mortification. 181

VII. MARCELLINE PAUPER AU PÈRE DE LAVEYNE. — Elle rend compte d'un voyage le jour de saint Michel. — Miracle en sa faveur. — Tentation : le démon veut la dissuader de faire pénitence. — Elle augmente ses mortifications. 184

VIII. MARCELLINE PAUPER AU PÈRE DE LAVEYNE. — Elle demande des conseils pour bien passer l'Avent. — Grâces qu'elle reçoit de Notre-Seigneur. — Elle voit Jésus attaché à la colonne, et participe à ses douleurs. — Les deux mots AMOUR et CROIX lui sont présentés et expliqués. — Son désir des souffrances. — Elle passe la nuit couchée sur une croix. — Extase dans l'église de Saint-Laurent, pendant la sainte communion. — Notre-Seigneur lui applique un cercle d'or sur le cœur. — Craignant l'illusion, elle donne des détails à son directeur sur sa manière de vivre.. 187

IX. MARCELLINE PAUPER AU PÈRE DE LAVEYNE. — Elle désire mourir, pour ne plus pécher. — Elle est environnée de lumière, et entend une voix mystérieuse. — Le démon lui arrache deux fois la discipline. — Elle a une maladie de poitrine, et se plaint de ne pas assez souffrir. — Jésus-Christ lui apparaît couronné d'épines. — Elle le prend pour Roi. 193

X. MARCELLINE PAUPER AU PÈRE DE LAVEYNE. — Elle lui fait part des faveurs qu'elle reçoit dans la sainte communion. — Jésus-Christ lui donne un désir ardent de souffrir. — Il la satisfait par un crucifiement de trois heures. — Elle communie deux fois le jour de Noël ; une fois miraculeusement. — Elle passe en retraite les trois fêtes de Noël. — Elle demande des pénitences pour le Carême. — Elle craint le démon, qui l'a battue plusieurs fois. 196

XI. MARCELLINE PAUPER AU PÈRE DE LAVEYNE. — Elle lui fait part de ses appréhensions sur son état. — Elle n'ose communier, et elle a un désir ardent de le faire. Insensibilité du corps pour les mortifications. — Elle s'humilie de ses défauts. 201

XII. MARCELLINE PAUPER AU PÈRE DE LAVEYNE. — Elle lui apprend que son insensibilité cesse. — Elle est horriblement battue par le démon. — Ses disciplines sont brisées. 204

XIII. MARCELLINE PAUPER AU PÈRE DE LAVEYNE. — Elle condamne sa sensibilité. — Elle accepte l'absence des consolations comme un châtiment de ses fautes. — Elle s'humilie. 205

XIV. MARCELLINE PAUPER AU PÈRE DE LAVEYNE. — Elle lui exprime le besoin pressant qu'elle a de ses conseils, au moment de fonder un nouvel établissement. 208

XV. MARCELLINE PAUPER AU PÈRE DE LAVEYNE. — Elle reconnaît l'utilité d'un bon guide. — Elle ne veut agir que par obéissance. Elle désire imiter Jésus souffrant. — Sa joie à l'approche de l'Avent et de la fête de Noël. 210

XVI. MARCELLINE PAUPER AU PÈRE DE LAVEYNE. — Elle lui offre ses vœux de bonne année. — Elle lui rappelle que c'est lui qui l'a fiancée à Jésus-Christ, et lui exprime le désir de recevoir de ses lettres. 212

XVII. MARCELLINE PAUPER AU PÈRE DE LAVEYNE. — Elle raconte une faveur reçue le Jeudi-Saint. — Impressions sur le mystère de l'Eucharistie. — Vision de Jésus flagellé. — Désirs ardents de lui être conforme. — Ses pénitences ; suite de la vision. — Elle est guérie instantanément des plaies dont elle avait couvert son corps. — Longue extase le jour de Pâques ; elle communie à midi. 214

XVIII. MARCELLINE PAUPER AU PÈRE DE LAVEYNE. — Elle lui parle de ses désirs ardents de la solitude. — A la vue de Jésus crucifié, elle a deux ravissements qui augmentent encore son amour des souffrances. — Etat de crucifiement pendant près de cinq heures. — Elle est reprise par Notre-Seigneur de ses moindres fautes. 218

XIX. MARCELLINE PAUPER AU PÈRE DE LAVEYNE. — Elle lui rend compte de ses dispositions au commencement de l'année. — Jésus se donne à elle, dans la sainte communion, comme un Epoux de sang. — Nouveaux désirs de la souffrance satisfaits par de violentes douleurs. 224

XX. MARCELLINE PAUPER AU PÈRE DE LAVEYNE. — Elle lui parle de ses ténèbres spirituelles. — Son amour pour cet état, où elle aime Dieu pour lui-même. — Défiance d'elle-même. 227

XXI. MARCELLINE PAUPER AU PÈRE DE LAVEYNE. — Elle lui parle de son attrait pour la pratique de toutes les vertus. — Elle est attaquée de trois violentes tentations : la première, d'impureté; la deuxième, de relâchement ; la troisième, de désespoir. — Elle entend des hurlements dans sa chambre. — Elle prend une rude discipline. — Elle est consolée dans sa communion du 15 mai. — Elle se rend esclave du pur amour. — Nouvelle aridité spirituelle, qui ne contribue qu'à augmenter sa ferveur. — Quatre jours de suite, elle a une extase en communiant. — Son abandon au bon plaisir de Dieu. — Son oraison sur le mystère de la sainte Trinité, sur les mystères de Jésus-Christ. — Sa manière de vivre. — Ses jeûnes, ses veilles, ses pénitences. . 230

XXII. MARCELLINE PAUPER AU PÈRE DE LAVEYNE. — Elle le supplie de ne point l'abandonner. — Nouveau désir de mourir. — Elle prend une potion de suie et de vinaigre pour le salut d'une âme. 238

XXIII. MARCELLINE PAUPER AU PÈRE DE LAVEYNE. — Elle est passive dans la souffrance. — Petites industries dans sa maladie, pour augmenter ses souffrances. 241

XXIV. MARCELLINE PAUPER AU PÈRE DE LAVEYNE. — Elle lui renouvelle son vœu d'obéissance. — Elle le prie de lui donner ses avis. 243

Pages.

XXV. MARCELLINE PAUPER AU PÈRE DE LAVEYNE. — Elle lui rend compte de la manière dont elle entend son vœu d'obéissance. — Elle exprime son indifférence pour les lieux où la volonté de ses supérieurs la placera. 245

XXVI MARCELLINE PAUPER AU PÈRE DE LAVEYNE. — Elle lui fait part de ses lumières sur la sainteté de Dieu, et sur la pureté de la sainte Vierge — Vue soudaine de ses défauts, de ses fautes, de ses imperfections. — Pénitences et consolations. — Impressions de la bonté infinie de Dieu. — Horreur que Dieu a de l'impureté, surtout dans les personnes qui lui sont consacrées. — Jésus-Christ lui présente sainte Catherine de Sienne, et la lui donne pour modèle. — Elle craint toujours l'illusion. — Elle prend la discipline, trois fois par jour, pour trois intentions particulières. 247

XXVII. MARCELLINE PAUPER AU PÈRE DE LAVEYNE. — Sa crainte au sujet de son insensibilité dans ses mortifications. — Elle reçoit une rude discipline d'une main invisible. — Le Jour de l'Ascension, elle est environnée d'une brillante clarté, et instruite sur la perfection des dispositions pour la communion fréquente. — Elle ressent les douleurs de la flagellation, pendant la procession du Saint-Sacrement. — Une forte discipline la guérit de la souffrance de ses plaies. 253

XXVIII (1). MARCELLINE PAUPER AU PÈRE DE LAVEYNE. — Elle lui rend compte d'un ravissement qu'elle a eu le 29 novembre, veille de saint André, de l'année 1701. — Le divin Maître lui fait comprendre ces paroles de saint André : *Maître, où demeurez-vous?* et la réponse qu'il lui fit : *Venez, et voyez.* — Il lui montre trois demeures différentes : le sein de son Père, où il est de toute éternité ; le sein de la très-sainte Vierge, où il a habité dans le temps ; et la croix, où il a voulu mourir pour nous. — Lumières qu'il lui donne sur ces trois demeures. 258

---

(1) Page 258, au lieu de : XXVII, lisez : XXVIII.

Pages.

XXIX. MARCELLINE PAUPER AU PÈRE DE LAVEYNE. — Elle craint d'être dans l'illusion, à cause de ses infidélités. — Elle demande secours et lumière à son guide spirituel. 262

XXX. MARCELLINE PAUPER AU PÈRE DE LAVEYNE. — Guerre que lui fait le démon. — Trois fois, il brise la discipline dont elle se frappe; et, il la frappe lui-même, à quatre reprises. — Elle est guérie de ses blessures par la sainte communion. — Elle rend compte de ses pénitences. 265

XXXI. MARCELLINE PAUPER AU PÈRE DE LAVEYNE. — Protection que Dieu lui accorde dans ses voyages. — A Saint-Étienne, elle s'offre à Dieu en qualité de victime. — Elle demande à coucher sur une croix garnie de pointes de fer. — Elle est disposée à accepter toutes sortes de peines. 268

XXXII. MARCELLINE PAUPER AU PÈRE DE LAVEYNE. — Elle exprime son dévouement à Dieu. — Son désir pour une grande entreprise qu'elle se sent pressée de faire. 271

XXXIII. MARCELLINE PAUPER AU PÈRE DE LAVEYNE OU AU PÈRE GALIPAUD. — Vœu de faire ce qui est le plus parfait. — Elle en fait l'essai, puis elle y renonce. — Le Vendredi-Saint, à l'adoration de la sainte croix, Notre-Seigneur lui fait faire ce vœu à perpétuité. — Sa liberté d'esprit n'en est point troublée. — Dépit du démon. 273

XXXIV. MARCELLINE PAUPER AU PÈRE DE LAVEYNE OU AU PÈRE GALIPAUD. — Elle comprend mieux l'étendue de son vœu du plus parfait — Elle le regarde comme un puissant moyen de fixer son inconstance. — Elle demande à coucher sur des ais. . . . 278

XXXV. MARCELLINE PAUPER AU PÈRE DE LAVEYNE. — A peine convalescente d'une grave maladie, elle est maltraitée par le démon. — Violentes tentations de désespoir. — Elle laisse quelques communions, mais non ses pénitences. — Après six mois d'épreuves, elle retrouve la tranquillité en acceptant les rigueurs de la justice divine, et en faisant un abandon total d'elle-même, entre les mains de Dieu 281

NOTE SUR LA TRENTE-SIXIÈME LETTRE. 286

Pages.

XXXVI. MARCELLINE PAUPER AU PÈRE DE LAVEYNE. — Elle explique son acte d'acceptation des jugements de Dieu. — Ce qu'il lui a coûté. — Elle l'a fait à la vue de ses péchés et de la justice de Dieu. — Elle voit la main de Dieu dans tout ce qui lui arrive. — — Sa facilité à parler du mystère de la sainte Trinité. — Elle a deux ravissements à ce sujet. 287

XXXVII. MARCELLINE PAUPER AU PÈRE DE LAVEYNE. — Son aridité spirituelle. — Elle s'accuse de relâchement.. 292

XXXVIII. MARCELLINE PAUPER AU PÈRE DE LAVEYNE. — Elle s'humilie de ses fautes et demande pénitence. 294

XXXIX. MARCELLINE PAUPER AU PÈRE DE LAVEYNE. — Grande joie intérieure dans la contemplation des hommages rendus à Dieu par les souffrances de Jésus-Christ. — Nouveau désir de se rendre conforme à son divin modèle. 297

XL. — MARCELLINE PAUPER AU PÈRE DE LAVEYNE. — Elle rend compte de ses dispositions intérieures. — Son amour pour la pénitence va toujours croissant.. 300

XLI. MARCELLINE PAUPER AU PÈRE DE LAVEYNE. — Après son arrivée à Tulle, elle lui rend compte de l'état de son âme, et de ses épreuves extérieures. 302

XLII. MARCELLINE PAUPER AU PÈRE DE LAVEYNE. — Elle se plaint de ne pouvoir satisfaire son attrait pour la solitude à cause de ses occupations au dehors. 304

XLIII. MARCELLINE PAUPER AU PÈRE DE LAVEYNE. — Sa joie de recevoir de lui une longue lettre après un long silence. — Faveur du divin Maître : il lui montre que l'amour est plus fort que la mort, et il la tient unie à Dieu, au milieu du travail. 306

NOTE SUR LES LETTRES DE MARCELLINE PAUPER A M. MICHEL, SON DIRECTEUR A TULLE. 308

XLIV. MARCELLINE PAUPER A M. MICHEL. — Elle demande la permission de passer la nuit devant le Saint-Sacrement. 310

TABLE DES MATIÈRES. 477

Pages.

XLV. MARCELLINE PAUPER A M. MICHEL. — Elle s'humilie de ses infidélités. — Répugnances pour sa charge. — Elle l'accepte ensuite généreusement. — Elle demande à passer la nuit devant le Saint-Sacrement................................. 312

XLVI. MARCELLINE PAUPER A M. MICHEL. — Elle n'ose lui communiquer un désir dont elle croit avoir reçu l'inspiration. — Elle renonce à tout ce qui pourrait la détourner de la vie active. — Elle se reproche d'avoir trop parlé de ses infirmités..... 314

XLVII. MARCELLINE PAUPER A M. MICHEL. — Sur la demande de son directeur, elle lui rend compte de l'état de son âme, de la manière dont elle s'acquitte des devoirs de la charité, et des fautes qu'elle commet................ 318

XLVIII. MARCELLINE PAUPER AU PÈRE DE LAVEYNE. — Grâce signalée pendant la sainte messe. — Lumière sur la transsubstantiation. — Dans la sainte communion, Notre-Seigneur la met dans un état passif................................. 324

TABLEAU CHRONOLOGIQUE DE LA VIE DE MARCELLINE PAUPER..... 329

DOCUMENTS HISTORIQUES CONCERNANT LA VIE DE MARCELLINE PAUPER.

DOCUMENT N° Ier, sur la famille de Marcelline Pauper..... 339

DOCUMENT N° II, sur le séjour de Marcelline Pauper au couvent des Ursulines de Moulins-Engilbert, dans le Nivernais.... 343

DOCUMENT N° III, sur l'établissement des sœurs de la Charité et de l'Instruction chrétienne de Nevers, à Saint-Saulge.... 346

DOCUMENT N° IV, sur la fondation de la maison de Decize.... 352

TABLE DES MATIÈRES.

Pages.

DOCUMENT N° V, sur la fondation de la maison de Murat, en Auvergne. 359

DOCUMENT N° VI, sur la fondation de l'hôtel-Dieu de Bourg-Saint-Andéol. 368

DOCUMENT N° VII, sur les établissements de Tulle. 378

COUP D'ŒIL HISTORIQUE SUR L'INSTITUT DES SŒURS DE NEVERS . 409

FIN DE LA TABLE.

Nevers, Imp. et Lith. FAY.

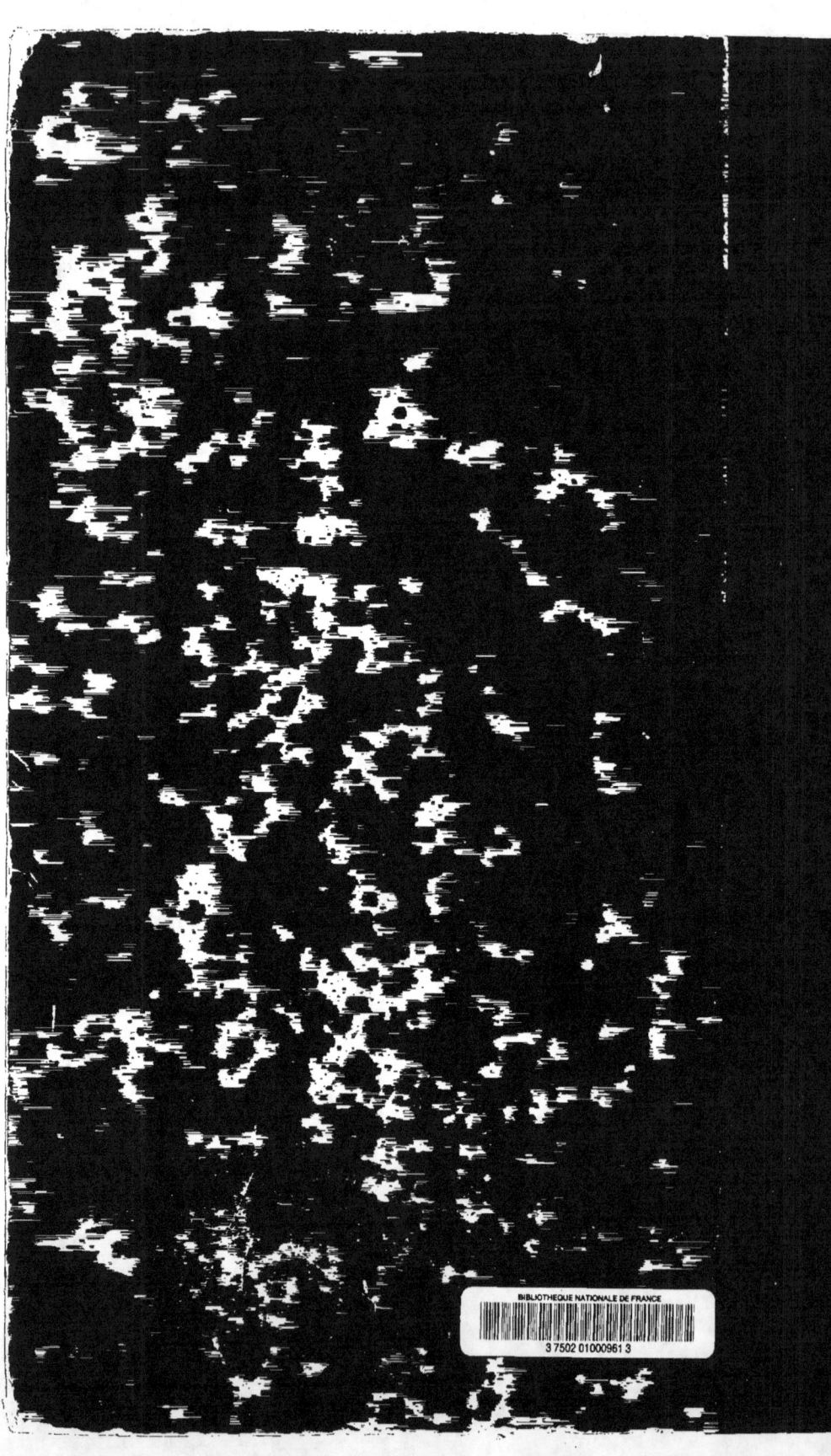

www.ingramcontent.com/pod-product-compliance
Lightning Source LLC
Chambersburg PA
CBHW071414230426
43669CB00010B/1552